对外开放战略研究丛书

失衡中的利益分配
与中国贸易调整

BENEFIT DISTRIBUTION IN GLOBAL IMBALANCE

AND TRADE ADJUSTMENT FROM CHINA

刘 威 著

社会科学文献出版社
SOCIAL SCIENCES ACADEMIC PRESS (CHINA)

　　本书是教育部人文社会科学规划基金 2011 年度一般项目"中国对外经济失衡的指标测度、突变影响及再平衡的路径评估研究"（11YJA790087）、国家社会科学基金 2011 年度重大项目"后金融危机时代中国参与全球经济再平衡的战略与路径研究"（11&ZD008）和国家社会科学基金 2012 年度一般项目"G20 框架下中美经济失衡治理的利益影响评估与路径选择研究"（12BJY120）的阶段性成果，同时本书的出版受到湖北省社会科学基金 2011 年一般项目（2011LJ079）、国家社会科学基金 2007 年度重点项目（07AJL016）、武汉大学 2011 年度珞珈青年学者项目、武汉大学 2014 年校级教改项目（编号 016）、武汉大学哲学社会科学优势和特色学术领域建设计划"后危机时代世界经济格局变动对中国的机遇和挑战"、武汉大学"211"工程项目和"985"工程三期建设项目的资金资助。

　　经济全球化的不断深化使世界主要经济体都融入全球产业链，世界经济格局也由此悄然发生着变化。2008 年始发于美国的全球金融危机，对全球经济造成的冲击和震荡至今尚未消退，世界经济格局的演变愈发明显。以中国等"金砖国家"为代表的新兴发展中国家的崛起，正对以美国为首的西方发达国家主导的现有国际经济格局和秩序提出新的全面挑战。新兴发展中经济体占全球产值和贸易额的比重正在快速增长，已成为世界经济增长新的拉动力量。在国际经济协调舞台上，以 G20 为代表的多边协调机制发挥着越来越重要的作用。这是一次不同于以往的世界经济格局变动，它不再是西方发达国家之间内部力量的重新调整，而是新兴发展中经济体作为一个整体对于发达经济体的全面挑战，可能预示着世界经济格局的一个新纪元。

　　与此同时，我们仍需清醒地认识到，现有的国际经济运行的基本规则仍旧为美国等发达国家所主导，它们在全球产业链、国际贸易、国际金融和投资以及全球治理中的主导地位并未发生根本性的改变，量变还远未达到质变的阶段。况且，美国等国也在积极改变自身的对外经济战略以适应新的世界经济格局，试图维护自身的主导地位，使世界经济仍旧在其可控范围内运行。

因此，面对后金融危机时代世界经济格局的深刻变化，全球经济再平衡的新环境以及美国等国对外经济战略的调整，中国必须以一个开放的发展中大国的定位，深化国内经济体制改革的同时，制定新的对外经济战略才能应对新的挑战，使中国经济保持长期的稳定增长。新的对外经济开放战略要求我们统筹国内发展和对外开放，实现数量扩张向质量提升的转变，兼顾本国利益和互利共赢，它是一个包含了对外贸易、国际金融、国际投资、国际技术合作、区域经济合作和国际经济协调等多个方面的、开放的战略体系。

本人长期从事世界经济与中国对外开放问题的研究。早在1978 年师从郭吴新教授攻读武汉大学世界经济硕士和博士学位时，就开始对中国与美国的经贸关系进行研究。1993 年，我的论文《重返关贸总协定对国内市场的影响》获安子介国际贸易研究优秀论文奖。1996 年，我主持了国家教委重点社科基金项目"世界贸易组织的建立、发展趋势与我国的对策"，最终成果由人民出版社出版，该成果获湖北省第三届社会科学优秀成果一等奖，是国内最早研究世界贸易组织问题的著作之一，为我国入世前后的对外开放战略提出了许多有价值的建议。此后，我先后完成国家社科基金重点项目和教育部首批跨世纪优秀人才基金项目"外商对华直接投资：经济影响、主要经验和对策"等课题，2004 年在人民出版社出版的《国际直接投资的新发展与外商在华直接投资研究》被教育部鉴定为优秀成果，该著作荣获教育部第四届高等学校优秀科研成果三等奖；论文《美中贸易的"外资引致逆差"问题研究》荣获教育部第五届高等学校优秀科研成果二等奖。

　　近年来，我又主持了国家社科基金重大攻关项目"后金融危机时代中国参与全球经济再平衡的战略与路径研究"（11&ZD008）、国家社科基金重点项目"经济全球化背景下中国互利共赢对外经济开放战略研究"（07AJL016）和教育部人文社会科学重点研究基地重大项目"美国双赤字与世界经济失衡"（07JJD790142）。8年来，我和我领导的研究团队对新世纪世界经济的发展与中国对外开放战略进行了系统的深入研究，这套丛书是我们团队在该问题上的研究成果。

　　这套丛书从不同的角度和领域研究了新世纪以来中国对外开放的新战略，涉及对外贸易战略、金融开放战略、引进外资和对外投资战略、国际技术创新与合作战略、区域经济合作战略以及中国参与全球经济再平衡的战略与路径等内容，并根据研究结果提出了可行的政策建议。相信这套丛书的出版将对中国对外开放战略的研究工作产生积极的推动作用，对此有兴趣的学者、政策制定者和相关人士定能从中得到收获。

中国美国经济学会会长

中国世界经济学会副会长

中国亚太学会副会长

武汉大学世界经济研究所所长

陈继勇

2014 年 4 月于珞珈山

目 录
CONTENTS

一 问题的提出

自 20 世纪 70 年代末中国实施改革开放以来，在出口导向型发展战略的推动下，中国对外贸易规模加速增长，与包括美国在内的世界主要经济体间出现贸易失衡并持续扩大。虽然，由于贸易统计方式的差异，各经济体认为的中国贸易失衡出现的时间不同，但从 20 世纪 90 年代开始，世界主要经济体基本认同中国对以美国为首的经济体出现了贸易失衡，尤其是中美贸易失衡日益受到国内外政界和学术界关注。虽然，包括对美贸易顺差在内的贸易失衡给中国经济增长提供了持续动力，但也使美国等经济体对外贸易摩擦的重心从此前的日本等转移到中国，究竟中国在对外贸易顺差中的实际获益有哪些？各方产生的利益分配格局是怎样的？未来中国应该如何调整进出口政策及对主要经济体的贸易失衡？这些问题已经成为当前政界和学术界研究和争论的焦点。

而在这些争议中，中美贸易失衡无疑是全球贸易失衡研究最为关注的问题之一。21 世纪初，在美国"9·11"事件和伊拉克战争等偶然因素的影响下，美国"网络经济泡沫"破灭，结束了长达 120 个月的长期经济增长，从 2001 年 4 月开始陷入经济衰退，对外进口能力急剧下降。但在这一背景下，中美贸易失衡依然加速扩大。中国在对美出口中获益，而美国利益受损，已经成为美国政府和主要企业的共识，这也直接导致中美贸易摩擦进一步加剧。同时，为了更大规模地减少对外贸易逆差，美国还将贸易利益受损的"来源"从中国进一步扩大到包括日本、韩国、中国台湾在内的东亚其他经济体，以及控制全球主要石油出口的石油输出国。2005 年 2

月 23 日国际货币基金组织前总裁拉托在其题为《纠正全球经济失衡——避免相互指责》的文章中正式提出 "全球经济失衡"，将美国与东亚经济体及石油输出国间的贸易和资本流动失衡，归纳为全球经济失衡。但从其定义看，其核心仍是美国与包括中国在内的主要经济体间的贸易失衡，贸易争端及其利益得失分配失衡仍是各经济体间发生摩擦的主要来源。此时如何调整这种贸易失衡，以平衡各方贸易利得，开始成为世界主要经济体关注的焦点。由于贸易失衡调整的影响并不局限于贸易领域，会扩展到金融市场、资本流动、跨国投资等多个领域，并对各经济体的经济增长产生影响，因此目前的贸易失衡调整也被升级为全球经济失衡的调整。2005 年 10 月，20 国集团（G20）第七届财政部长与中央银行行长会议在中国北京举行，该次会议第一次以 20 国集团整体的名义，提出要 "加强全球合作：实现世界经济平衡有序发展"。2007 年美国次贷危机爆发，并进一步引发国际金融危机及欧洲主权债务危机，其虽然使国际货币基金组织、世界银行、20 国集团等全球经济组织，及美欧等发达国家的注意力从贸易领域转移到金融领域，但美国等仍未放松对以贸易失衡为核心的全球经济失衡的关注。2009 年 9 月 G20 在美国的匹兹堡举行第三次首脑峰会，美国是此次峰会的举办方，总统奥巴马明确提出要将 "全球经济再平衡作为 20 国集团匹兹堡会议的主要议题之一，当前必须寻求更为平衡的全球经济"，这一议题提出的渊源主要是包括中国、德国等在内的出口方，长期存在对美贸易顺差，进而导致美国利益受损。那么 2005 年之后的全球贸易失衡对美国利益的影响有哪些，是否如美国预期的那样，同时，在未来的贸易失衡调整中各方利益会受到什么影响，都是当前国内外学术界需要重点研究的内容。

从目前全球经济失衡的内容和调整看，中国是必不可少的当事方，同时，作为美国贸易逆差的最大来源地，未来的全球经济失衡治理必将更多地围绕中美贸易失衡调整展开。中国应该如何参与全球贸易失衡治理，从目前的失衡调整中保证自己的利益，同时尽可能减少遭受美国等发达国家的贸易报复和经贸摩擦，对中国未来经济增长和贸易扩大具有十分重要的理论价值与现实意义。

二　研究对象与主要目的

本书以 21 世纪初以来的美国与世界主要经济体间的贸易失衡为研究对象，重点突出中美贸易失衡，从而在分析全球贸易失衡的现状及对贸易各方影响的基础上，探讨全球贸易失衡中的利益分配格局，及全球贸易治理对主要贸易失衡方利益的影响，最终系统总结中国互利共赢贸易开放战略的理论内涵，提出中国参与全球贸易失衡治理的具体措施，为中国"和谐"参与推动全球贸易开放提供理论与政策参考。

三　研究方法和特点

本书以马克思主义的基本原理为指导，将马克思主义的政治经济学与现代西方经济理论有机结合，在前人研究成果的基础上，采用定性分析和统计分析相结合的方法，利用贸易指数和贸易条件的测度方法，对美国对外贸易失衡、美中贸易失衡及美国与其他经济体贸易失衡进行了结构分析和实证测度，并进一步分析了包括中美两国在内的主要贸易方在制成品贸易失衡、高技术贸易失衡和服务贸易失衡中的实际利益得失及具体分配格局。

本书的研究特点主要集中在以下三方面。

第一，角度新颖。本书在国内外学术界研究美中贸易逆差和全球经济失衡问题的基础上，选择贸易失衡中的利益分配这一视角进行研究，具体从三方面研究。其一，从贸易逆差结构分析美国贸易利益损失去向。具体从美国对外贸易逆差、美中贸易逆差和美国与其他主要顺差方逆差的商品结构，指出美国最大规模的贸易逆差主要来自石油输出国和发达经济体，而非来自中国，因此其利益损失也不能完全归咎于中国。其二，从贸易失衡的绝对数额、各方贸易条件的演变、基于全球价值链的国际分工、FDI 技术溢出及一国宏观利益等多个视角，对全球高技术和制成品贸易失衡中的贸易利益分配进行了深入探讨。其三，从贸易失衡调整中各方利益的动态变化进行研究。

第二，内容全面。本书的核心是分析全球贸易失衡中的利益分配格局及实质，以及失衡调整对贸易各方的利益影响，最终提出中国在互利共赢贸易开放战略下，参与全球贸易失衡调整的具体对策措施。目前虽然学术界对美中贸易失衡中的利益分配进行了初步研究，但内容不全面。本书从全球制成品贸易失衡、高技术贸易失衡、服务贸易失衡等方面，结合美国、中国、东亚经济体、欧盟、石油输出国、北美自由贸易区国家等多个利益主体，探讨了各方在当前贸易失衡中的利益得失，同时，对当前贸易失衡调整中的五类主要方法对各方利益的可能影响进行了理论研究，指出了各种调整方法的优劣，为中国选择适合自身利益的失衡调整方法提供了基础和参考。此外，本书在深入解析互利共赢贸易开放战略的理论内涵和内容的基础上，提出了中国参与失衡调整的利益需求和具体策略，为中国如何参与全球贸易失衡治理、维护自身利益提出了具体政策建议。

第三，注重数据分析，强调利用统计方法，进行实证研究。本书注重运用大量美国贸易和经济统计数据，解析美国对外贸易失衡，尤其是美中贸易失衡的实质、结构和利益分配，在分析美中高技术贸易失衡结构和利益分配时，运用了产业内贸易统计测度方法中的 Brüelhart 指数和 G - L 指数进行了统计研究；此外还利用贸易条件指数探讨了全球贸易失衡中的实际利益分配，从而较为准确地为中国认清全球贸易失衡的实质，维护自身利益进行失衡调整提出了具体对策与建议，相关研究国内还比较少。

四　主要思路及体系框架

本书的研究思路是：以贸易失衡中的利益分配和互利共赢贸易开放理论内涵为中心，首先，回顾国内外学术界关于贸易失衡中利益分配和互利共赢问题研究的现状和理论基础；其次，在分析全球贸易失衡现状和影响的基础上，提出全球贸易失衡的主要特点、模式及其利益分配；再次，深入探讨以美中贸易失衡为核心的全球贸易失衡的调整及其对各方利益的动态影响；最后，在分析互利共赢开放理论内涵及其指导下的中国贸易利益诉求的基础上，提出中国参与全球贸易失衡治理的具体路径。

本书分为七章，具体内容如下。

第一章，全球贸易失衡及其利益分配的研究现状。在系统回顾全球贸易失衡成因、影响和调整的现有文献的基础上，对全球贸易失衡中的利益分配和互利共赢经济开放战略的相关研究及其主要观点，进行重点梳理和回顾综述。

　　第二章，贸易利益分配与失衡调整研究的理论基础。针对本书研究的重点问题，对国际贸易理论中已成型的利益分配理论和失衡调整理论进行分析和归纳，同时对政治经济学中与利益分配和失衡调整有关的利益集团理论、国际机制调节论进行理论评述，最终从利益分配和失衡调整两个方面，提出并奠定本书的理论基础。

　　第三章，全球贸易失衡的具体分布与主要特征。本章从美国对外贸易失衡的整体结构、中国对外贸易失衡的结构（重点是中美贸易失衡的结构），以及美国与除中国之外的其他经济体的贸易失衡结构，分析全球贸易失衡的分布现状和主要特征，从商品结构和地区分布等多个视角，揭示美国对外贸易逆差的来源实质及其与中国的关系。

　　第四章，全球贸易失衡中的利益分配。本章从全球贸易失衡的绝对数额、各主要失衡经济体的贸易条件、国际分工与全球贸易失衡的关系、贸易失衡带来的宏观利益分配等多个视角，研究全球贸易失衡中的实际利益分配现状和主要特点，其中重点研究中美贸易失衡中的利益分配：本书不仅对中美服务贸易失衡和制成品贸易失衡中的利益分配进行解析，更以中美高技术贸易失衡为特殊案例，采用产业内贸易测度的静动态方法，分析中美两国 10 类高技术贸易失衡的贸易模式，测度其贸易模式特征，最终揭示其贸易利益分配的主要特点和实质格局。

　　第五章，全球贸易失衡调整对各方利益的影响。本章将总结目前调整全球贸易失衡，尤其是美国与包括中国在内的东亚经济体间贸易失衡的主要措施，并在分析全球贸易失衡调整难点和重点的基础上，探讨各类调整路径对包括美中两国在内的世界主要经济体贸易利益的影响，从综合利益比较中选择可行的贸易失衡调整策略和路径。

　　第六章，互利共赢的贸易开放战略与中国的主要利益诉求。在界定互利共赢经济开放战略理论内涵和核心内容的基础上，从中国的单边、双边和多边合作等多个视角，提出中国实施互利共赢贸易开放策略的着重点，并探讨在互利共赢贸易开放战略的引领下，中国参与全球贸易失衡调整的主要利益诉求，最终归纳总结中国与美国等主要贸易伙伴在失衡调整中的利益共同点，找到失衡调整的可能切入点。

第七章，中国参与全球贸易失衡调整的重点领域与主要路径。本章将在分析中国参与全球贸易失衡调整的重点领域的基础上，从中国如何调整制成品贸易失衡、高技术贸易失衡及参与 G20 全球失衡治理三个角度，提出中国参与全球贸易失衡调整的具体路径和措施。

本书的观点主要包括以下五点。

第一，全球贸易失衡的顺差方并不是只有东亚经济体和石油输出国，欧盟和北美自由贸易区国家也是美国贸易逆差的主要来源地；同时美国对外贸易逆差的最主要商品不是以第 7 类商品机械和运输设备（Standard International Trade Classification，SITC，1 位数）为核心的制成品，而是以第 3 类商品矿物、燃料润滑油及相关原料为核心的初级商品，这类商品主要来自石油输出国、墨西哥和加拿大。在美国第 7 类制成品贸易失衡的具体商品中，中国对美国最大的顺差品——第 764 类商品电信设备（按 SITC 3 位数划分），并不是美国最大的贸易逆差商品，而是第 781 类商品——全部机动车辆，它主要来自欧盟和日韩等经济体，因此从这一角度分析，日本、韩国、欧盟、石油输出国和北美自由贸易区国家也应对美国贸易失衡及其调整承担相应责任和义务，否则单纯依赖中国减少对美制成品出口，难以根本改变美国对外贸易逆差持续扩大的趋势。

第二，从贸易差额总额看，美国巨额商品贸易逆差使其美元外流，利益受损，但在服务贸易上，美国的跨境服务贸易顺差弥补了其部分贸易利益损失，同时，难以显现在贸易差额数字中的——美国跨国公司的母子公司的内部服务贸易顺差，也能在很大程度上弥补美国的实际利益损失。此外，从各主要经济体贸易条件和出口购买力指数的演变看，美国的贸易条件虽然在恶化，但其出口购买力指数却在上升，而在亚洲经济体中，除了韩国的出口购买力指数有所上升外，中国大陆、中国台湾、日本等经济体的贸易条件和出口购买力指数都在恶化；与此同时，石油输出国、北美自由贸易区国家和欧盟的贸易条件与出口购买力指数则在不断改善，这说明无论是美国，还是包括中国在内的亚洲经济体，都需要调整当前的全球贸易失衡，而失衡的实际获利方也包括此前被忽略的欧盟和北美自由贸易区国家。

第三，在中国、美国和东亚其他经济体的制成品贸易间形成的三元贸易模式中，由于在全球价值链中所处的地位不同，各方获得的实际利益存在差异：美国获得了技术研发和服务贸易环节的高附加收益，东亚其他经济体获得了核心制成品技术带来的贸易利益，中国则仅获得了加工装配生产环节的贸易利益。由于中国出口的主要是最终商品，其贸易顺差掩盖了外资在华投资企业为母国获得的实际利益，按现有贸易利益统计方法，贸易顺差夸大了中国的实际贸易利益。此外，贸易失衡也使各方在经济结构调整、对外投资、生态环境、生产者和消费者福利、政治和社会利益上存在分配差异，需要通过失衡调整，平衡各方实际获益。

第四，全球贸易失衡调整可以从五个方面进行：调整全球贸易商品结构、美国放松对外技术出口管制、在 G20 框架下进行全球经济失衡治理、实施汇率调整、缩小各主要经济体金融发展差距等。通过各调整措施对各方利益的影响分析可知，前三类措施具有可行性。

第五，互利共赢贸易开放战略需从单边、双边、多边三个层次协调，找到中国与世界其他经济体的利益共同点，中国需在维护自身关键利益的同时，适当让渡非关键利益，满足主要贸易伙伴的利益要求，实现贸易失衡调整上的互利共赢。当前中国应从制成品结构失衡调整、高技术具体商品失衡分类调整、增加能源和资源进口、注意汇率保护及参与 G20 全球失衡治理等方面，适当减少贸易顺差，增加实际贸易利益。

第一章
全球贸易失衡及其利益分配的研究现状

　　自 20 世纪 80 年代美国提出中美两国出现贸易失衡以来，国内外学术界对中美贸易失衡的实质、影响、调整等问题都进行了重点探讨和研究。21 世纪初中美贸易失衡进一步扩展到美国同日本、韩国、中国大陆、中国台湾、石油输出国等经济体的全球贸易失衡，国内外学术界对贸易失衡的研究也拓展到失衡中的利益分配问题，尤其是对中国而言，急需深入解析贸易失衡中的利益分配，认清美国、中国以及其他经济体从中美贸易中的实际获益，减轻中国在全球贸易失衡中的压力。本章将根据对失衡实质、利益分配、失衡调整和互利共赢四个问题的研究进行文献综述。

第一节　全球贸易失衡的成因及实质研究

　　自 20 世纪 80 年代初，国内外学术界就对美国贸易失衡和美中贸易失衡形成的原因及实质进行了研究。美国学者从美国"双赤字"的视角，认为美国日益扩大的贸易逆差与其政府财政赤字密切相关（Mann，1999；Bordo，2005；Dudley 和 Mckelvey，2004），而"双赤字"间的相互影响，实际也导致美中贸易逆差持续扩大。Alessandra Fogli 等（2006）则提出 20 世纪 80 年代的美国贸易失衡与其真实经济周期改变 ["伟大的现代化进程"（Great Moderation）] 有关，并实证验证了当一国经济下降超过其贸易伙伴，会刺激其预防性储蓄减少，外部赤字不断恶化，结果显示美国外部赤字增加值中有 20% 来自美国经济衰退。此外，学者还从全球储蓄过剩导致美国贸易赤字（Bernanke，2005）、美国与其贸易伙伴间经济增长和收入差异带来的内部吸收不同导致失衡（Schneider，2004）、其他国家向美国的商品倾销（Marc Labonte，2005）、美元长期的本位货币导致失衡（Mckinnon，2001）等视角研究了美国对外贸易逆差的成因。

而在美国对外贸易逆差实质研究中，争议最多的当属中美贸易失衡的实质，至今未形成统一定义。国内外学者分别从人民币汇率与中美贸易失衡（Lardy，1997；Greenspan，2003；Mckinnon 和邹至庄，2005；沈国兵，2004）、美国对中国的出口管制及对华进口贸易壁垒与中美贸易失衡（US-ITC，2004；Stevenson，2007；沈国兵，2008）、中美两国的贸易统计差异与中美贸易失衡（Fung 和 Lau，1998；张静中等，2006）、外商对华直接投资的产业转移与中美贸易失衡（Feenstra 等，1998；Lardy，1997；Burke，2000）、中美两国的储蓄差异与中美贸易失衡（Bernanke，2005）、中美两国对知识产权保护的差异与中美贸易失衡（Smith，1999；Zeng，2002；沈国兵，2006）等视角解释了中美贸易失衡的实质。

随着 2005 年国际货币基金组织前总裁拉托提出"全球经济失衡"，对全球经济失衡的理论研究日益增多，它已成为当前国际宏观领域最主要的论题之一。学术界围绕全球经济失衡的原因（Bernank，2005；Dooley 等，2004）、可持续性及影响（Gourinchas 等，2005；Mann，2005；Obstfeld 等，2009）、调整的影响因素（Edwards，2005）、调整成本（Milesi - Ferreti 等，2000；Edwards，2005）、全球经济失衡的理论测度（项俊波，2008；李宝瑜，2009）、调整路径（Alan Aheane，2007；Caballero 等，2009）及中国如何参与失衡调整（Cooper，2005；刘林奇，2007）进行了深入研究。但是由于不同国家的学者对全球经济失衡研究的视角差异和所站立场不同，其对失衡的实质理解也出现偏差，主要包括以下几点。其一，认为全球经济失衡来自美国与世界主要贸易伙伴间的储蓄差异，这种观点主要继承了传统美国学者对中美贸易失衡成因的解释，认为是全球储蓄过剩带来了经济失衡（Roubini 和 Setser，2004）。其二。国际直接投资带来的全球产业转移，导致全球经济失衡。这种观点认为在要素的国际分工和合作影响下，美国向东亚经济体及石油输出国的 FDI 扩大，带来了这些经济体内部生产对美国出口的增加，同时其形成的巨额外汇储备，又回流到美国资本市场，支持了美国对外进口的持续扩大和贸易失衡持续（张幼文等，2006）。其三，东亚经济体的汇率偏低导致贸易失衡。许多美国学者仍坚持从理论和实证视角证实美国与东亚各经济体间的汇率差异，对全球经济失衡产生了影响（Gregorio，2006；Goldstein，2004），尤其是在人民币汇率是否导致中美贸易失衡上与中国学者形成争议（吴宏和刘威，2008）。其四，统计中的"暗物质"是造成全球经济失衡的主要因素。这种观点继承了传统的统计差异论观点，认为：现有的国际贸易计量方法没有考虑对外直接投资中的无形资产流出、保险交易和跨国的流动性服务收益，对"暗物质"收益的统计缺失使全球经济失衡的数额和影响被夸大（陈继勇等，2007；Hausmann等，2006）。

从目前已有研究看，以美国为代表的西方多数学者倾向于从美国与东亚经济体间的储蓄－投资失衡（Bernank，2005；Roubini等，2004；Bryant，2007）和以中国为代表的东亚经济体控制本币汇率（Dooley等，2004；Feidstein，2011；Frankel，2004）等宏观视角解释全球经济失衡的成因，他们实质是从各主要经济体的国民购买力和对外商品价格水平差异角度解释全球贸易失衡的成因，没有深入分析其失衡的具体根源及其带来的利益归属。然而，当前的全球经济失衡已不仅局限于贸易领域，其影响已经扩展到国际货币体系、财富分配、资源拥有、储蓄和投资乃至南北国家发展失衡。尤其是随着各经济体间贸易失衡的"结构性"特征日益明显，以及各国对资本流动失衡与贸易失衡内在联系的认识和研究的深入，从基于全球价值链的商品内分工和基于金融发展差异的金融业－制造业分工等微观视角，对全球经济失衡的解释日益受到关注（Caballero等，2006；Chinn等，2005；Mendoza等，2007；Hummels等，1998；平新乔等，2006；雷达等，2009；徐建炜和姚洋，2010）。这种观点认为国际分工对全球贸易失衡的影响显著，一方面，在制造业内，建立在全球产品价值链基础上的国际分工，使美国与包括中国在内的东亚经济体出现贸易失衡；另一方面，在当前的金融全球化背景下，由于以中国、石油输出国为代表的经济体内部金融市场缺失，导致其拥有的外汇储备等金融资本向美国等发达的金融市场转移，使二者金融市场深化程度出现差异，美国资本市场累积越来越多的净对外债务，支持了其贸易失衡的持续扩大。

从目前国内外学术界对贸易失衡实质的研究看，其产生是一个复杂过程，由于各方考虑的利益需求不同，其对贸易失衡产生原因的解释也有较大差异。这种差异和矛盾很难完全消除，而这也较易引发各方间的贸易摩擦，对贸易各方，尤其是对作为失衡主要当事方的中国的利益产生巨大影响，因此需要在贸易失衡中求同存异，找到各方利益需求的共同点，降低失衡带来的不利影响，抑制各方的贸易争端。

第二节　国际贸易失衡中的利益分配研究

随着对贸易失衡问题研究的深入，以中国学者为核心的学者们开始关注全球贸易失衡扩大中的利益分配问题。由于世界主要贸易国家间的经济发展水平、消费习惯、金融发展仍存在差异，因此，虽然贸易各方都提倡各国对外贸易要平衡发展，但美国与其贸易伙伴间的贸易逆差仍在持续扩大，尤其是对中国的贸易逆差增速非常快，这导致以美国制造业协会为核心的利益集团开始游说美国政府增加对中国的贸易限制，使中美贸易关系受到不利影响。因此，包括中国学者在内的各国学者应明晰全球贸易失衡中的实际利益分配，确认全球贸易失衡的调整方向和重点领域，使美国和包括中国在内的其他贸易体能保持正常的经贸关系，互惠互利。

国外学术界对国际贸易中的利益分配问题，早在两百多年前的资本主义生产方式建立之初就开始关注，经典的绝对成本优势论和比较成本优势论将各国间的贸易与成本－利益有效结合，强调各方应以自身利益最大化为目标，利用自己的绝对成本优势或比较成本优势参与国际贸易，最终使优势转化为贸易利益。随后的保护主义贸易理论更是直接提出从保护自身贸易利益的视角考虑，美国和德国在对英国贸易中要实行保护幼稚工业政策。而随着20世纪80年代后中美贸易失衡的扩大，学术界开始从国际分工、失业率、资本流动等视角，研究贸易失衡中的利益分配及其调整中的利益变化（Edwards，2005）。目前对中美贸易失衡中的利益分配主要形成了以下观点。其一，美国利益受损而中国受益。这类观点基于传统的贸易顺差受益论，认为中国从对美贸易顺差中获利最大，尤其是美国制造业利益集团及部分美国学者认为：美中贸易失衡是美国制造业失业率上升的原因，给美国利益造成负面效应（Morice，2006；Lawerence，2004）。Samulson（2004）还利用李嘉图提出的自由贸易模型验证了中美贸易失衡将持续扩大，其将带来中国技术创新，并使美国经济优势丧失。其二，美国是最大的利益获得者。这类观点认为美国制造业失业率上升与美中贸易逆差无关，贸易失衡的最大得益者是美国的企业和消费者（Griswold，2005；刘光溪等，2006）；陈继勇等（2006）也认为中国制造业主要从事劳动密集型工序，使其只能赚取对美出口收益中较低的加工费，大部分收益被美日等国在中国投资的企业赚取；李翀（2005）则认为中美经常项目差额表明国际贸易中有利于发达国家而不利于发展中国家的利益分配格局。其三，中美贸易双方均获益良多。郭其友等（2011）从消费和产出的视角对中美贸易失衡中的利益分配进行了测算，发现中美双方都从贸易中获得了正收益，但中国主要获得产出利益而损失消费利益，美国则恰恰相反。宋玉华（2002）通过对美国对外贸易逆差的性质研究，提出美国贸易逆差主要来源于大量劳动密集型制成品的进口，实质是满足美国国内市场需求，有利于美国经济长期发展。易小准在2006年指出扣除美国制造业对中国转移、美国在华投资企业贸易顺差等因素，中美贸易利益分配总体是平衡的[①]。其四，除美中两国之外的贸易第三方也是获利巨大的。Feenstra等（1999）在研究中国内地和香港间的加工贸易问题时，发现中国香港作为中国内地向美国、欧盟等地出口的加工装配中心，其内部的中间人企业通过跨国公司内部转移定价的方式获得了贸易利益。同时，更多学者针对东亚其他经济体的贸易获益说明中美贸易失衡给世界经济带来的收益：日本、韩国、中国台湾等亚洲经济体，通过产业转移，将劳动密集型的加工装配产业转移到中国大陆，自己则专心进行核心制成品的生产，掌握商品的核心技术，提高了自身实际收益（陈继勇等，2011）。早在2006年北京大学中国经济研究中心课题组就专门对中美贸易中的这种由投资带来的垂

---

① 易小准：《中美经贸利益总体平衡》，《财经》2006年2月15日。http：//finance. sina. com. cn/review/20060215/11022344154. shtml。

直性分工进行了研究，发现仅日本和韩国的中间投入品就占中国对美国出口垂直分工度的 1/3，它们使中国对美国出口和贸易顺差增大。Haddad（2007）曾经对东亚主要经济体的电器商品出口进行了测算，发现除中国外，东亚电器出口中 80% 来自零部件出口，只有 20% 是最终商品出口。同时，由于中国从事加工生产工序，其生产的最终商品出口比例非常高，并最终出口到美国等发达国家，这将会使本应属于日韩等亚洲经济体对美国的贸易顺差，实际显示为中国对美国的贸易顺差，从而导致这些经济体对美国的贸易失衡明显没有中美贸易失衡看起来那样严重，这无形中减少了这些亚洲经济体与美国爆发贸易摩擦的可能性（陈继勇等，2006；刘兴华，2005；曾铮等，2008）。在争议中美贸易失衡中利益分配的同时，中外学者还深入研究了贸易失衡中的利益分配成因。孙华好等（2006）、杨正位（2004）等认为现行的以"所在地"为依据的贸易差额核算体系高估了中国贸易利得，即从外贸统计视角，将外资在华企业对外净出口划归为中国对外出口，而这类出口的收益实质上应该属于外资企业母国的资本在全球跨界生产经营中的贸易利得，现有的贸易统计规则掩盖了这一利益的真实归属格局。Hausmann 等（2006）指出现行的经常项目统计忽略了对外直接投资中的无形资产流出、保险交易和跨国的流动性服务等"暗物质"收益，直接掩盖了美国的经济利益。曾峥等（2008）则通过贸易顺差、贸易价格和贸易附加值指标，对 1997～2006 年中国 8 个主要制造业部门对美贸易利得进行测算，发现对贸易利益核算方法的不同是造成贸易争端的主要技术因素。此外，还有的学者认为是各方全球价值链所处地位的不同，导致各方利益分配不均（王珍珍，2008；张文宣，2007）。

目前，对中美贸易失衡中利益分配的研究主要局限于贸易领域，涉及范围较小。随着贸易失衡的影响逐步扩展到金融、投资等其他领域，尤其是涉及各国间经济发展不平衡、贸易和资本流动的不平衡等，对贸易失衡中的利益分配评估应向投资、金融、生产、资本流动等领域拓展，因此，如何全面剖析全球贸易失衡中的实际利益分配及其可能调整，是本书重点研究的理论问题。

第三节　贸易失衡的调整与全球经济再平衡研究

在中美贸易失衡研究中，如何调整日益扩大的贸易失衡一直是学术界关注的重要问题之一，但对贸易各方应采取什么措施调整自身失衡，一直存在分歧，学术界相继提出调整人民币汇率制度、改变经济体制和机制以调整结构性失衡、调整中美两国储蓄差异、取消美国对华技术出口管制、建立某种国际协调机制共同修正失衡等具体措施（Mckinnon 和邹至庄，2005；余永定，2006；张燕生，2006；张幼文，2006）。而其中争议最大的当属是否应该通过人民币汇率升值调整日益扩大的中美贸易失衡（Lardy，2003；Greenspan，2003；姚枝仲，2006；沈国兵，2004），至今未形成统一定论。

21 世纪初，随着全球经济失衡问题的提出，贸易失衡的范围从中美两国扩大到美国与东亚经济体及石油输出国等之间。同时在全球经济失衡的影响下，国际能源和原材料价格持续上升，世界经济发展进程中先后爆发了美国次贷危机、国际金融危机和欧洲债务危机，中国的资源约束和环境污染问题也日益严峻，与其他国家间的贸易及知识产权摩擦也开始不断增多。因而，学术界开始更为关注世界经济失衡的调整，从各国分别进行汇率升值或贬值调整，尤其是人民币汇率升值（Edwards，2005；Obstfeld 和 Rogoff，2004；王道平等，2011），在全球经济组织的协调下加强各方合作（Alan Aheane，2007；Eichengreen，2005），平衡各方的金融发展差异与提升国内金融市场发展水平（Caballero 等，2008；徐建玮等，2010），调整各主要经济体的储蓄投资结构和储蓄投资习惯（Bernanke，2005）等视角提出调整措施。与此同时，各国学者也开始研究调整中可能出现的问题，如 Milesi – Ferreti 和 Razin（2000）、Edwards（2004）、Frankel 和 Cavallo（2004）、Edwards（2005）等就分别探讨了失衡调整可能产生的影响、调整成本、调整过程的影响因素等问题。

而作为历次失衡的主要当事方之一，中国如何参与全球贸易失衡的调整，也是学术界关注的重点问题之一。Bernanke（2005）明确提出，在全球经济失衡调整中，以中国为核心的发展中国家或地区应增强自身宏观经济的稳定性、强化国内知识产权保护、减少内部腐败和消除资本等生产要素流动的障碍，同时以美国为首的发达国家要为发展中国家改进金融监管、增加金融透明度以及减少发生金融危机的风险提供帮助，使这些发展中国家能更多地吸引投资。Fumio Hoshi 等（2006）则认为中国应该吸取日本教训，协调国内的财政政策和货币政策，同时亚洲各主要经济体也应该有"一揽子"的货币协议参与失衡调整[①]。Yung Chul Park（2006）则强调在失衡调整时还需要更多关注国际金融体制的改革，使以中国为代表的东亚新兴经济体能参与到全球金融体系。国内学者则从中国利益出发提出：中国应调整增长策略，进一步刺激国内需求，并通过调整对外商的投资优惠政策、出口退税政策、汇率政策解决自身失衡问题（余永定，2006；张燕生，2006）；同时中国应在出口方面减少对跨国公司的依赖，调整自身贸易结构和经济体制，逐步调整结构性贸易失衡（王国刚，2010）；与贸易伙伴建立相互依存的战略性经贸关系，提高自身抵御外部冲击的能力（张幼文，2006），同时主动参与国际协调共同修正全球经济失衡（张明，2010）等。

　　进入 2010 年，各国在金融危机的影响下，纷纷采取救市措施，如美国和中国都实施了大规模经济刺激计划，但各方经济回暖速度依旧不平衡。在全球经济失衡和国际金融危机的双重影响下，以美国为首的发达国家对世界经济的主导作用和影响力在下降，而以"金砖五国"为代表的发展中国家在世界经济格局中的地位和影响力在上升，因此美国等发达国家提出要实现"全球经济再平衡"，对这一问题的研究进入高潮。目前相关研究主要集中在四个方面：其一，全球经济再平衡过程中与贸易失衡有关的标准的量化。自 2010 年美国财政部长蒂莫西·盖特纳提出对各国外部失衡要设定上限开始，国内外学者对外部失衡的参考准则，即一国经常项目差额占 GDP 的比重应该是 4% 还是 5% 的上限进行了激烈争论（陈建奇，2011；Strauss - Kahn，2010）。其二，全球经济再平衡是否需要人民币汇率升值（黄明皓，2010；王道平等，2011）。其三，G20 如何参与全球经济再平

---

① 郭靺平：《在"全球国际收支失衡：亚洲和欧洲的观点"国际研讨会上的发言》，北京，2006 年 7 月 13 ~ 14 日，http：//kyj. cass. cn/Article/137. html。

衡。自 2009 年国际金融危机爆发及发展中国家在金融危机应对中地位的日益提升，美国等发达国家越来越重视与包括"金砖五国"在内的发展中国家的政策协调，加强了 G20 在全球经济治理中的影响，G20 已经从最初的国际金融危机应急机制转向全球经济再平衡的首要协调机制和合作平台（孙丽丽，2010），中国应该如何参与 G20 框架下的全球经再平衡也成为当前的研究重点之一（黄薇等，2012；方晋，2010）。其四，全球经济再平衡的路径选择。发达国家和发展中国家在全球经济再平衡中应该采取何种措施，依然是全球经济再平衡研究中的一个主要争议点（王国刚，2010；雷达等，2010），没有形成统一定论。

从目前全球贸易失衡调整的路径选择看，争议较大，同时没有从可行调整路径对贸易各方利益的可能影响展开分析，讨论符合中国核心利益及兼顾美国等发达经济体利益的可行路径，因此，对如何通过这些调整路径实现贸易各方的互利共赢还缺乏必要的理论研究。

第四节　互利共赢经济开放战略研究

在全球贸易失衡治理中，中国应该采取何种原则和战略及如何参与，是其中最为关键和现实的问题。2005 年党的十六届五中全会通过的《中共中央关于制定国民经济和社会发展第十一个五年规划的建议》，首次明确提出"要实施互利共赢的开放战略"，为中国参与全球贸易失衡调整提供了政策依据，国内政界和学术界对这一问题的理论研究日益增多。胡锦涛同志在 2007 年的中国共产党第十七次全国代表大会上的报告中明确提出"中国将始终不渝奉行互利共赢的开放战略……，扩大同各方利益的汇合点，在实现本国发展的同时兼顾对方特别是发展中国家的正当关切……。我们支持完善国际贸易和金融体制，推进贸易和投资自由化便利化，通过磋商协作妥善处理经贸摩擦。中国决不做损人利己、以邻为壑的事情"①。而在学术界，早在 2004 年，张幼文等（2004）就指出中国在贸易开放领

① 《胡锦涛在党的十七大上的报告》，新华社，2007 年 10 月 24 日，http：//news. xinhuanet. com/ newscenter/2007 – 10/24/content_ 6938568. htm。

域的长期战略目标并不是寻求对外商品贸易持续顺差，而是在国家逐步富强进程中，形成对外部市场的巨大购买力，并通过对外直接投资在世界市场上获得更大和更快的财富收益。陈松川（2007）指出互利共赢开放战略是中国在国家外交战略中，首次将开放政策提高到国家战略的高度，并明确提出中国在经贸外交中要承担相应的国际义务。郑宝银（2005）认为互利共赢战略的实质是中国扩大进口、利用外资和市场开放政策，都要有利于国内产业结构升级、自主创新能力提升、社会生态环境改善和社会可持续发展。而张永胜（2006）则利用无限重复的"囚徒困境"博弈方法，验证了互利共赢是可行的，同时也明确提出"一报还一报"是中国互利共赢开放战略实施的基本策略。李安方（2007）认为互利共赢战略是立足于全球意识及世界级经济大国新起点上的开放战略，其要求进一步提升中国对外开放的质量和效益，在互利和共赢的关系中，互利是核心，即作为一个负责任的大国，中国不仅要考虑本国经济利益，还要充分顾及自身经济发展对世界经济的影响；而共赢则是其政策目标，要把既符合本国利益又能促进共同发展作为中国参与世界经济合作的基本原则。吴晓琨（2012）也提出在国际经济交往中，"互利"是基础，它体现了国际经济交往中资源配置效率提升带来的非零和博弈结果，"共赢"则是在"互利"基础上更进一步，要求参与交易的双方能共享经济开放合作的红利，实现相互间的协调发展。

在对互利共赢开放战略进行理论阐释的基础上，国内政界和学术界也对贸易领域的互利共赢开放，尤其是如何实现中美贸易的互利共赢，提出了自己的观点。2012年胡锦涛同志提出在发展中美新型大国关系时，需要相互信任和平等互谅，要善于抓住国家关系中的"同"，把共同利益的蛋糕尽可能做大，正确对待相互之间的"异"，尊重和照顾相互间的利益关切点；发展中美新型大国关系需要双方积极行动，把双方达成的各项共识落到实处，加强在国际和地区问题上的协调，让两国人民和各国人民切实享受中美合作带来的好处。曾培炎（2011）提出发展互利共赢的中美经贸关系，必须使双方在相互合作与交流过程中，获取更多共同利益，从宏观层面上看，两国要加强经济政策的协调和调整各自的经济结构。黄庆波等（2008）则提出提升中美两国贸易依存度是互利共赢开放的基础，维护国家贸易安全是中国实施互利共赢开放的重要外部保障，化解中美贸易摩擦则是实现互利共赢开放的有效路径。陈继勇、胡渊（2009）则将互利共赢贸易开放的目标细化为"单边－双边－多边"三个层次，提出在单边层次上，互利共赢贸易开放要实现中国对外贸易的可持续发展；在双边层次上，中国要实现与贸易伙伴公平分享贸易利益；在多边层次上，要顾及中国进出口对世界其他经济体的影响，将中国的可持续发展和世界可持续发展协调统一。

而对如何实施互利共赢经济开放战略，国内学者也提出了许多观点。张妍（2008）提出维护国家经济社会发展利益已成为中国外交的首要任务，互利共赢的经济合作也因此成为中国对外经济关系的"稳定器"。成思危（2007）认为要做到与其他国家间的互利共赢，首先需要承认中国和贸易对象国有同有异，然后求同存异与增同减异。王军（2006）则认为要实施互利共赢经济开放战略，需要加强中国与周边其他经济体的区域经济合作。谷亚光（2006）指出要通过提升中国利用外资的质量和效益，实施互利共赢开放战略。张毅（2006）认为实施互利共赢开放战略，在对外贸易上，需加快调整出口战略和增长方式，更加强调扩大进口在国内技术进步、提升经济运行效率方面的重要作用，实现对外贸易的平衡协调发展。张松涛（2007）提出实施互利共赢开放战略必须要营造良好的外部环境，要切实发挥中国在多哈回合谈判中的作用，提升其在世界贸易组织多边经济外交中的影响力和参与水平，完善中国对外经济发展模式，处理好中国内需与外需关系，加快调整和完善中国对外经济发展模式，拓宽经济全球化条件下的资源配置和市场营销水平。于津平（2008）认为作为一个负责任的大国，中国要及时摒弃现有的不合时宜的经济政策，完善市场经济体制，加强相关宏观经济政策和法律制度的建设和实施，多层次和多方式地全面参与经济全球化。陈德铭（2012）提出互利共赢开放战略是坚持通过合作促进世界经济的可持续和平衡增长，在着眼自身利益的同时，最大限度地寻找与贸易方的共同利益，在扩大出口和引进外资的同时重视扩大进口和对外投资合作；在巩固发达国家市场的同时，重视开拓新的发展中国家市场；在做大做强一般贸易的同时，加大力度研究加工贸易附加值提升的问题；在加强自主创新的同时重视参与国际分工与合作，逐步形成以技术、品牌、质量和服务为核心的出口竞争新优势。赵英奎（2006）提出互利共赢开放战略要符合中国的国家利益，同时要考虑其他国家利益，有节制地使用自然资源，调配本国的资源配置结构，为本国特定的比较优势形成创造条件，同时要建立合理的国际经济新秩序。张松涛（2011）又提出互利共赢开放战略的实施需要营造良好的发展环境，必须积极参与国际经济治理改革和加强国际区域经济合作机制建设，并以建设性的方式和贸易伙伴理解的语言，与贸易对象加强务实沟通和平等协商，最终妥善处理相关矛盾。陈继勇等（2009）则提出互利共赢开放战略至少应该包括统筹国内经济发展和对外开放，正确认识中国对外经济开放进程中的成本和收益，同时在兼顾本国和他国利益的基础上，实现贸易开放由数量扩张向质量提高的方向转变。李安方（2007）则提出实施互利共赢开放战略必须始终把维护中国的国家利益放在首位，以国民福利提高作为中国对外开放效益的评估标准，要营造更为有利的国际战略环境，不仅强调外部资源为我所用，也要平等协调国与国之间的经济纠纷，要牢牢把握在对外开放中的主动权，在进一步扩大对外开放中，努力维护中国的经济安全。

从目前国内对互利共赢开放战略的理论研究看，主要集中于研究互利共赢的理论内涵和具体路径，关于互利共赢贸易开放战略在贸易领域的主要内容和关注点、如何在中美贸易扩大中具体实施互利共赢开放战略、中美两国贸易利益共同点及中国的主要利益诉求是什么等，国内学术界的研究相对较少，因此，需要对这些问题做进一步的理论探讨，本书将针对这些不足展开重点研究。

第二章

贸易利益分配与失衡调整研究的理论基础

第一节 国际贸易利益分配理论

从资本主义生产方式建立之初，西方的国际贸易理论就将贸易利益问题作为其理论研究的重点之一。对国际贸易利益的衡量标准、利益分配的主要路径、国际分工对贸易利益分配的影响进行了理论探讨，并形成了相关理论。

一 衡量国际贸易中各国实际利益的方法的相关研究

从目前西方传统的国际贸易理论对贸易利益衡量的研究看，国外学者一直关注国际贸易利益分配的问题，分散地提出了一些贸易利得衡量方法，综合来看主要有三类。

（一）以对外贸易中的出口绝对数值为主要基础，主张一国实现贸易顺差即获益

亚当·斯密和大卫·李嘉图在论证其绝对成本优势论和比较成本优势论时，都强调一国应通过国际贸易推动自身专业化形成，从而参与国际分工，获得最终的贸易利益。此后出现的新古典贸易理论则强调贸易利益来源于国际贸易中的生产者剩余和消费者剩余之和（林玲、段世德，2008）。而在具体如何衡量一国的贸易利益时，传统的国际贸易理

论研究者大多主张出口有益或贸易顺差有利。他们认为：在 2×2×1 的李嘉图模型（该模型假设世界经济中只有两个国家，世界只生产两种商品，商品的基本构成只包括一类生产要素）中，评估一国的实际贸易利得的标准主要是其出口商品和进口商品的绝对数量或绝对收入，当一国的商品整体在国际市场上相对其他国家更有竞争力，使其出口总额超过进口总额的时候，出口带来的财富流入大于进口导致的资本流出，表明其相比处于净进口方的贸易伙伴获得了更多的贸易收益。在这一理论观点的影响下，资本主义生产方式建立之初，就有许多国家的政界与学术界同意一国应实现贸易顺差，以使自己能够实际获益，相信贸易顺差即收益，并据此提出了衡量一国贸易获益的标准和经济指标：净出口总值或净出口数量，当二者之一为正值时，表明出口方获得了正利益。该方法以纯粹的出口和进口的数值或数量大小，衡量一国贸易收益的多少。此后的重商主义贸易理论也强调贸易顺差有利论，认为在对外贸易中要追求出口和贸易顺差，获得净出口的金银收益。然而这种贸易利益衡量标准和方法，只是考虑了净出口贸易数量和贸易总价值对一国实际贸易利益的影响，没有将进出口贸易商品的价格水平单列出来，考虑各方通过贸易获利的难易程度，也未考虑商品利润对贸易双方利益的实际影响，其可能掩盖在国际贸易实际中，因各交易方的单位价格差异影响导致国家间的不平衡交换。

（二）重视贸易价格的影响，以一国贸易条件是否相对贸易对象改善为衡量标准

传统的贸易顺差即得益理论，忽略了不同国家出口单位商品的相对价格差异，对各方贸易利益的影响，难以反映国际贸易中的真实利益分配。20 世纪 50 年代，阿根廷经济学家 R. Prebisch 与德国经济学家 H. Singer 以发展中国家对外贸易及其差额为研究对象，以贸易价格为分析工具，提出了发展中国家的贸易条件恶化论，他们明确指出进出口价格对各方利益存在着实际影响，其在研究发达国家与发展中国家相互贸易的商品结构和价格水平时，发现发展中国家对外出口的商品以价格水平较低的非制成品为主，且商品结构单一，专门围绕一类初级商品重点

出口，其价格水平对该国整体出口影响突出，同时其进口商品则以价格相对偏高的制成品为主，这类商品利润附加值高，能使出口方获得额外收益。而相比这两类商品的国际市场竞争和进入门槛难易程度，前者的国际市场价格水平更容易因竞争而下降，因而随着经济全球化带来的全球竞争的加强，其相比后者的价格水平在持续降低，这也使得在双边和多边贸易中，发展中国家的商品贸易条件（$P_{出}/P_{进}$）日趋恶化，其商品的国际价值不断下降。贸易条件恶化带来的直接后果是：发展中国家需要通过出口更多的商品，获得足够的外汇储备，来交换等价值的发达国家生产的工业制成品，而作为初级产品的原材料在一国范围内是有限的，再加上竞争的影响，导致发展中国家的实际收益偏低，换得进口制成品的代价日益提升，最终导致了其"贫困化增长"现象的出现。正是由于贫困化增长问题的发现，单纯从出口价值和数量上探讨贸易利益分配的方法，掩盖了发展中国家和发达国家在贸易中的不平等交换的实质。因而在界定发达国家和发展中国家的实际贸易利益分配情况时，需要考虑其进出口价格水平对各方实际利益和资源消耗的影响，这也间接提出了一种以各国贸易条件的变化为基础的贸易利益评估方法，这种评估方法认为：如果双方的贸易条件基本持平或者相对基准年的增速基本相同时，其国家间的利益得失差距基本持平，但在当前的失衡世界中这种情况很少出现；当一国的贸易条件相对基准年在不断改善时，即贸易条件相对基准年的数值在增大时，其能够从相对高水平的出口价格中获得更多利益，反之，贸易条件恶化的一方则相对利益受损，其需要以更多数量的商品换取高价进口商品。从贸易条件衡量各方贸易利益没有考虑非贸易收益对进出口收益的实际影响，如贸易失衡带来的资本流动导致的利益影响，因此，它无法全面衡量贸易当事国的利益得失，即无法评估资本流动和跨国直接投资给各方收益带来的影响，只能衡量国际贸易中由商品直接买卖实现的利益分配，但它比直接通过一国是否实现贸易顺差评估各方贸易得失的方法，更能揭示国际贸易中的不平等交换实质，在衡量国际贸易利益分配问题的研究上，比"贸易顺差即得益"的观点更前进了一步。

（三）重视贸易商品的附加值，以其附加收益大小为衡量标准

20 世纪 80 年代以来，在经济全球化的影响下，跨国公司开始通过对外直接投资，形成全球性的跨国生产和经营网络，在这一网络基础上的跨国公司全球产业价值链也开始逐步形成，其带来的跨国性产品内分工，也因此替代了传统意义上的产业间和产业内分工，成为国际分工的主要表现形式①。而在国际投资带来的跨国公司产品内贸易增多的影响下，资本、人员等要素的跨国界流动开始和国际贸易结合起来，国际贸易中的利益分配主体和分配方式也开始出现新的变化，在这种背景下，通过贸易条件是否改善评估各方贸易得失的理论，已经不能反映各国企业从国际贸易中的真实利益得失。对此，国内外学者也对其进行了探讨，他们发现在国际分工的作用下，一国出口的商品已经不是由出口方单独提供，许多生产要素和零部件都由中间方贸易实现，这就需要给予作为中间方的国家或企业以利益补偿，但现有的贸易统计模式将中间品的提供方获得的贸易顺差利益全部归于最终方，此时的贸易绝对顺差收益或贸易条件改善，都无法真实衡量贸易各方的实际获益，这种情况在中国对外加工贸易及其利益分配中表现得十分突出（陈继勇等，2006；孙文涛等，2002）。为了更为准确地反映各贸易方在跨国公司直接投资形成的全球价值链中的实际利益得失，充分反映外商直接投资导致的东道国贸易转移与贸易返销等因素，对各生产参与方的实际利益得失和贸易失衡统计的影响，国内学者提出了要以贸易附加值指标衡量各方的实际贸易得失。这种方法强调对各参与方的贸易增加值的统计，强调以产品附加值作为贸易利益的衡量标准②，即以贸易各方从出口中获得的产品附加利益衡量各方贸易利益得失。

目前，由于国内外学术界对贸易利得衡量标准理论研究还没有形成统

---

① 陈继勇、刘威：《产品内分工视角下美中贸易失衡中的利益分配》，《财经问题研究》2008 年第 11 期，第 42 页。

② 从贸易附加值视角衡量各方贸易利益，详见曾铮、张路路：《全球生产网络体系下中美贸易利益分配的界定——基于中国制造业贸易附加值的研究》，《世界经济研究》2008 年第 1 期，第 36～43 页。

一认识，导致对美中贸易失衡中的利益分配存在争议，并引发争端。虽然从上述三种利益统计的方法看，以产品附加值衡量各方利益，通过其附加值变化评估利益得失的方法，最能真实反映中美贸易中的国际分工现实，也可能最符合中国持续扩大出口的利益需求。但是这种利益评价方法也有其自身缺陷，首先，产品附加值如何统计还没有公认的官方标准和理论基础，而且国家层次上的相关统计还不能实现年度统计，数据总量也不够全面。其次，这种统计方法主要是从经济领域是否获益的视角分析各国实际利益得失现状，难以真实反映包括美中两国在内的世界各经济体全方位的利益得失。从目前国内外学者对美国各个层次主体在对外贸易中的利益诉求的理论研究看，美国在对外经济交往和发展外贸关系时，并不是只关注经济获益，还会关注其他领域的实际收益，尤其是重视通过贸易、投资和金融限制，削弱贸易对象的经济对抗能力，保证自身的世界第一经济强国的政治利益地位，这已经成为美国在对外经贸交往中主要考虑的利益需求。因此，在美国对外贸易逆差及其带来的利益分配研究中，仅仅从经济利益视角去界定包括美中两国在内的各经济体的实际利益分配格局，显然不能全面反映各方的实际利益得失。此时，需要我们从宏观和微观等多个层次，全方位分析美中贸易利益得失，真正明晰贸易失衡中的利益分配格局①。

二　贸易利益的实现路径的理论研究

如何增加自身贸易利益，也是国际贸易理论中关于利益问题研究的重点之一。亚当·斯密和大卫·李嘉图提出的自由贸易理论强调以市场竞争和要素禀赋差异为基础，利用各方的绝对成本优势和比较成本优势，以分工和专业化为途径增加贸易利益。

而与自由贸易理论对立的保护主义贸易理论，则强调政府干预因素对国家贸易利益分配的影响。尤其是在二战结束后，这一理论的影响得到加强，最为典型的是保护主义贸易理论——战略贸易理论，以 Krugman、Grossman、Helpman 为代表的经济学家主张通过规模经济带来的生产效率提升、不完全竞争对垄断利润的影响以及商品多样化等路径，增加贸易各

---

① 刘威：《经济全球化背景下的美中贸易失衡研究》，武汉大学出版社，2009，第 178 页。

方的实际利益，尤其是 Krugman 等在规模经济和不完全竞争的基础上提出了战略贸易理论，该理论强调以保护本国进口来促进出口，增加企业的规模经济收益，提升其在国内外市场上的竞争力，同时通过扶持外部经济效益高的战略性产业的企业商品出口，促进本国产业和经济发展，增加其实际经济利益。

20 世纪 70 年代后，随着发达资本主义国家经济从两次石油危机中逐步恢复，其政府干预市场经济的程度逐步减弱，跨国公司全球化经营和分工成为国家间经济联系的重要路径和机制，国际贸易方式也从产业间贸易向产业内贸易，再向产品内贸易方向转变，世界市场竞争也日益激烈。此时，政府干预和市场竞争共同影响着国家间的贸易利益分配，利益增加的渠道也不断增多，主要表现为以下几类。其一，通过组建区域经济集团，影响各方的贸易利益分配。它主要表现为区域贸易集团内部和集团外的利益分配出现差异，为了应对日益激烈的世界市场竞争，主要经济体的区域经济一体化进程日益加快，在区域经济集团的作用下，区域外和区域内的贸易价格及其带来的利益分配出现巨大差异，例如，北美自由贸易区的建立，就导致美（国）墨（西哥）自由贸易大幅替代包括美中贸易在内的美国对外贸易，贸易利益从区域外经济体向区域内经济体大幅转移。其二，政府干预经济依然影响着贸易各方的利益分配。虽然二战后跨国公司全球经营的加速发展减弱了各国政府对市场经济的干预程度，但凯恩斯保护主义经济学的长期影响，依然使一国政府会参与到各国之间的贸易交往中，如美国对高技术的出口管制，就对各国间的贸易利益分配产生重要影响。其三，跨国公司全球价值链的形成，对各国贸易利益分配的影响日益增大。跨国公司在全球市场上的直接投资和要素集聚，形成了各国企业间的产品内分工和产业内分工，使处于全球价值链不同环节的企业贸易利益出现差异，这已经成为理论界的共识，而在这种影响中，政府干预和市场竞争共同影响着其利益分配机制，但市场竞争的作用相对变得更强。

三　国际分工对国际贸易利益分配影响的理论研究

20 世纪 80 年代以来，随着经济全球化的不断深化，国际分工在全球经济中的影响力日益加深，而国际分工的具体模式也实现了从产业间分工，到产业内水平分工，再到产业内垂直分工，最后到产品内的国际分工的转变，呈现垂直化和产品内的发展趋势，这也对国际贸易利益分配格局产生重要影响。

Balassa（1967）最先在学术界提出了垂直专业化的概念，即一种商品的生产被分解为多个生产工序分别进行专业化生产，形成跨越多个国家和包含多类中间贸易的垂直型产业集群。此后，Hummels 等（1999）提出了垂直专门化比重的概念，以衡量各国间贸易的垂直分工程度。国内学者宋玉华等（2008）也通过引入产业组织理论及研究四类不同市场结构下的中间品价格决定，对垂直专业化条件下的贸易利益分配机制进行了深入研究，并提出在垂直专业化分工条件下，一国的不同部门参与生产过程的不同环节，其生产的商品具有不同市场势力，拥有较高市场势力的一方能获得更多垄断利益，如果这些部门分散在不同国家，就会反映其在国家层次上的贸易利益分配。总体而言，在生产价值链中处于高端的国家，在国际市场上具有垄断市场势力，其将获得更大的贸易利益；反之则获利较小。

而在垂直专业化分工理论的基础上，理论界又结合跨国公司建立在全球价值链基础上的产品内分工，提出了全球产品内分工理论，解释其对贸易利益的影响。如 Leamer（1996）、Arndt（1997）等就对产品内分工对国家福利、世界市场价格和收入的影响进行了研究，张路路等（2008）则基于产品内分工理论的附加值概念，构建了关于两国贸易利益的分配模型，在此基础上，他们分析了产品内分工影响下的中美贸易利益分配现状，认为在产品内分工的框架下，各国的比较优势将会动态发展，如中国在持续的对美出口增长中，国内劳动力要素价格却并没有得到同步增长，但技术水平却与日俱增，这些都导致中美要素禀赋优势发生改变，使中国利益增加，美国利益受损，最终导致中美贸易摩擦增多。上述理论说明：无论是从静态视角看，还是从动态视角看，国际分工都在影响各国在全球价值链上的实际利益分配，而且随着各国在基于产品内分工和全球价值链上的资源禀赋优势的变化，其获得的贸易利益将发生改变，各国间形成的利益分配格局也会发生动态变化。

第二节　国际贸易失衡调整理论

一　早期贸易失衡调整理论

贸易失衡的调整理论一直贯穿于国际贸易理论的发展中，早期的古典贸易理论强调市场经济和自由贸易，因此，对各国由绝对优势或比较优势贸易导致的贸易失衡，信奉自由放任的自发调整。而随着各资本主义国家经济和贸易发展不平衡的出现，以及其难以自发调整，以重商主义贸易理论、保护幼稚工业理论、凯恩斯主义贸易保护理论、战略贸易理论为核心的贸易保护理论，强调一国政府对其进出口的直接干预，实施"奖出限入"的贸易政策，通过各国政府的直接参与和相互协调，最终实现各自贸易失衡的调整。

二　国际收支失衡调整理论

在研究贸易失衡如何调整的同时，国外理论界也十分关注国际收支失衡调整理论。凯恩斯学派和货币主义学派都提出了自己的国际收支模型，以探讨一国国际收支的决定因素（刘威，2009）。而对国际收支失衡如何调整，国外学术界也提出了一些理论，1752 年英国经济学家 David Hume 提出了著名的"价格－铸币流动机制"，认为在金本位制条件下，一国的国际收支失衡具有自动调整的能力。该理论强调了市场机制对国际收支失衡调整的自发调节，开创了如何调整国际收支的理论研究。

然而，二战后，各国间国际收支失衡的长期存在及政府对市场经济干预的日益增强，使理论界又先后提出了三类国际收支失衡调整方法。第一，国际收支调整的弹性分析法。该法以汇率调整国际收支失衡为基础，强调通过汇率调整，影响进出口商品价格，进而通过商品的供求价格弹性，影响该国经常项目失衡的调整，总体而言该理论强调政府可以通过汇率调整平衡国际收支。第二，国际收支调整的吸收分析方法。该法以凯恩斯学派的支出分析方法为理论渊源，强调通过调整一国国民收入或国内吸收能力（国内消费、投资和政府支出）调节其国际收支失衡，即当该国出现国际收支顺差时，通过增加国内吸收能力或降低国民收入，平衡国际收支；反之，则需要减少国内吸收能力或增加国民收入，减少国际收支逆差。第三，国际收支调整的货币分析法。它主要是由货币主义学派提出的调整国际收支失衡的方法，继承了价格－铸币流动机制理论，将国际收支看成一种货币现象，但它强调一国政府货币当局的货币政策调控，对国际收支失衡的调整作用，调整国际收支失衡的主要途径是实现其国内外汇市场或货币市场的平衡。

随着国际收支理论研究的不断深入，国际收支失衡的跨期分析理论开始取代传统的静态或动态的非优化理论模型和方法，成为国际收支理论研究中被广泛使用的基本分析方法（张建清、张天顶，2008）。Jiangdong Ju 和 Shangjin Wei 在 2007 年探讨了在以劳动力市场为中心的国家的经常账户调整问题，他们重点研究了跨期路径调整（净资本流出入改变）和当期路径调整（商品贸易构成改变）相结合对经常项目失衡调整的影响，发现：如果劳动力在短期内只在特定部门存在，那么在小国经济条件下，通过资本流动带来的失衡调整将会发生，而当劳动力在经济中是完全流动时，任何改变都不会导致经常项目失衡发生改变，因此，对劳动力的管制力提升会导致经常项目失衡占 GDP 比重的收敛速度减慢。

第三节　与贸易失衡有关的其他理论

一　国际贸易失衡的协调机制理论

各主要经济体间贸易失衡的调整通常需要各方相互协调，提出有效办法，而这种协调可以分为对内协调和对外协调，从而影响失衡方的内部利益和对外利益，与其相关的理论主要有两个：公共选择理论中的利益集团理论和国际经济协调中的国际机制论。

（一）利益集团理论

20 世纪 50～60 年代，西方经济学界出现了以经济学方法研究政治问题的公共选择理论，主张以市场机制来决定政治决策的方向。而根据现代宏观经济理论，国际贸易失衡的调整需要政府的政策干预，其中影响政府公共选择政策的最重要理论之一是利益集团理论。在美国等国家，利益集团也被称为压力集团，它们是由具有共同利益的个人、企业、政府部门或机构组成的有组织的实体，以集体的力量影响一国政府政策倾向，以增加利益集团中个体的利益。作为公共选择理论的分支之一，利益集团理论强调集团或个人的行为是以自身利益最大化为目标，但具有相同利益的主体组成的利益集团却会发出一致的集体行动，而具有不同利益需求的集体会对政府政策实施不同程度的压力，不同利益集团之间的相互竞争施加的压力之和，决定了其所在国家政府的政策最终取向。目前美国是世界上拥有利益集团最多的国家，中国也存在利益集团，而其压力竞争之和都会在一定程度上影响美中两国政府的贸易政策取向，进而影响其对包括美中贸易失衡在内的全球贸易失衡调整。

（二）国际机制论

随着国际贸易失衡范围的逐步扩大，仅仅依靠一个或两个国家的协调来缓解全球贸易失衡难以实现，因而需要更多国家的相互协调和求同存异，才能有效减少全球贸易失衡。当前全球贸易失衡的调整开始从以往的以中美两国及以发达国家主导的三大经济组织为核心，逐步过渡到当前的G20机制下的共同协调调整。如何发挥国际协调机制对贸易失衡调整的作用，成为学术界新的研究热点。因此，国际机制论也是国际贸易失衡调整的理论基础之一。国际机制论主要是从机制的视角研究国家和市场间的内在联系，它强调在某一特定领域要建立能够协调国家间关系的准则、规则和决策程序，一国应减少对国家自身利益的需求，以各国间相互合作的共同利益，作为其在某一特定领域做出某种行动的基本准则。因此，"国际机制"在各国最大限度追求自身利益的国际关系中的作用相对有限，只能在某些利益可能出现妥协的特定领域和前提条件下才能更有效。然而，在经济全球化和区域经济一体化的影响下，在国际金融危机及全球经济失衡需要解决等因素的推动下，各国间的相互依存度在逐步提升，国际机制的作用将会日益增大，只要国家之间加强合作，形成和完善国际机制，就可以最终帮助世界各主要国家找到共同利益和政策意愿的共同点，使不同政府的利益要求达成一致，最终促成国家间的合作和调整达成一致。

二　国际债务周期理论

近年来，随着对各国间经常项目失衡原因研究的深入，学术界也开始从资本项目下的流动失衡解释国际贸易失衡成因。尤其是对美国而言，当其经常项目逆差日益扩大的同时，其吸引的外部资本日益增多，尤其是来自中国、日本等的资本流入，使美国成为世界主要的债务方，弥补了其货物贸易逆差的资本流出，如何解释全球资本项目失衡和经常项目失衡的关系，成为理论界关注的焦点。Caballero 等（2008）、Mendoza 等（2007）均研究了全球基本流动和全球贸易失衡的内在联系，并从实证视角解释了当各国的金融市场发展水平出现差异时，拥有发达金融市场的国家会累积越来越多的净对外债务，对外贸易则出现巨额逆差。而其理论基础之一是国际债务周期理论（The Debt Cycle Theory）。

国际债务周期理论又被称为国际收支阶段理论，它将国际资本流动（或国际收支）描绘成一种"债务周期"，而债务周期又与一国经济发展阶段相联系。目前，经济学家大多都认同债务周期有四个阶段：非成熟债务人阶段（Young Debter）、成熟债务人阶段（Mature Debter）、非成熟债权人阶段（Young Creditor）和成熟债权人阶段（Mature Creditor）。上述四个阶段均建立在一国的国际资产净值地位（Net International Asset Position）和对外经常项目差额是正值还是负值的基础上（见表 2－1）。随着一国经济的增长，正常的债务周期普遍被认为应该是从非成熟债务人到成熟债务人，然后到非成熟债权人，最后到成熟债权人。因此，越是发达的国家越应该成为成熟的债权人。但从美国的债务周期发展看，其恰好说明并非所有的富国都是作为债权人存在的，因此，该理论在对这一问题的解释上，尚存在缺陷。

表 2－1　债务周期示意图

失衡情况	经常项目 < 0	经常项目 > 0
外部资产（负债人）< 0	非成熟债务人	成熟债务人
外部资产（债权人）> 0	成熟债权人	非成熟债权人

资料来源：William Richard Cline, *The United States as a Debtor Nation*, 2005 (11), http://www.iie.com/publications/chapters_ preview/3993/01iie3993.pdf。

　　而在对债务周期进行阶段划分的基础上，债务周期理论明确区分了不同阶段经常项目和资本项目之间的内在关系，并论述了不同阶段如何通过资本项目顺差支撑经常项目逆差的扩大，以及如何通过经常项目顺差支持资本项目下的逆差，最终认为一国大量利用外资是可以支持对外贸易和经常项目，使之成为顺差的。因此，该理论不仅为各国根据其国际借贷地位发生变化的周期性制定宏观调控政策提供了依据，更为如何调整贸易失衡提供了相应的政策参考。但该理论在探讨美国对外贸易失衡的调整时，需要进一步研究如何通过资本项目调节推动经常项目或贸易失衡的调整。

第三章
全球贸易失衡的具体分布与主要特征

2005 年国际货币基金组织前总裁拉托明确定义全球经济失衡为：仅有美国一个国家拥有大量的贸易赤字，而与该国贸易赤字相对应的贸易盈余则集中在东亚经济体和石油输出国。国内外学术界基本沿用这一定义，将全球经济失衡的贸易逆差方定义为美国，顺差方则仅仅指向东亚主要经济体和石油输出国。那么经过了国际金融危机的冲击后，全球贸易失衡是否仍然是这种格局，美国对外贸易逆差的实际分布究竟如何？这是我们在研究贸易失衡中的利益分配问题时，首先需要研究的重点。

第一节　美国对外贸易失衡的分布特点

一　美国对外贸易失衡的总量特点

作为全球贸易失衡中最主要的逆差方，美国的进出口和贸易失衡一直是国内外学术界关注的焦点。虽然 21 世纪初美国的贸易逆差仍然持续存在，但是根据《联合国国际商品贸易》（*United Nation Merchandise Trade Statistics*）的统计，2007～2011 年美国商品出口增长速度达到 6.2%，2011 年其出口总额达到 14797 亿美元，远远快于这一时期美国商品进口增速 2.9%，其中 2010～2011 年美国商品出口年增长率更是高达 15.9%①。同

---

① UN Comrade, United Nation Merchandise Trade Statistics, 2011. http：//comtrade. un. org/pb/first. aspx.

时，据美国商务部网站的进出口贸易统计（按 SITC 统计，见图 3-1），2005～2012 年美国贸易逆差并非持续增长，其中 2005～2008 年美国年贸易逆差额增速平稳；2009 年其逆差总额一度从 2008 年的 8162 亿美元减少至 5036 亿美元，这可能有美国次贷危机的不利影响，使其对外进口迅速减少；2010 年随着美国经济的恢复性增长，美国对外贸易逆差有所上升；2011～2012 年其增速平稳，其逆差绝对额仅增长 15 亿美元。从 2005～2012 年美国贸易逆差的整体趋势看，虽然有国际金融危机的影响，但其总量仍呈现持续下降的态势，并非一直出现恶化。然而也需要看到，美国的贸易逆差绝对数额偏大，使美元通过大规模进口流出美国，财富损失确实存在，因此确实需要适当控制其逆差绝对数额的增长速度。

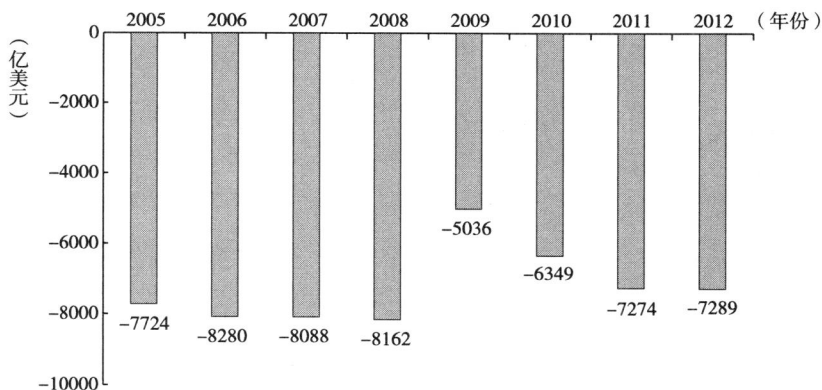

图 3-1　美国贸易逆差整体演变

资料来源：笔者根据美国商务部网站统计数据绘制，http：//tse. export. gov/TSE/Chart Display. aspx。

二　美国对外贸易失衡的地区分布

从 IMF 对全球经济失衡的定义看，2005 年以来美国巨额贸易逆差的根源主要来自东亚经济体和石油输出国。然而，根据联合国商品贸易统计数据库（United Nations Commodity Trade Statistics Database）的统计，2011 年美国的贸易逆差总额为 7892 亿美元，其中，以贸易逆差的来源地划分，其逆差的最大来源地是东亚经济体，为 3127 亿美元，但其他的主要来源地并不仅有石油输出国，如欧洲发达国家对美贸易顺差为 1074 亿美元，拉丁美洲和加勒比海地区经济体对美贸易顺差为 794 亿美元，撒哈拉沙漠以南的非洲国家对美贸易顺差为 546 亿美元。由于各地区包括国家的数量不同，难以真实衡量各地区贸易差额对美国贸易逆差的影响，我们进一步从具体国别分析其对美国贸易顺差。以 2012 年为例，据美国商务部普查局（United States Census Bureau）的月度统计①（按 SITC 划分，见表 3 - 1），在美国商品贸易逆差的前十位贸易伙伴中，在多数月份出现逆差的来源方，除了中国、日本等东亚经济体，沙特阿拉伯和委内瑞拉等石油输出国外，还有墨西哥、加拿大等北美国家，德国、爱尔兰等欧洲国家。因此，当前美国贸易逆差来源方并不仅局限于包括中国在内的东亚新兴经济体和石油输出国，还包括美国传统的贸易伙伴——北美地区和欧盟地区经济体。

与此同时，将 2005～2012 年美国与其主要贸易伙伴的贸易逆差对比（见表 3 - 2），可以发现以下几个特点。第一，亚洲是美国对外贸易逆差的主要来源地，其中，美中贸易逆差在美国对亚洲贸易逆差中的比重从 2005 年的 54% 上升到 2012 年的 68%，因此，从这一贸易逆差的绝对比重看，确实需要对美中贸易逆差进行控制并进行一定调整，使中国对美贸易顺差所占比重适当减少，以降低美国主要针对中国进行贸易失衡调整的可能性。第二，美国与 OPEC 成员国的贸易逆差增长较缓慢，但沙特阿拉伯对美国的贸易顺差增长很快，其占美国对 OPEC 成员国贸易逆差的比重从 2005 年的 21% 增加到 2012 年的 38%，其绝对增长额也从 2005 年的 204 亿美元增加到 2012 年的 376 亿美元；但 OPEC 成员国已经不再是全球贸易失衡中仅次于亚洲新兴经济体的顺差方，其对美国贸易逆差增加的影响在下降。第三，北美自由贸易区成员方是美国贸易逆差的新的重要来源地。其对美贸易顺差在 2005～2009 年甚至一度超过 OPEC 成员国对美贸易顺差，其中，墨西哥对美贸易顺差增长迅速，从 2005 年的 499 亿美元增长到 2007 年的顶点 748 亿美元，此后虽然有所下降，但 2012 年其对美贸易顺差仍然达到 613 亿美元，占北美自由贸易区成员方对美贸易顺差的比重

---

① United States Census Bureau，http：//www. census. gov/foreign - trade/top/index. html#top_partners.

表 3 - 1　2012 年 1~12 月美国对外贸易逆差前十位来源国及贸易差额

单位：亿美元

排序	1	2	3	4	5	6	7	8	9	10
12月	中国 (-244.5)	日本 (-57.5)	德国 (-54.2)	墨西哥 (-39.0)	加拿大 (-36.1)	沙特阿拉伯 (-17.4)	意大利 (-16.5)	爱尔兰 (-14.8)	越南 (-13.3)	委内瑞拉 (-13.1)
11月	中国 (-289.5)	德国 (-62.4)	日本 (-61.9)	墨西哥 (-48.6)	加拿大 (-30.0)	沙特阿拉伯 (-26.1)	爱尔兰 (-23.0)	意大利 (-20.9)	委内瑞拉 (-19.8)	韩国 (-17.9)
10月	中国 (-294.7)	日本 (-70.0)	德国 (-53.5)	墨西哥 (-43.6)	沙特阿拉伯 (-24.2)	伊拉克 (-20.3)	俄罗斯 (-19.8)	意大利 (-19.7)	加拿大 (-19.0)	爱尔兰 (-18.3)
9月	中国 (-290.6)	德国 (-52.2)	日本 (-48.2)	墨西哥 (-47.6)	沙特阿拉伯 (-26.9)	俄罗斯 (-18.5393)	加拿大 (-18.5388)	爱尔兰 (-16.3)	伊拉克 (-15.2)	越南 (-13.7)
8月	中国 (-286.9)	日本 (-67.1)	德国 (-57.4)	墨西哥 (-45.2)	沙特阿拉伯 (-27.5)	加拿大 (-23.6)	爱尔兰 (-23.5)	委内瑞拉 (-21.9)	意大利 (-19.9)	印度 (-18.5)
7月	中国 (-293.8)	日本 (-68.1)	墨西哥 (-49.9)	德国 (-49.2)	沙特阿拉伯 (-39.4)	爱尔兰 (-25.6)	意大利 (-24.6)	印度 (-23.5)	加拿大 (-21.1)	韩国 (-19.0)
6月	中国 (-274.0)	日本 (-59.7)	墨西哥 (-59.3)	德国 (-40.9)	沙特阿拉伯 (-29.9)	爱尔兰 (-25.5)	伊拉克 (-22.6)	俄罗斯 (-20.9)	意大利 (-17.5)	印度 (-16.6)
5月	中国 (-260.4)	日本 (-64.4)	墨西哥 (-63.5)	德国 (-49.0)	沙特阿拉伯 (-44.8)	爱尔兰 (-27.1)	加拿大 (-22.3)	伊拉克 (-22.2)	韩国 (-20.0)	意大利 (-18.6)
4月	中国 (-245.5)	日本 (-63.2)	墨西哥 (-54.5)	德国 (-45.9)	沙特阿拉伯 (-43.5)	加拿大 (-32.8)	委内瑞拉 (-21.4)	爱尔兰 (-19.1)	意大利 (-18.5)	韩国 (-17.7)
3月	中国 (-216.7)	日本 (-71.5)	墨西哥 (-61.4)	德国 (-55.1)	沙特阿拉伯 (-32.5)	加拿大 (-30.6)	委内瑞拉 (-27.4)	爱尔兰 (-21.1)	意大利 (-16.9)	意大利 (-16.5)
2月	中国 (-193.6)	日本 (-69.9)	墨西哥 (-58.1)	德国 (-36.0)	加拿大 (-28.2)	沙特阿拉伯 (-27.4)	爱尔兰 (-21.8)	委内瑞拉 (-18.5)	印度 (-15.2)	俄罗斯 (13.8)
1月	中国 (-260.2)	日本 (-61.9)	加拿大 (-48.1)	墨西哥 (-42.4)	德国 (-41.4)	沙特阿拉伯 (-35.7)	爱尔兰 (-22.9)	委内瑞拉 (-20.5)	印度 (-18.8)	印度 (-15.9)

资料来源：United State Census Bureau, http://www.census.gov/foreign-trade/top/index.html#top_partners。

从 2005 年的 39% 增加到 2012 年的 65%，同时其对美贸易顺差绝对数额甚
至赶上，并在部分年份超过了日本对美贸易顺差总额。第四，欧盟 15 国也
成为美国贸易逆差的重要来源地之一。传统观点认为欧元区加上英国与
2005 年以来美国的贸易逆差无关，从某种意义上欧洲不是当前全球经济失
衡的一部分（Alan Ahearne，2007），但从 2005～2012 年美国对欧盟贸易逆
差的统计看，以欧元区和英国为核心的欧盟 15 国与全球贸易失衡密切相
关，其对美贸易逆差额在 2012 年超过北美自由贸易区成员方和 OPEC 国
家。其中，德国和爱尔兰成为欧盟中对美贸易顺差增长最快的国家，尤其
是爱尔兰对美贸易顺差增速迅猛，占欧盟对美贸易顺差总额的比重从 2005
年的 17% 增加到 2012 年的 29%；而德国则依然是欧盟 15 国中对美贸易顺
差最多的国家，其占欧盟 15 国对美贸易顺差的比重始终稳定在 40% 以上，
2012 年达到 55%，仅次于中国、日本和墨西哥三国对美贸易顺差额。

表 3 - 2　2005～2012 年美国与主要贸易对象方的贸易失衡

单位：亿美元

年份 贸易对象方	2005	2006	2007	2008	2009	2010	2011	2012
美国 - 中国	-2023	-2341	-2585	-2680	-2269	-2731	-2954	-3151
美国 - 日本	-833	-897	-843	-741	-447	-601	-632	-763
美国 - 亚洲	-3753	-4180	-4231	-4101	-3224	-3829	-4160	-4622
美国 - 沙特阿拉伯	-204	-241	-252	-423	-113	-199	-337	-376
美国 - 委内瑞拉	-276	-281	-297	-388	-187	-221	-309	-211
美国 - OPEC	-957	-1111	-1184	-1675	-618	-956	-1269	-989
美国 - 墨西哥	-499	-645	-748	-647	-478	-664	-645	-613
美国 - 加拿大	-785	-718	-682	-783	-216	-285	-345	-325
美国 - 北美自由贸易区	-1284	-1363	-1430	-1431	-694	-950	-989	-938
美国 - 德国	-506	-479	-447	-430	-282	-343	-495	-597
美国 - 爱尔兰	-203	-209	-227	-227	-237	-206	-266	-317
美国 - 意大利	-195	-201	-209	-207	-142	-143	-179	-210
美国 - EU15	-1183	-1143	-1070	-939	-590	-760	-941	-1078
美国 - EU25	-1236	-1186	-1098	-959	-611	-792	-992	-1147
美国 - EU27	-1244	-1193	-1102	-958	-612	-796	-999	-1157

资料来源：美国商务部统计数据，International Trade Administration，U. S. Department of Commerce，http：//tse. export. gov/TSE/TSEOptions. aspx？ReportID = 2&Referrer = TSEReports. aspx&DataSource = NTD。

三 美国对外贸易失衡的商品结构特点

作为世界最大的贸易逆差来源地，美国的主要贸易逆差商品究竟是什么，集中在哪些国家或地区，是我们认清全球贸易失衡扩大中实际利益分配的重要前期基础。接下来，我们可以从三个层次分析美国贸易逆差的商品结构特点。

（一）美国对外贸易中制成品与非制成品贸易失衡构成

如果按照 SITC 分类，最初层次的分类方法就是将其划分为制成品（Manufacture Goods）和非制成品（Non - manufacture Goods）。从图 3-2 中看出，美国在制成品和非制成品对外贸易上均出现逆差，2005~2008 年二者总体变化趋势相反，前者递减，后者递增；而 2008~2011 年二者变化趋势趋同，呈整体递增态势；2011~2012 年美国制成品贸易逆差持续扩大，非制成品贸易逆差则呈减少趋势。

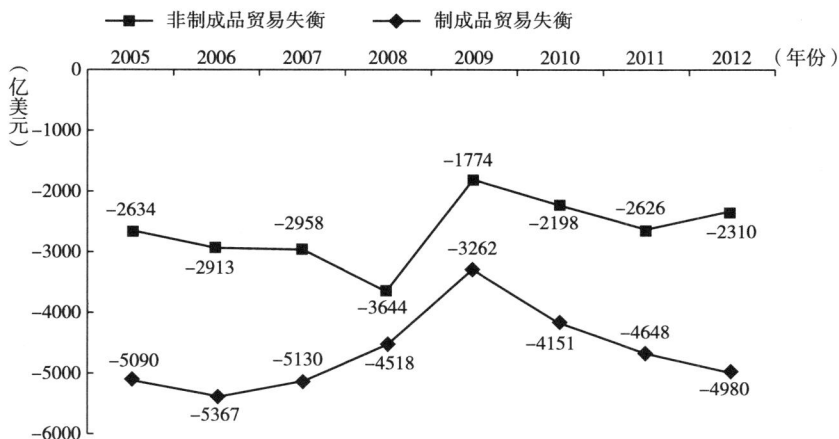

图 3-2 2005~2012 年美国对外贸易逆差类型

资料来源：笔者根据美国商务部统计数据绘制，International Trade Administration，U. S. Department of Commerce，http：//tse. export. gov/TSE/TSEOptions. aspx？ ReportID = 2&Referrer = TSEReports. aspx& DataSource = NTD。

（二）按 SITC（1 位数）划分的美国贸易逆差商品构成

按照国际贸易分类标准（SITC 1 位数），在制成品贸易和非制成品贸易分类之下，国际贸易商品又可分为10类商品，分别为：第0类商品食物和活动物；第1类商品饮料和商品；第2类商品非食用原料；第3类商品矿物燃料、润滑油及相关原料；第4类商品动物油和植物油，油脂和蜡；第5类商品化学品及有关商品；第6类商品主要以材料分类的制成品；第7类商品机械及运输设备；第8类商品杂项制成品；第9类商品未分类的商品交易。从2005~2012年美国10类商品的贸易差额看，各类商品在不同年份的贸易差额基本表现相同态势，因此我们以2012年为例，分析美国对外贸易逆差的商品构成。从图3-3中美国10类商品贸易逆差看，并非所有的贸易商品均呈现美国对外贸易逆差，其中主要是在第3类、第6类、第7类及第8类商品上，美国呈现对外贸易逆差，因此需要重点研究这四类商品贸易逆差的成因及其背后的利益分配。

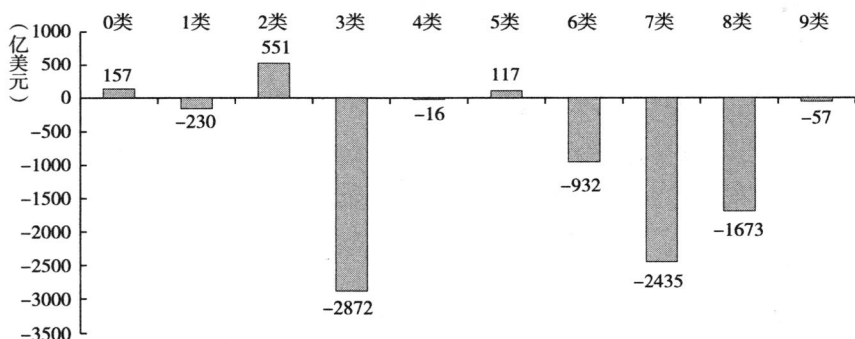

图3-3　2012年美国10类商品贸易差额概况

资料来源：根据美国商务部网站数据整理绘制。International Trade Administration，U. S. Department of Commerce，http：//tse. export. gov/TSE/TSEOptions. aspx? ReportID = 2&Referrer = TSEReports. aspx& DataSource = NTD.

（三）　按 SITC（3 位数）划分的美国贸易逆差商品构成

接下来，我们按照SITC（3位数）统计，具体分析2005~2012年美国对外贸易逆差的主要商品，通过对美国商务部网站国际贸易统计的数据分析，本书发现对美国对外贸易逆差贡献最多的五类商品分别是：第333类商品原油，第781类商品全部机动车辆，第764类商品电信设备，第752类商品自动数据处理器，第931类商品未分类的特定交易商品。其年度贸易逆差额详见表3－3。从5类商品看，原油和包括汽车在内的全部机动车辆的贸易逆差对美国对外贸易逆差的整体贡献较大，尤其是原油贸易逆差占美国对外贸易逆差总额的比重最大，因此，要想从根本上减少美国贸易逆差的绝对数额，必须减少其原油贸易逆差。

表3－3　2005~2012年美国5类最主要贸易逆差商品

单位：亿美元

年　份	第333类商品 原油	第781类商品 全部机动 车辆	第764类商品 电信设备	第752类商品 自动数据 处理器	第931类商品 未分类的特定 交易商品
2012	－3133	－932	－635	－564	－457
2011	－3350	－749	－589	－522	－388
2010	－2583	－759	－583	－463	－346
2009	－1928	－529	－483	－331	－309
2008	－3512	－753	－504	－327	－336
2007	－2447	－895	－477	－334	－325
2006	－2243	－1011	－371	－409	－321
2005	－1823	－925	－355	－381	－306

资料来源：笔者根据美国商务部统计数据绘制。International Trade Administration，U. S. Department of Commerce，http：//tse. export. gov/TSE/TSEOptions. aspx？ ReportID = 2＆Referrer = TSEReports. aspx＆ DataSource = NTD.

第二节　中国贸易失衡的主要特征

从美国对外贸易逆差的地区结构看，中国一直是美国贸易逆差的最主要来源地。从贸易逆差的数字看，无论是绝对数额，还是相对增长率，中国都是增长最快的经济体之一，调整中国对美贸易顺差必然成为美国政府调整对外贸易失衡的首要重点之一，而这也可能涉及美国和中国的政治、经济等各方面利益分配。因此，只有认清中国和美国间贸易失衡的基本特征和主要内容，才能明晰各方在失衡扩大中的实际利益分配。

一　中国对外贸易失衡的主要特点

首先，从贸易规模看，自 20 世纪 70 年代中国实施改革开放以来，中国对外贸易规模不断扩大，尤其是出口规模相对进口规模增速日益加快。进入 21 世纪初，中国出口总额从 2001 年的 2622 亿美元增加到 2012 年的 20488 亿美元，年均出口增长额达到 1485.5 亿美元，是 2001 ～ 2012 年中国进口年均增长额（636 亿美元）的 2.3 倍，尤其是从 2005 年之后，中国出口年增长额从 2000 亿美元上升到 3000 亿美元层次，增长极其迅猛。

其次，从其进出口商品结构看，如果按 SITC 1 位数分类，据中华人民共和国商务部发布的《中国对外贸易形势报告（2013 年春季）》统计①，其出口规模最多的三类商品分别为第 7 类商品机械及运输设备、第 8 类商品杂项制成品和第 6 类商品以原料分类的制成品，2012 年其出口规模分别达到 9644 亿美元、5357 亿美元和 3332 亿美元，贸易顺差总额分别达到 3116 亿美元、3992 亿美元和 1873 亿美元，占中国对外贸易顺差总额的比重分别达到 135%、173% 和 81%。而按照联合国国际贸易统计库（UN Comrade）依据 SITC 3 位数分类的出口商品统计，2009 ～ 2011 年排在中国出口前 3 位的商品分别是第 752 类商品自动数据处理设备及其部件、第 764 类商品电信设备和第 793 类商品邮轮、游船、渡船、货船、驳船，2011 年上述三类商品出口额分别达到 1520 亿美元、1334 亿美元和 371 亿美元。同时，中国对外进口规模最大的三类商品分别是第 7 类商品机械及运输设备、第 3 类商品矿物燃料、润滑油及相关原料和第 2 类商品非食用原料，进口总额分别达到 6528 亿美元、3128 亿美元和 2696 亿美元，其贸易差额分别为 3116 亿美元（顺差）、－2985 亿美元（逆差）和 －2670 亿美元（逆差）。而据联合国国际贸易统计库（UN Comrade）按照 SITC 3 位数分类对中国进口商品的统计，2009 ～ 2011 年排在前 3 位的进口商品分别是第 776 类商品电子集成电路、第

---

① 中华人民共和国商务部综合司、国际贸易经济合作研究院：《中国对外贸易形势报告（2013 年春季）》，2013 年 4 月 28 日，http：//zhs.mofcom.gov.cn/article/cbw/201304/2013 0400107526.shtml。

333 类商品原油和第 281 类商品铁矿砂及其精矿，2011 年进口总额分别达到 1711 亿美元、1968 亿美元和 1124 亿美元。

最后，从中国对外进出口的地区结构看，其对外贸易失衡存在分布不平衡的特点。第一，2012 年，中国主要贸易伙伴来自亚洲，日本、东盟、韩国等，中国进口总额的 57% 来自亚洲地区经济体，同期仅有 49% 的中国出口商品去向亚洲。第二，中国并非对所有地区都呈现贸易顺差，对亚洲、非洲和大洋洲的双边贸易，中国呈现贸易逆差，尤其是对亚洲地区的贸易逆差数额非常大。第三，虽然中国对欧洲和北美洲呈现贸易顺差，但欧洲和北美洲仍是中国对外进口的第二和第三大来源地，尤其是中国从美国和欧盟的进口总额，远远超过从非洲、大洋洲和拉丁美洲的进口总额（见表 3 - 4），美国和欧盟一直在中国对外进口来源地中占据重要地位。

表 3 - 4　2012 年中国进出口贸易的区域结构

单位：亿美元

贸易类型	世界	亚洲	非洲	欧洲	欧盟	拉丁美洲	北美洲	美国	大洋洲
中国出口	20488	10070	853	3964	3340	1352	3801	3518	449
中国进口	18183	10380	1132	2866	2121	1260	1562	1329	916
贸易差额	2305	- 310	- 279	1098	1219	92	2239	2189	- 467

注："－"表示中国对外贸易逆差，反之则为贸易顺差。

资料来源：笔者根据中国商务部统计数据计算得到。中华人民共和国商务部综合司、国际贸易经济合作研究院：《中国对外贸易形势报告（2013 年春季）》，2013 年 4 月 28 日，http://zhs. mofcom. gov. cn/article/cbw/201304/20130400107526. shtml。

二　中美贸易失衡的主要特征

虽然由于统计规则和方法的差异，中美双方对中美贸易失衡的规模存在争议，但双方的统计数据均显示，从国家的角度而言，中国是美国最大的贸易逆差来源地，调整美国对外贸易失衡不可避免地会牵涉到美中贸易失衡调整，中国在全球经济失衡治理中也就必然会面对美国的政治指责和贸易摩擦。因此，认清美中贸易失衡的具体商品类型和实质，才能真正明晰美中贸易失衡中的实际利益分配，合理调整美中贸易失衡。

美国商务部早在 1983 年就宣称美国对中国出现贸易逆差 3.2 亿美元，而中国则在 1993 年宣布美国对中国出现贸易逆差 62.7 亿美元，这其中有贸易统计准则、转口贸易、服务贸易统计差异等问题的影响。但由于美国在统计进出口贸易时，采取的是世界大多数国家使用的原产地－终达地的标准，确定贸易伙伴，计算贸易差额①，因此本书将主要采用美国商务部统计数据，分析美中贸易逆差的商品结构特点。

美中贸易失衡主要分为美中货物（有形商品）贸易失衡和美中服务（无形商品）贸易失衡，而其贸易逆差主要集中于美中货物贸易逆差，服务贸易则呈现美国对中国的贸易顺差 [2011 年美中私人服务贸易 (Private Service Trade) 顺差为 153 亿美元]。同时，在美中货物贸易逆差中，以美中制成品贸易逆差为主（按 SITC 1 位数统计，2012 年为 3517 亿美元），而初级商品则呈现美国对中国贸易顺差（2012 年为 -366 亿美元）。

具体来讲，美中制成品贸易失衡，如果按 SITC 1 位数划分，根据美国商务部统计，2012 年排在美国对中国贸易逆差前 3 位的商品分别是第 7 类商品机械及运输设备（贸易逆差为 1814 亿美元）、第 8 类商品杂项制成品（1255 亿美元）和第 6 类商品主要以材料分类的制成品（401 亿美元），与中国对外贸易逆差的前 3 类商品相同。同时，如果按 SITC 3 位数划分，2012 年排在美国对中国贸易逆差前 5 位的商品分别是第 764 类商品电信设备（560 亿美元）、第 752 类商品自动数据处理器（536 亿美元）、第 894 类商品玩具和体育商品（225 亿美元）、第 851 类商品鞋类商品（171 亿美元）和第 821 类商品家具及床上用品（169 亿美元）。这种逆差商品排序与美国对外贸易逆差主要商品的排序有很大差异，在

---

① 刘威：《经济全球化背景下的美中贸易失衡研究》，武汉大学出版社，2009，第 40 页。

美国对中国贸易逆差中排名前两位的商品，在美国对外贸易逆差商品排序中仅居于第三位和第四位；而在美国对外贸易逆差中排名第一（第333 类商品）、第二（第 781 类商品）和第五（第 931 类商品）的三类商品，美国对中国的贸易逆差总额仅为 0.8 亿美元、 - 57 亿美元（美国对中国呈贸易顺差）和 18.0 亿美元①。因而，美中贸易逆差和美国整体贸易逆差的商品来源种类还是有较大区别的，美国主要商品的贸易逆差并不主要来源于中国，而是来源于世界其他经济体。

三　中国与东亚经济体贸易失衡的主要特征

在中国对美国持续出现贸易顺差的同时，中国对亚洲主要经济体的进口和贸易逆差却在加速扩大，2012 年亚洲已经成为中国第一大进口方和主要贸易逆差来源地。

首先，从失衡的地区结构分析，中国与东亚各经济体的贸易失衡存在差异。据中国国家统计局年度统计公报的统计，中国对亚洲经济体的贸易失衡，主要集中在日本、韩国、中国台湾、东盟和中国香港（见表 3 - 5）。其中，2012 年排在中国对外贸易逆差前三位的经济体分别是中国台湾、韩国和日本，而中国对东盟的贸易失衡在 2012 年从贸易逆差转为贸易顺差85 亿美元。同时，中国对亚洲经济体的贸易顺差主要集中于中国香港，2012 年达到 3055 亿美元，占中国对外贸易顺差的比重高达 132%，其巨额贸易顺差的原因是中国将自身生产的商品出口到中国香港，再通过中国香港转口贸易到美国等发达国家，这已基本得到学术界的公认。

其次，从中国对世界主要经济体贸易顺差的商品结构分析，其失衡也存在一定差异。目前由于统计水平、统计标准和统计重心的影响，中国对东亚经济体的具体贸易商品的公开统计还相对较少，因此本书难以对其贸易商品结构进行系统的年度分析。但目前国内外学者也对中国大陆 - 中国台湾、中国 - 韩国和中国 - 日本贸易失衡的商品结构进行了一定前期研究和统计分析，其结果可以反映目前中国对亚洲经济体的贸易失衡商品结构特点。

---

① 根据美国商务部（International Trade Administration）的统计资料整理得到。http: // tse. export. gov/TSE/ChartDisplay. aspx。

表 3 - 5 中国与世界主要经济体贸易失衡对比

单位：亿美元

年 份	2005	2006	2007	2008	2009	2010	2011	2012
中国 - 日本失衡	- 165	- 241	- 319	- 345	- 330	- 557	- 462	- 262
中国 - 韩国失衡	- 417	- 453	- 452	- 382	- 488	- 695	- 798	- 809
中国大陆 - 中国台湾失衡	- 581	- 664	- 776	- 774	- 652	- 860	- 898	- 954
中国 - 东盟失衡	- 196	- 182	- 142	- 29	- 4	- 164	- 227	85
中国内地 - 中国香港失衡	1123	1446	1716	616	792	2060	2525	3055
中国 - 美国失衡	1141.7	1442.6	1633.3	1710	1434	1812	2024	2189

注："-"表示贸易逆差，反之则为贸易顺差。

资料来源：根据中国国家统计局发布的 2005～2012 年统计公报的数据计算得到。http://www. stats. gov. cn/tjgb/。

第一，对中国大陆和中国台湾的贸易失衡的商品结构，台湾地区学者王文娟在《台湾海外投资与贸易结构变动》的研究报告中[①]，利用联合国的商品特性（BEC）分类方法和 Hatzichronoglou 的贸易商品内涵研发密度分类方法，将中国大陆和中国台湾的进出口商品分为原物料（即原材料）、资本财（即中间商品，分为一般中间商品和研发投入密度较高的高阶中间商品）和消费财（即最终商品，分为一般最终商品和研发密度较高的高阶最终商品）进行分析，其研究发现：1990～2006 年中国台湾对中国大陆的出口商品以中间品为主，其所占份额达到 60% 以上，而其中又以一般中间商品出口为主（占其对中国大陆中间品出口总额的 95% 以上）。因此中国台湾对中国大陆的贸易顺差主要表现为一般中间商品贸易顺差，但近年来中国台湾对中国大陆的高阶最终商品贸易顺差的比重在中国大陆 - 中国台湾贸易差额中的比重，随着其出口的增加有所上升，但在高阶中间商品上，中国台湾对中国大陆的出口和贸易顺差增长缓慢。

第二，对中韩贸易的商品结构，中韩两国的研究和统计相对较多。

---

① 王文娟：《台湾海外投资与贸易结构变动》，Session 4，http://www. nira. or. jp/past/newse/events/forum/pdf/O_ wang. pdf。

据中华人民共和国驻大韩民国大使馆经济商务参赞处统计,2012年韩国对中国贸易顺差为535亿美元,中韩贸易额占韩国对外贸易总额的比重高达20.1%。截至2012年10月,在韩国对中国出口的商品中,重电机器和半导体出口分别增长22.4%和13.5%[1],同时,通过对2011年韩国进出口贸易结构的统计研究,可以发现韩国进出口贸易的主要商品为生产资料类商品,包括机械及精密仪器(贸易顺差为42亿美元)、电器及电子商品(贸易顺差为769亿美元)和运输设备(贸易顺差为1108亿美元);此外,周松兰(2007)利用联合国的BEC分类标准进行统计分析,发现中国自韩国进口的商品中,中间品所占比重位居第一,接近80%,其中,中国自韩国零部件进口比重接近40%,同时在中国自韩国进口的最终商品中,资本类商品占其主要份额,而消费类商品占的比重较小,这说明韩国也是对中国主要出口中间制成品,且主要是以零部件和资本密集型为主的制成品。

第三,对中日贸易的商品结构,国内学者也进行了初步研究。徐梅(2008)根据日本贸易振兴会(JETRO)的统计,对2007年日中贸易的各类商品进行统计分析,发现中国自日本进口的商品主要是生产设备(占比53.7%),其中又以电子机械(占比26.2%)、一般机械设备(占比18.6%)和化工类原材料(占比13.9%)为主。同时,从中国对日贸易差额看,中国主要在一般机械、电子机械、金属类原材料和汽车以及化学类商品上对日本处于贸易逆差。而从日本整体的进出口贸易结构看,2007~2011年其出口商品主要集中在第7类商品机械及运输设备上,2011年其出口总额达到4804亿美元,占到日本出口总额的58.3%,但增速缓慢,仅为1.5%;排在出口额第二位的是第6类商品主要以材料分类的制成品,总额达到1097亿美元,增速达到7%。同时,这一时期其出口年均增速最快的是第3类商品矿物燃料、润滑油及相关原料,增速达到15.1%,2010~2011年其出口增速甚至高达24.9%[2]。可见,作为中间商品的原材料和中间制成品,也在日本对外出口和对华出口中占有极其重要

---

[1] 驻韩经济商务参赞处:《2012年韩国进出口及中韩双边贸易情况》,2013年1月24日,http://kr.mofcom.gov.cn/article/ztdy/201301/20130100011238.shtml。

[2] UN Comrade统计数据,Japan贸易统计数据,http://comtrade.un.org/db/。

的影响和作用，其与中国－韩国、中国大陆－中国台湾贸易顺差商品结构
有相似特征。

第三节　美国与其他经济体贸易失衡的特征

在与中国出现贸易失衡的同时，美国与世界其他经济体间的贸易失衡
也存在，并在时刻变化着，接下来我们根据表3－2中的美国与世界主要经
济体间的贸易失衡，选择四类经济体，分析其与美国间的贸易失衡特点。

一　美国与东亚经济体贸易失衡的主要特征

亚洲是美国贸易逆差的最主要来源地，而其核心构成主体除了中国
外，主要是日本、韩国、新加坡等亚洲新兴经济体。首先，从亚洲（除中
国外）与美国的贸易失衡看，其对美贸易顺差从2005年的1730亿美元减
少到2012年的1471亿美元，尤其是2009年其对美贸易顺差一度减少到
955亿美元，虽然2009~2011年顺差额有所上升，但增速平缓，远慢于同
期中国对美贸易顺差增速。

其次，从各个经济体对美贸易顺差增速看，也呈现各自趋势。第一，
日本对美贸易顺差趋势。据UN Comrade统计，2011年，在日本对外出口
的主要国家中，美国排在中国之后，位居第二，但日本对美国出口比其对
中国出口少了344亿美元。而据美国商务部对日本和美国贸易失衡的统计，
美国对日本贸易逆差从2005年的833亿美元减少到2012年的763亿美元，
但美国对日本贸易逆差高度集中于第7类商品，如果按SITC 3位数统计，
排在美国对日本贸易逆差前10位的商品，有8种属于第7类商品机械及运
输设备，其中前3类商品分别为第781类商品全部机动车辆、第784类商
品与机动车有关的零部件和第713类商品活塞内燃类设备，均是与机动车
有关的商品，而在3类商品中，第781类商品美日贸易逆差高达368亿美
元，占美日贸易逆差总额的近50%；同时，美国对日本呈整体制成品贸易
逆差，初级商品则是贸易顺差，2012年分别为－939亿美元和176亿美元。
第二，韩国对美贸易顺差趋势。韩国也是东亚对美贸易顺差的主要经济体
之一。据UN Comrade统计，2011年美国是仅次于中国的韩国第二大出口

去向方，其对美出口商品也高度集中于第 7 类商品，占韩国对美总体出口比重接近 70%。同时按照美国商务部的统计，如果按 SITC 3 位数统计，前 10 位美韩贸易逆差商品中，有 7 类来自第 7 类商品，其中，排在前 3 位的商品分别是第 781 类商品全部机动车辆、第 764 类商品电信设备和第 784 类商品与机动车有关的零部件，2012 年美韩贸易逆差分别达到 – 100 亿美元、– 54 亿美元和 – 35 亿美元，同时，美国对韩国也整体呈现制成品贸易逆差和初级商品贸易顺差，2012 年分别为 – 233 亿美元和 68 亿美元。第三，中国台湾对美贸易顺差趋势。据美国商务部的统计，2005 ~ 2012 年美国对中国台湾呈贸易逆差，从 2005 年的 132 亿美元增加到 2012 年的 145 亿美元，其中美国 – 中国台湾制成品呈贸易逆差，初级商品呈贸易顺差，分别为 – 193 亿美元和 48 亿美元。而在其前 10 类对中国台湾的贸易逆差商品中，有 7 种商品属于第 7 类商品，排在前 3 位的分别是第 764 类商品电信设备，第 694 类商品钉子、螺丝和螺帽等和第 784 类商品与机动车有关的零部件，2012 年这 3 类商品的美国 – 中国台湾贸易逆差分别达到 – 50 亿美元、– 15 亿美元和 – 13 亿美元，占美国 – 中国台湾贸易逆差总额的比重接近 60%。

二　美国与石油输出国贸易失衡特征

在当前的全球经济失衡中，除了东亚经济体外，另外一个公认的对美顺差主体是石油输出国组织（OPEC，包括阿尔及利亚、尼日利亚、伊朗、伊拉克、科威特、利比亚、卡塔尔、沙特阿拉伯、委内瑞拉、阿联酋、安哥拉和厄瓜多尔 12 个成员国），其中的重要原因之一是：美国对外贸易逆差的第一大商品是第 333 类商品原油，而美国对外进口原油的主要国家被认为来自石油输出国组织成员国。根据美国商务部的统计，2005 ~ 2012 年，美国与石油输出国组织成员国的贸易逆差高度集中于非制成品（Non-manufacter Goods），从 1181 亿美元增加到 1604 亿美元，其中，其非制成品对外贸易逆差又高度集中于第 333 类商品原油和第 334 类商品非原油类石油，2012 年分别高达 1619 亿美元和 35 亿美元，占其非制成品对外贸易逆差总额的 100.3%。与此同时，美国几乎在其他所有商品上，都对 OPEC 国家呈现贸易顺差。

三　美国与北美自由贸易区国家贸易失衡的特征

在北美自由贸易区的关税减免政策影响下，美国与加拿大和墨西哥的区域内贸易逐年扩大，北美自由贸易区成员方已经成为美国对外贸易逆差的第四大来源地，其中，墨西哥甚至成为仅次于中国和日本的美国第三大逆差来源国。第一，我们分析美国与北美地区国家的整体贸易失衡商品结构。从美国商务部的统计看，2005～2012 年美国对北美地区整体呈贸易逆差，其中，按 SITC 3 位数统计，美国对北美地区第一大贸易逆差商品是第333 类商品原油，2012 年其逆差总额高达 1074 亿美元，第二大贸易逆差商品是第 781 类商品全部机动车辆，2012 年其逆差总额高达 461 亿美元，与美国对外贸易逆差的前两类主要商品相同。第二，美国对墨西哥的贸易逆差特点。根据 UN Comrade 的统计，2011 年在墨西哥的主要出口去向地中，排在前三位的分别是美国、加拿大和中国，分别达到 2750 亿美元、107 亿美元和 60 亿美元，因而可以看出墨西哥对美国和加拿大的出口依存度非常高，美国对其出口扩大的影响十分大，墨西哥也因此成为美国贸易逆差的主要来源地之一。据美国商务部的统计，2005～2012 年，美国对墨西哥制成品和初级商品均呈现贸易逆差，其中，其第一大贸易逆差商品来自初级商品——第 333 类商品原油，2012 年高达 373 亿美元，同时其最大的制成品贸易逆差来自第 781 类商品全部机动车辆，它也是美国对墨西哥的第二大逆差商品，2012 年总额高达 140 亿美元。此外，美国对墨西哥的最大贸易顺差商品，来自第 334 类商品非原油类石油，说明两国间的石油类贸易交往非常紧密，相互影响和相互制约。第三，美国对加拿大的贸易逆差特点。据 UN Comrade 的统计，2011 年加拿大最大的出口去向地是美国，出口总额高达 3317 亿美元，占其对外出口总额的 73%；其次是英国和中国，分别为 190 亿美元和 170 亿美元。因此，加拿大对美国出口依存度十分高，而这也造成加拿大成为美国的主要逆差来源地，但近年来美国对加拿大贸易逆差有所减少。据美国商务部的统计，2005～2012 年美国对加拿大的贸易逆差从 785 亿美元减少到 325 亿美元，其中，美国对加拿大初级商品呈贸易逆差，2012 年逆差为 882 亿美元，制成品则呈现贸易顺差，2012 年顺差为 557 亿美元；前三大贸易逆差商品分别是第 333 类商品原油、第 334

类商品非原油类石油和第 343 类商品天然气，可见美国对加拿大的油气类资源依赖程度十分高，大量进口来自这些经济体的油气资源是造成美国对外贸易逆差的主要原因之一。

四 美国与欧盟贸易失衡的主要特征

据美国商务部的统计，欧盟是仅次于亚洲的美国第二大贸易逆差来源地，而且其与亚洲对美贸易失衡的商品结构具有较大相似性。具体可从三个层次分析美欧贸易失衡。第一，从美欧整体贸易失衡看，美国对欧盟的贸易失衡高度集中于欧盟最初的 15 个成员国（EU15）。2005 年 EU15 对美贸易顺差占 EU25 对美贸易顺差的 95.7%，占 EU27 对美贸易顺差的 95.1%，此后这两类比重虽有所下降，但依然保持在较高的水平上，2012 年继续维持在 94.0% 和 93.2%（见表 3 - 6）。尤其需要指出的是，其一，2007 年 1 月新加入欧盟的罗马尼亚和保加利亚对美贸易顺差增幅非常大，从 2007 年的 5 亿美元增加到 2012 年的 100 亿美元，尤其是在 2012 年其增长幅度非常大；其二，德国是欧盟中最大的对美贸易顺差国，其对美贸易顺差从 2005 年的 506 亿美元增加到 2012 年的 597 亿美元，在欧盟 15 国对美贸易顺差中的比重始终维持在 40% 以上。第二，从美国对欧盟贸易顺差的结构看，按照 SITC 制成品与非制成品的分类统计，其对欧盟的制成品和初级商品均为贸易逆差，2012 年美国对 EU15 的制成品和初级商品贸易逆差分别为 1048 亿美元和 30 亿美元，而在这些商品贸易差额中，制成品中的第 7 类商品全部机动车辆的贸易差额最为集中。其中，在 EU15 对美贸易顺差最多的前 10 类商品中，有 8 种属于第 7 类商品；EU25 对美贸易顺差最多的前 10 类商品中，有 6 种属于第 7 类商品；EU27 对美贸易顺差最多的前 10 类商品中，有 5 种属于第 7 类商品，可见欧盟对美国第 7 类商品贸易顺差集中在其最早的 15 个成员国。同时，第 7 类商品在三类欧盟对美贸易顺差中的比重都十分高，2012 年 EU15 对美第 7 类商品贸易顺差在总的 EU15 对美贸易顺差中的比重达到 43.8%；EU25 对美第 7 类商品贸易顺差在总的 EU25 对美贸易顺差中的比重达到 44.0%；EU27 对美第 7 类商品贸易顺差在总的 EU27 对美贸易顺差中的比重达到 43.8%；欧盟对美贸易顺差的第一国——德国，对美第 7 类贸易顺差占德国对美贸易顺差的比重高达 65.8%。按照 SITC 3 位数分类看欧盟（EU15、EU25 和 EU27）对美具体商品的贸易顺差总额排序，排在第一位的均是第 781 类商品全部机动车辆，其与东亚的日本、韩国等与美国的贸易失衡结构相同，2012 年 EU15、EU25 和 EU27 对美国第 781 类商品贸易顺差占其对美贸易总顺差的比重维持在 20% 以上，其中德国对美国第 781 类商品贸易顺差占其对美贸易总顺差的比重高达 29%。第三，美国并非对欧盟总是呈现第 7 类商品的贸易逆差，在高技术商品上其对欧盟贸易是呈现顺差的，其中最突出的贸易顺差表现在第 792 类商品飞行器及相关设备，该类商品是与航空航天技术有关的高技术商品，美国明显在该类商品上对欧盟保持着技术优势，因此，其对欧盟整体持续出现贸易顺差，且顺差额一直处于美国对欧盟顺差类商品中的第一位。

表 3 - 6　美国与欧盟 27 国贸易失衡情况对比

单位：亿美元

年　份		2005	2006	2007	2008	2009	2010	2011	2012
总贸易失衡	EU15 - US	- 1183	- 1143	- 1070	- 939	- 590	- 760	- 941	- 1078
	EU25 - US	- 1236	- 1186	- 1098	- 959	- 611	- 792	- 992	- 1147
	EU27 - US	- 1244	- 1193	- 1102	- 958	- 612	- 796	- 999	- 1157
第 7 类商品贸易失衡	EU15 - US	- 329	- 308	- 257	- 227	- 90	- 222	- 349	- 472
	EU25 - US	- 348	- 322	- 266	- 232	- 98	- 238	- 372	- 505
	EU27 - US	- 347	- 320	- 264	- 229	- 96	- 238	- 373	- 507
第 781 类商品贸易失衡	EU15 - US	- 251	- 226	- 181	- 148	- 101	- 173	- 182	- 231
	EU25 - US	- 254	- 232	- 186	- 148	- 100	- 174	- 182	- 236
	EU27 - US	- 254	- 231	- 185	- 147	- 99	- 174	- 182	- 236
第 792 类商品贸易失衡	EU15 - US	161	154	187	196	202	160	176	176
	EU25 - US	164	163	202	210	207	166	185	187
	EU27 - US	165	163	203	211	208	166	186	187

注："-"代表美国对欧盟贸易逆差，其他为美国对欧盟贸易顺差。

资料来源：美国商务部（International Trade Administration），http://tse.export.gov/TSE/Chart-Display.aspx。

第四章

全球贸易失衡中的利益分配

从目前国内外学术界对贸易失衡中利益分配的研究现状看，主要可以从四个视角进行研究：第一，基于贸易差额绝对数值和贸易结构的利益分配；第二，基于贸易价格和贸易条件的利益分配；第三，基于加工贸易及贸易附加值的利益分配；第四，基于各国宏观经济收益的利益分配。本章将以这四个方面内容为基础，进行初步的利益比较研究。

第一节　基于全球贸易差额总量及结构的利益分配研究

自亚当·斯密以来的西方主流国际贸易理论都认为：一国实现贸易顺差有利于其经济增长，贸易顺差大代表一国经济获益多，净出口有利于其贸易利益增加。因此，一国实现贸易顺差意味着其获得了贸易利益。依据这一观点，贸易逆差方必然受损，贸易差额也因而成为各方判断贸易利益的根据。然而，是否仅从贸易顺差或逆差，就能直接判断出各方利益得失呢？答案显然是否定的。接下来，将从贸易差额的数量及商品结构、美国具体商品贸易逆差的地区来源，分析各方实际利益得失。

一　基于贸易差额总量的贸易利益分配

从美国对外贸易逆差的主要来源地及具体数额看（见第三章表3－2），亚洲和OPEC成员国分别是美国第一和第三大贸易逆差来源地；从国别看，中国是美国第一大逆差来源国，2012 年中国对美贸易顺差达 3151 亿美元，对美巨额贸易顺差使包括中国在内的亚洲经济体和石油输出国积累了美元财富和外汇储备。以中国为例，据国家外汇管理局统计，截至 2012 年 12 月中国外汇储备已达到 33115.89 亿美元，相比 2005 年 12 月的外汇储备增加了 24927.17 亿美元①，增长了 3.04 倍。而在出口这一增长引擎的推动下，中国经济保持快速增长，出口和贸易顺差已经成为影响中国经济增长和宏观政策实施的重要因素。2005 年中国 GDP 增长率高达 9.9%，2008 年国际金融危机带来的美国进口增速减缓，使中国 GDP 增速从 2008 年的 9% 逐步降低，2012 年甚至降至 7.8%②，对美出口增长减缓使中国开始实施增加 4 万亿元人民币基础设施投资等宏观政策刺激经济增长，而持续的对美出口减少，也使中国就业难等社会问题日益突出，可见贸易顺差使中国及相关顺差方在经济增长和国内财富积累上获得了收益。而美国的制造业发展和经济增长，也因为制造业外移和对外制成品进口受到不利影响，因此从互利共赢的视角，为了维护各方利益的需要，中国等亚洲经济体及 OPEC 成员国需要参与全球贸易失衡的调整，适当减少对美出口。

但是，亚洲经济体和 OPEC 国家对美国持续贸易顺差带来利益增加，并不意味着美国贸易利益受损只是来自这些经济体，因为贸易顺差方并不是如拉托等西方学者认为的那样，仅局限在亚洲经济体和石油输出国。美国贸易逆差还有两个重要来源地：欧盟和北美自由贸易区成员方，尤其是欧盟 15 国（EU15）和墨西哥。据美国商务部统计，2012 年欧盟 15 国和北美自由贸易区分别是美国第二大和第四大贸易逆差来源地，分别达到 1078 亿美元和 938 亿美元，其中，在对美贸易顺差国别排名上，墨西哥和德国是仅次于中国和日本的对美第三和第四贸易顺差国。因此，从"贸易顺差即得益"的观点看，全球贸易失衡的顺差方并不只有亚洲经济体和 OPEC 成员国，还包括墨西哥和德国等北美和欧盟国家，它们也是贸易失衡的获益方，而非与全球贸易失衡无关的第三方。

---

① 国家外汇管理局统计数据，http://www.safe.gov.cn/wps/portal/sy/tjsj_lnwhcb。
② 《中华人民共和国国民经济和社会发展统计公报》（2005 年，2008 年，2009 年和 2012 年），中华人民共和国国家统计局网站，http://www.stats.gov.cn/tjgb/。

二　基于贸易失衡产品构成的贸易利益分配

（一）基于商品贸易失衡构成视角的利益分配

虽然从"贸易顺差即得益"的视角，美国对外商品贸易逆差使其利益受损，但从顺差方的商品失衡构成视角分析，各方利益也存在分配不均。从美国与世界主要经济体贸易失衡的商品结构看，其主要集中在第 7 类商品机械及运输设备和第 3 类商品矿物燃料、润滑油及相关原料，虽然各主要经济体对美贸易顺差商品结构有一定相似性，但比较中国和其他主要经济体的前 3 类对美贸易顺差商品（按 SITC 3 位数分类），可知中国和其他各主要经济体的对美贸易顺差商品结构具有较大差异，其差异及影响主要体现在以下两点。

第一，美国主要贸易逆差商品的来源地不同，核心逆差产品并不是来自中国。据美国商务部的统计，美国贸易逆差商品主要集中在三类：第 333 类商品原油、第 781 类商品全部机动车辆和第 764 类商品电信设备。与之对比，在美国对中国的前 3 类贸易逆差商品中，仅有第 764 类商品属于其中，而中国对美国的第 781 类商品和第 333 类商品贸易逆差则规模偏小，2012 年分别仅为 57 亿美元（中国对美顺差）和 - 0.8 亿美元（中国对美逆差），相比 2012 年美国这两类商品的贸易逆差 932 亿美元和 3133 亿美元，其贡献度非常小。同时，从美国的第 781 类商品和第 333 类商品贸易逆差来源地看，前者集中在日本、韩国和以德国为核心的欧盟，后者集中在 OPEC 成员国、墨西哥和加拿大，中国大陆和中国台湾则主要对美国的第三大逆差商品——第 764 类商品贸易逆差负责。因此，如果从美国主要贸易逆差商品的贸易利益分配看，中国并不是从美国获利的唯一经济体，欧盟、北美、OPEC 成员国及其他东亚经济体，从规模最大的两类美国贸易逆差商品中获利明显，美国在这两类商品上的利益损失并不是因为中国；与此同时，美国并不是在所有第 7 类商品上呈现贸易逆差，在一些关键制成品上，美国具有贸易竞争力，获得了贸易顺差利益，如在第 792 类商品飞行器及相关设备上，美国对包括中国、欧盟 15 国及日本在内的所有经济体，都呈现贸易顺差，从 2005 年的 37 亿美元增加到 2012 年的 80

亿美元，而此类商品科学技术含量高，商品附加值和利润额大，能够使美国从中获得更多的核心贸易收益。

第二，在对美贸易逆差主要商品上，中国和其他经济体存在明显的竞争，其对美贸易利益因此受损。由于美国与各经济体贸易逆差商品结构类似，因此，相关商品的国际竞争必然存在且非常激烈，相互间的贸易转移或贸易替代效应一直存在。这种影响目前主要集中在 3 类商品上。其一，美国对中国的第 333 类商品原油贸易，因遇到墨西哥、加拿大和 OPEC 成员国等石油资源丰富经济体的竞争，从 2005 年的 4.4 亿美元贸易逆差减少到 0.8 亿美元，不增反降。其二，在第 781 类商品全部机动车辆贸易上，因为受到日、韩、欧盟等经济体的贸易竞争，美国对中国一直呈现贸易顺差，且从 2005 年的 2.3 亿美元增加到 57 亿美元，这与其他经济体对美贸易顺差前三大类商品中，普遍有第 781 类商品形成鲜明对比。其三，在中国对美贸易顺差最多的商品——第 764 类商品电信设备上，除了韩国和中国台湾在对美出口上有一定竞争力，包括加拿大、日本和欧盟 15 国在内的多数经济体的对美前 10 大贸易顺差商品，均没有该类商品，欧盟等甚至对美国出现通信设备的贸易逆差，而中国大陆显然也受到韩国和中国台湾的对美贸易竞争，但这种竞争影响有限，中国从这类商品中获得了主要贸易利益。上述三点说明，中国和世界其他经济体在对美商品贸易上的贸易替代效应非常明显，各方均在自身具有竞争力的特定商品上获得贸易利益，但却在其他商品利益上受损，可以说是各取所得（见表 4 - 1）。

表 4 - 1　美国与世界主要经济体前 3 位贸易逆差商品（按 SITC 3 位数统计）

前 3 位逆差商品	第 1 位	第 2 位	第 3 位
美国对外贸易逆差	第 333 类	第 781 类	第 764 类
美国 – 中国贸易逆差	第 764 类	第 752 类	第 894 类
美国 – 日本贸易逆差	第 781 类	第 784 类	第 713 类
美国 – 韩国贸易逆差	第 781 类	第 764 类	第 784 类
美国 – 中国台湾贸易逆差	第 764 类	第 694 类	第 784 类
美国 – OPEC 贸易逆差	第 333 类	第 334 类	第 931 类

续表

前 3 位逆差商品	第 1 位	第 2 位	第 3 位
美国－墨西哥贸易逆差	第 333 类	第 781 类	第 761 类
美国－加拿大贸易逆差	第 333 类	第 781 类	第 931 类
美国－欧盟 15 国贸易逆差	第 781 类	第 542 类	第 931 类
美国－德国贸易逆差	第 781 类	第 542 类	第 784 类

资料来源：根据美国商务部（International Trade Administration）统计数据得到，http：∥ tse. export. gov/TSE/ChartDisplay. aspx。

　　此外，需要指出的是，在北美自由贸易区内部贸易的影响下，以墨西哥为主的国家对美出口增加，影响了包括中国在内的各方利益。首先，墨西哥、中国与相关商品的贸易利益得失。在第 764 类商品上，除了韩国和中国台湾，墨西哥对美出口额贸易顺差增长也十分明显，第 764 类商品排在墨西哥对美贸易顺差商品的第 10 位，从 2005 年的 43 亿美元增加至 2012 年的 47 亿美元，2010 年最高时曾达到 77 亿美元，虽然绝对额相对中国对美贸易顺差较小，但明显对中国对美该类商品出口构成竞争，使其利益受损；此外，对比 2012 年墨西哥和中国前 10 类对美出口商品，其中有 3 类商品相同，分别是第 764 类商品电信设备、第 761 类商品电视接收器和第 752 类商品自动数据处理器，其中以第 761 类商品对中国的竞争程度最高，2012 年美国对墨西哥该类商品贸易逆差达到 153 亿美元，比中国高出 40 亿美元。其次，墨西哥与 OPEC 成员国在对美石油出口上竞争激烈，并形成利益影响。2005 年以来美国对墨西哥的石油进口增速迅猛，虽然从对美出口规模上，2012 年墨西哥对美出口额仅为 373 亿美元，还难以同 OPEC 成员国对美石油出口额（1619 亿美元）相提并论，但其对美原油出口增长幅度（从 231 亿美元增加到 373 亿美元）却快于 OPEC 成员国对美出口增长幅度（从 1061 亿美元增加到 1619 亿美元），其 2012 年相对 2005 年增长了 61%，比 OPEC 成员国的增速高了 8 个百分点，墨西哥对美石油出口替代 OPEC 成员国对美石油出口十分明显。最后，墨西哥在汽车类商品对美出口上，与欧盟、日本等传统出口经济体也存在竞争和利益效应。第 781 类商品是仅次于原油的墨西哥第二大对美出口和顺差商品，其对日本、韩国及欧盟 15 国的贸易替代效应最为明显。2012 年墨西哥对美出口额（177

亿美元）超过韩国对美出口额（106 亿美元），虽然贸易规模不及日本
（378 亿美元）和欧盟 15 国（323 亿美元），但其相对 2005 年的增长额度
（69 亿美元），已远超过日本（26 亿美元）、韩国（18 亿美元）和欧盟 15 国
（11 亿美元）。因此，以墨西哥为代表的北美国家在全球贸易失衡中，通过对
美贸易顺差加速扩大，其实际获得的贸易利益在扩大，而中国等东亚经济体
和 OPEC 成员国，因墨西哥等的贸易替代和贸易转移影响，利益所得相对减
少，尤其在其拥有传统比较优势的核心类商品出口上，其贸易利益正逐步缓
慢损失。

（二）基于服务贸易失衡构成视角的贸易利益分配

虽然美国在对外商品（包括制成品和初级商品等有形商品）贸易上存
在逆差，但美国的服务贸易始终呈现对外顺差，在这方面美国对关键贸易
伙伴获得了服务类附加收益。

首先，从美国服务贸易的总额变化看，美国在服务贸易顺差中取得的
收益明显。据美国经济分析局（Bureau of Economic Analysis）统计，在商
品贸易持续出现逆差的情况下，美国服务出口额加速增长，服务贸易持续
顺差。具体而言，1960 年美国对外服务出口额为 63 亿美元，进口额为 77
亿美元，服务贸易仍呈逆差 14 亿美元，此后美国服务出口额逐年递增，
2005 年达到 3758 亿美元，即使是在 2008 年全球陷入金融危机的情况下，
美国服务出口额仍持续增加，达到 5352 亿美元，到 2012 年美国服务出口
额已达到 6304 亿美元。虽然在服务出口额快速增加的同时，其服务进口额
也保持增长态势，但增长幅度远小于出口额，导致服务贸易顺差不断扩
大。2005 年美国服务进口额仅为 3036 亿美元，服务贸易顺差上升到 722
亿美元；2008 年，美国服务进口额虽增加到 4034 亿美元，但服务贸易顺
差扩大到 1318 亿美元，比 2005 年增加 596 亿美元，增长率高达 83%；
2012 年美国虽然从国际金融危机中逐步恢复，但其进口增速反而减缓，仅
比 2008 年增长 312 亿美元，同期服务出口额则强劲增长，相比 2008 年增
加 952 亿美元，使美国服务贸易顺差从 1318 亿美元增加到 1958 亿美元[①]，

---

① U. S. International Transaction Account Data, Bureau of Economic Analysis, March 13, 2013.

顺差增长幅度高达49%。因此，从"贸易顺差即得益"视角分析，美国服务贸易顺差收益可以在一定程度上弥补其商品贸易逆差的利益损失。

其次，从美国与特定经济体的服务贸易差额看，其服务贸易实际收益也十分明显。具体表现在以下几方面。其一，美国对中国的服务贸易顺差使美国的商品贸易逆差相对减少。中国是美国服务贸易的重要进出口方，位居美国十大服务出口方和进口方之列。据美国商务部经济分析局对美国十大进出口服务贸易方的统计，2011年中国是美国的第5大服务出口去向地和第10大进口来源地，由于中国在美国服务进出口上的地位不同，美中服务贸易顺差因而不断扩大且增速加快，1992~2005年美中服务贸易顺差从5.1亿美元增加到22.5亿美元，而2005年后其迅速从22.5亿美元增加到2011年的153.7亿美元，增加了583%（见表4-2）。其二，美国与其他经济体的服务贸易顺差也十分明显，尤其集中在其商品贸易逆差主要来源地。在美国服务贸易的10大出口和10大进口贸易伙伴中，除了中国，还有加拿大、墨西哥、日本和欧盟重要成员国（英国、德国和法国）。从表4-3中的美国与这些经济体服务贸易统计看，美国对其制成品贸易逆差的主要来源方——加拿大、日本和墨西哥等的服务贸易顺差相当高，且这些经济体在美国对外服务贸易中占据主要地位，加拿大所占比重甚至高达30%。因此，按照"贸易顺差即得益"的观点，虽然美国从对这些经济体的制成品贸易逆差中受损，但其却从服务贸易顺差中实际获利，获得了一定的利益补偿。

表4-2 中美私人服务贸易进出口额和差额情况

单位：亿美元

年 份	1992	2005	2008	2009	2010	2011
美国对中国出口	15.7	84.0	150.7	159.1	214.8	267
美国自中国进口	10.6	61.5	93.2	81.9	99.5	113.3
美中贸易差额	5.1	22.5	57.5	77.2	115.3	153.7

资料来源：U. S. Department of Commerce, Bureau of Economic Analysis, Table 2, Private Services Trade by Area and Country, 1992 - 2011。

表4-3 2011年美国与其主要贸易伙伴私人服务贸易额

单位：亿美元，%

贸易方	美国出口额	美国进口额	贸易差额	所占比重
美国	3218	2266	952	100
美国－日本	444	248	196	21
美国－中国	267	113	154	16
美国－墨西哥	252	137	115	12
美国－加拿大	561	280	281	30
美国－德国	255	229	26	2.7
美国－英国	527	444	83	8.7
美国－法国	178	158	20	2.1

资料来源：笔者根据 U. S. Department of Commerce, Bureau of Economic Analysis, Table 2, Private Services Trade by Area and Country, 1992 ~ 2011 年计算得到。

再次，从美国与主要经济体服务贸易的商品种类看，各方的贸易利益分配也存在差异。据关贸总协定乌拉圭回合谈判的定义，国际服务贸易包含了一国服务提供者在境内或在其他经济体境内向另一方内部成员提供服务，及涉及的贸易往来。它是一种无形贸易，是以人提供的服务和劳动作为贸易交往依据，而不需要投入实际的生产资料，因此对人而言是其销售服务和劳动的净收入。相对需要投入生产资料的制成品贸易，商品附加值更高，实际收益也更大。因此，美国对其他经济体服务贸易顺差表示其获得的净收益（收入－零生产资料投入），比相同数额的制成品贸易顺差净收益（收入－成本）实际大得多。接下来本书从美国整体服务贸易和对特定经济体服务贸易两方面，分析其贸易利益。第一，美国主要服务出口占据明显竞争优势，使其获得直接贸易利益和竞争收益。从美国商务部经济分析局对 1999 ~ 2011 年美国服务出口的统计看①，2011 年美国服务出口商品中最典型的是特许权使用费和许可费（1208 亿美元），商业、职业和技术服务（包括研究、开发和验证服务出口额为 234 亿美元；管理和顾问服务出口额为 322 亿美元；计算机和信

① Bureau of Economic Analysis, the Department of Commerce, http：//www. bea. gov/international/international_ services. htm#detailedstatisticsfor.

息服务出口额为 155 亿美元，总计 1344 亿美元）和旅游服务（1161 亿美元），而与 1999 年美国这些服务出口比较，增长最为明显的是特许权使用费和许可费，1999 年其出口额仅为 477 亿美元，比当年美国第一大类服务出口商品——旅游服务的出口额（752 亿美元）少 275 亿美元，2011 年其出口额反而比旅游服务出口额多 47 亿美元，而其出口相对进口增速更快，导致 2011 年美国特许权使用费和许可费服务贸易顺差高达 642 亿美元，比当年美国旅游服务贸易顺差（374 亿美元）高出 268 亿美元，占美国服务贸易顺差总额（1937 亿美元）的比重达到 33%。由此可见，目前美国在全球知识产权和核心资产上占据绝对的主导地位和竞争优势，并通过其掌握的核心竞争力——技术等生产要素获得了核心贸易收益和高服务附加收益。

最后，从美国服务贸易发生的企业类型看，美国企业也获得了服务贸易中难以统计的潜在收益，使其商品贸易逆差损失实际减少。其一，美国不仅通过传统的跨境服务贸易获得顺差受益，更能通过潜在的、未能真实统计的跨国公司在他国境内提供的服务，获得贸易收益。受现有国际贸易统计标准和规则限制，各国母公司与其在海外的子公司间的服务进出口并不计入跨境服务贸易统计数额中，因而一定程度上掩盖了美国服务贸易的实际顺差额，其从顺差中获得的收益也因此被低估。具体从表 4-4 的美国跨境服务贸易和跨国公司子公司的美国服务贸易进出口额对比看，从 1996 年开始，后者的服务出口总值开始超过美国服务跨境出口额，年增长率远快于前者，导致二者出口的差额越来越大；同时，美国通过其在海外子公司出口服务比外国通过其在美子公司对外进口服务，增长速度要快得多。2010 年美国在海外的子公司服务出口所得，比外国在美国的子公司服务出口所得要高出 4345 亿美元，这种跨国公司的服务贸易现实，说明大量的贸易利益暗地里通过其母公司在海外子公司的服务出口返回美国，而这是无法通过贸易顺差和进出口反映出来的，这使美国获得潜在贸易收益。

其二，进一步对比美国跨国公司和其他经济体跨国公司服务贸易收益，可以看到美国通过其母子公司内部交易实现的服务贸易顺差更大，其获得的服务贸易顺差收益更高。如表 4-5 所示，虽然各国跨国公司的母子公司内部服务贸易，在美国私人服务进出口中仅占据 1/4 左右的比重，但进一步比较美国跨国公司母子公司服务贸易顺差及外国跨国公司母子公司的服务贸易顺差，二者差异十分大，2005～2011 年，前者带来的美国服务贸易始终呈顺差，2011 年达到 678 亿美元，相比非子公司的企业间贸易顺差的比例约为 1∶2，而后者给美国服务贸易带来的影响始终是逆差（2011 年为 107 亿美元）。从"贸易顺差即得益"的观点看，这种贸易差额说明美国跨国公司相比外国跨国公司，从服务净出口中获得的收益更大，而从收益"所有权"的角度衡量，这种美国跨国公司的贸易收益应归美国所有，使其实际收益净增加，但在贸易统计时，这种母子公司内部贸易常常难以进入贸易差额统计中。

表 4 - 4　通过跨境服务贸易和跨国公司子公司的美国服务贸易进出口额

单位：亿美元，%

年　份	美国出口到国外市场				外国出口到美国市场			
	通过跨境贸易（美国出口）	增长率	通过美国公司的外国子公司	增长率	通过跨境贸易（美国进口）	增长率	通过外国公司的美国子公司	增长率
1995	2037	9.1	1901	19.4	1287	7.0	1497	2.9
1996	2221	9.0	2232	17.4	1388	7.8	1684	12.5
2005	3629	9.4	7956	16.2	2726	7.4	5712	5.6
2006	4040	11.3	8898	11.8	3073	12.7	6483	13.5
2007	4726	17.0	10192	14.5	3369	9.6	6838	5.5
2008	5195	9.9	11169	9.6	3712	10.2	7016	2.6
2009	4921	-5.3	10716	-4.1	3477	-6.3	6693	-4.6
2010	5377	9.3	11305	5.5	3680	5.8	6960	4.0
2011	5868	9.1	—	—	3931	6.8	—	—

资料来源：U. S. Department of Commerce, Bureau of Economic Analysis, Table A. Services Supplied to Foreign and U. S. Markets through Cross - Border Trade and Through Affiliates, http: // www. bea. gov/ international/international_ services. htm#detailedstatisticsfor。

表 4 - 5　2005～2011 年美国私人服务通过跨国子公司进出口的情况

单位：亿美元

年　份	美国服务出口			美国服务进口			美国服务差额		
	非子公司	美国母公司向其子公司	外国在美子公司对其外国母公司	非子公司	美国母公司向其子公司	外国在美子公司从其外国母公司	非子公司	美国母公司向其子公司	外国在美子公司从其外国母公司
2005	2664	759	206	2145	257	324	519	502	- 118
2006	2949	858	233	2393	365	315	556	493	- 82
2007	3393	1072	261	2607	428	334	786	644	- 73
2008	3778	1123	294	2860	473	379	918	650	- 85
2009	3512	1100	309	2610	491	377	902	609	- 68
2010	3882	1172	324	2750	524	406	1132	648	- 82
2011	4213	1320	335	2847	642	442	1366	678	- 107

注："-"代表美国对外贸易逆差，反之则为美国贸易顺差。

资料来源：表 4 - 5 中贸易差额主要根据美国商务部数据计算得到，具体进出口数据来自 U. S. Department of Commerce, Bureau of Economic Analysis, Table 1. Trade in Services, 1999 - 2011, http：//www. bea. gov/international/international_ services. htm#detailedstatisticsfor。

三　主要结论

本节主要从传统贸易理论中的"贸易顺差即得益"的视角，初步分析全球贸易失衡中的利益分配，可得出以下几点结论。

第一，从全球商品贸易差额看，中国等东亚经济体确实获得了一定贸易利益，且对美贸易顺差绝对额相对偏大，需要适当调整，同时美国在贸易逆差中有一定的贸易利益流失，但其损失并非主要来自中国顺差商品。从美国整体贸易逆差的前三类商品看，排在第一位的第 333 类商品原油贸易逆差，主要来自 OPEC 成员国和北美自由贸易区（墨西哥和加拿大）；排在第二位的第 781 类商品全部机动车辆贸易逆差，则主要来自欧盟 15 国、日本、墨西哥等。因此，从全球贸易失衡中获得顺差主要收益的应包括这些经济体，美国要调整贸易逆差也需要这些经济体的主动参与和核心利益减让，中国不应成为唯一的调整目标。

第二，从美国和中国等东亚经济体、欧盟15国、北美自由贸易区国家和OPEC成员国的贸易失衡商品结构看，中国与墨西哥等其他经济体在某些关键商品上，存在贸易竞争和贸易转移效应，导致中国对美贸易顺差的商品和这些经济体对美贸易顺差的商品差异相当大，这也意味着中国在对美出口上，并不是在所有商品上都获得贸易利益。在第792类商品、第781类商品等对外贸易上，中国对美贸易顺差因竞争而减少，甚至出现贸易逆差，因此，在这些商品上中国是贸易利益的净损失方。

第三，虽然美国在制成品贸易上，由于逆差遭受一定的贸易利益损失，但是美国在跨国服务贸易上始终呈现顺差，尤其是其顺差对象是其制成品贸易逆差主要来源方——中国、日本、加拿大、墨西哥、欧盟等，可以弥补其商品贸易的利益损失。同时，由于服务贸易投入的原材料成本为零，因而其服务贸易顺差收益实际更大。此外，美国通过其跨国公司母子公司的内部服务贸易顺差超过外国跨国公司母子公司的服务贸易差额，获得潜在贸易利益，这些也能在一定程度上抵消美国的商品贸易利益损失。因此，贸易逆差数据难以真实反映当前国际贸易失衡中的真实利益分配，美国实际利益损失并不如逆差数据那么多。

第二节 基于贸易条件的贸易失衡利益分配研究

传统的"贸易顺差即得益"观点，仅从国际贸易的总量视角评估各方贸易利益，而国际贸易总额主要由贸易商品的价格和数量决定，因此，其难以真实反映各主要经济体在国际贸易中的实际利益分配，尤其是难以反映发达国家与发展中国家在国际贸易中的不平等价格交换。20世纪50年代，阿根廷学者普雷维什与德国学者辛格针对发展中国家贸易差额中的价格问题，提出了著名的贸易条件恶化论，他们认为，发展中国家在对发达国家的进出口中，由于主要出口价格水平较低的初级商品，进口价格高的制成品，导致其需要用更多数量的初级商品，获得大量外汇交换发达国家的制成品，这会导致发展中国家的贸易条件恶化。如果发展中国家不采取奖出限入的限制政策，任其自由贸易，一旦发展中国家的商品出口数量难以持续扩大，将导致其贸易收益受损，而且价格低的初级商品通常贸易附加值较少，这也会导致发展中国家贸易利益进一步减少①。基于此，我们也可以通过贸易各方的进出口商品价格变动，以贸易条件变化判断各方实际利益得失。

一　各主要经济体贸易价格及贸易条件的现状及演变

商品价格是影响国际贸易的重要因素之一，但受汇率和通货膨胀因素的影响，贸易各方的价格将会发生波动，影响各国贸易条件的计算。因此，本节将主要使用 UN Comrade 和世界贸易组织数据库统计的各国进出口贸易价格、贸易数量和贸易条件指数，进行统计分析和比较研究。

（一）世界各主要区域的贸易条件分析

联合国国际贸易统计数据库 UN Comrade 以 2000 年为基准年（其经济指数等于100），对各主要经济体的进出口价格指数和贸易条件指数进行了统计。首先，从表 4-6 可以看出世界和发达经济体的进出口商品单位价格指数变动趋势差异较大。从 2008 年开始，世界层次的出口单位商品价格与进口单位商品价格的差值越来越大，说明整个世界的进口商品单位价格水平相对出口商品单位价格水平在上升，与其相比，发达国家整体的出口商品单位价格水平增长幅度相对进口商品单位价格水平保持平稳，因而其贸易条件相对 2000 年基本不变。其次，具体到世界三大区域经济体：欧洲、北美和东亚，其价格水平增长情况也差异明显。欧洲和北美的进出口商品单位价格水平增长幅度保持平稳，且出口单位价值指数增加幅度略快于进口增幅，贸易条件整体在改善；而东亚则明显从 2005 年开始，进口商品单位价值指数增长速度要快于出口商品单位价值指数，且二者的差距越来越大，这说明东亚地区的贸易条件在恶化。2012 年东亚的整体贸易条件指数已经从 2000 年的 100 下降到 2011 年的 78，贸易利益呈现实际下降的态势，出口相对进口的单位收益在不断恶化。

---

① 关于贸易条件恶化论的相关观点，请参看本书第二章理论基础部分的详细介绍和分析。

表 4－6　世界主要地区进出口商品单位价值指数和贸易条件（**2000 年经济指数＝100**）

年　份		1995	2005	2006	2007	2008	2009	2010	2011
世界	出口单位价值指数	119	121	126	136	148	135	140	153
	进口单位价值指数	115	120	127	138	157	141	145	165
发达经济体	出口单位价值指数	122	126	131	143	157	143	147	163
	进口单位价值指数	118	122	128	140	157	137	144	162
	贸易条件	103	104	102	102	100	105	103	101
北美	出口单位价值指数	103	113	117	124	132	122	130	141
	进口单位价值指数	100	111	116	121	135	120	128	142
	贸易条件	103	102	101	102	98	101	101	99
欧洲	出口单位价值指数	131	134	138	154	170	152	152	169
	进口单位价值指数	129	130	137	152	169	146	150	169
	贸易条件	101	103	101	102	101	104	102	100

年　份		1995	2005	2006	2007	2008	2009	2010	2011
东亚	出口单位价值指数	117	100	101	103	109	97	106	115
	进口单位价值指数	111	109	115	120	136	117	129	147
	贸易条件	106	91	87	86	80	83	82	78

资料来源：UN Comrade 统计数据，http：//comtrade. un. org/pb/first. aspx。

（二）世界主要经济体的贸易条件分析

从单个经济体的角度分析，各主要经济体的贸易条件变化趋势也存在较大差异。出于统计上的原因，UN comrade 在以 2000 年为基准年的基础上，并未对中国的进出口单位价值指数和贸易条件进行统计，因此本章将选择美国、日本、韩国、德国、加拿大、墨西哥的数据进行统计分析。此外，为了分析中国、中东石油输出国及欧盟 27 国的贸易条件，本章将利用世界贸易组织的统计数据（以前一年为基准年，即前一年价格指数为100），分析美国和这些经济体的贸易条件演变趋势的差异及其带来的利益分配。

1. 以 2000 年为基准年的各主要经济体贸易条件比较

从表 4 - 7 看美国的进口和出口商品单价指数，前者在 20 世纪 90 年代小于后者，但从 2005 年之后开始大于后者，且在 2007 ~ 2008 年，二者间的差距逐步拉大，虽然这可能是由于美国次贷危机导致其出口受阻，商品价格水平有所下降，但总体来说，2005 年以来美国商品的出口单价水平始终低于进口单价水平，美国的贸易条件相比 2000 年有所恶化。与之相比，同处北美自由贸易区的墨西哥和加拿大的贸易条件则出现相反趋势，尤其是墨西哥在与美国扩大贸易的同时，并未出现贸易条件恶化，且其出口商品单价水平与进口商品单价水平的差距越来越大，这可能与其对美出口以高价的原油商品为主有关。作为欧盟出口核心的德国，2005~2008 年进出口商品单价水平都在稳步上升，且相对 2000 年的增值幅度都很大，远超过美国，但由于其进口和出口单位价格水平的增长差异不大，因而其贸易条件变化幅度不大。而作为美国最大贸易逆差来源地的东亚经济体，其主要代表——日本和韩国的进出口商品单位价值水平变化却存在明显差异，尤其是 2007 年后，进出口单位价值差异越来越大，其中尤以韩国最为明显。正因如此，日本和韩国的贸易条件相比 2000 年，在朝着不断恶化的方向发展。

表 4 - 7　世界主要经济体的贸易条件（2000 年指数 = 100）

年　份		1995	2005	2006	2007	2008	2009	2010	2011
美国	进口单价指数	101	110	115	120	134	119	127	141
	出口单价指数	104	107	111	116	123	117	123	133
	贸易条件	103	97	96	97	92	99	97	95
墨西哥	进口单价指数	98	114	119	125	136	131	136	147
	出口单价指数	95	127	137	144	158	135	151	173
	贸易条件	97	112	115	114	116	103	111	118
加拿大	进口单价指数	99	114	122	128	137	128	137	148
	出口单价指数	102	130	140	150	166	140	156	173
	贸易条件	103	114	114	118	121	110	115	117

续表

年 份		1995	2005	2006	2007	2008	2009	2010	2011
德国	进口单价指数	139	123	129	144	159	139	139	158
	出口单价指数	149	130	132	147	160	147	143	157
	贸易条件	107	105	102	103	100	106	103	99
日本	进口单价指数	109	112	120	133	164	139	154	183
	出口单价指数	115	109	110	115	127	129	138	152
	贸易条件	106	98	92	86	77	93	90	83
韩国	进口单价指数	117	117	126	134	165	124	138	164
	出口单价指数	162	93	93	96	102	84	94	102
	贸易条件	139	79	74	72	62	68	68	62

资料来源：UN Comrade 统计数据，http：//comtrade. un. org/pb/first. aspx。

2. 以上一年为基准年的世界各主要经济体贸易条件分析

本章选取世界贸易组织（WTO）的统计数据对中、美、欧等世界主要经济体贸易条件进行比较分析，WTO 的进出口商品单位价值统计以各经济体上一年的数据为基数 100，在此基础上得到表 4 - 8。具体而言，本章主要选择中国、EU27、中东国家等，分析其贸易条件。首先，2005～2012 年

中国的进出口商品单价指数差异并不大，并未出现贸易条件恶化的趋势，
而且 2005 年后中国贸易条件有改善的态势；而与中国大陆相比，2005 ~
2011 年中国台湾的出口与进口商品单位价值指数的差距始终存在，并有增
大趋势，其贸易条件因此呈恶化趋势。其次，EU27 的进出口单位价格指
数与德国的变化趋势趋同，其贸易条件相比 2000 年变化不大。再次，中东
国家由于受国际石油价格的影响，出口商品单位价值指数始终大于进口商
品单位价值指数，2009 年后二者差异有逐步增加的趋势，其贸易条件在不
断改善。最后，从 WTO 对美国的进出口单价指数的统计看，结果与 UN
Comrade 的统计趋同，美国在大部分年份都呈现贸易条件小于 100 的情况，
即单纯从美国的贸易条件看，其呈现不断恶化的趋势。

表 4 - 8　2005 ~ 2012 年世界主要经济体进出口价格指数（前一年指数 = 100）

年　份		2005	2006	2007	2008	2009	2010	2011	2012
中国大陆	出口单价指数	105	103	106	114	86	114	115	101
	进口单价指数	103	104	105	108	94	103	111	102
	贸易条件	102	99	101	106	91	111	104	99
EU27	出口单价指数	104	105	112	111	91	111	111	95
	进口单价指数	106	106	111	113	88	103	114	96
	贸易条件	98	99	101	98	103	108	97	99
中东国家	出口单价指数	129	119	111	127	72	119	130	102
	进口单价指数	106	106	109	112	92	105	112	98
	贸易条件	122	112	102	113	78	113	116	104

年　份	2005	2006	2007	2008	2009	2010	2011	2012
中国台湾 出口单价指数	101	101	103	102	89	107	107	98
中国台湾 进口单价指数	106	108	108	114	86	112	115	98
中国台湾 贸易条件	95	94	95	89	103	96	93	100
美国 出口单价指数	103	104	105	106	95	105	108	100
美国 进口单价指数	108	105	104	112	89	107	111	100
美国 贸易条件	95	99	101	95	107	98	97	100

资料来源：各主要经济体进出口商品单位价格指数来自世界贸易组织网站，其贸易条件主要根据进出口单价指数由笔者计算得到。http://www.wto.org。

二　基于贸易条件的各方贸易利益分配分析

（一）美国的得益得失

从表4－8中美国的进出口商品单位价值指数看，受国际金融危机影响，以2009年为分界点，2005～2012年二者呈先上升再下降，然后又上涨的波动态势，但总体呈稳定且小幅上涨趋势，但其增长幅度与世界整体、发达经济体、欧洲以及东亚等的增长幅度相比要小得多。这种趋势反映了两类利益分配：其一，美国的出口商品单位价格指数相对其他经济体增长平缓，说明其单位出口商品收益相对增长缓慢；其二，美国的进口商品单位价格指数增长平缓，使美国人民可以享受世界市场上的低价进口商品，使其国内整体物价始终稳定在一个较低水平，提升其国内居民的实际收入水平和生活质量，增加其幸福感，提高美国社会的整体福利水平，上述两种效应共同影响着美国的贸易利益。从 2005 ~ 2012年美国贸易条件的趋势看，美国进口商品单位价格的影响占主导地位。虽然从表面看，美国的贸易条件在恶化，这可能因为美国的进口商品主要是第 333 类商品原油和第 781 类商品全部机动车辆，其单位价格水平相对偏高，导致贸易条件恶化，单位贸易利益因为进口单位支出相对更高而受损。然而，从表 4 - 9 中美国的出口购买力指数看，虽然贸易条件在恶化，但其出口购买力指数在加速增加，实际收益并未损失严重，反而有增加。所谓出口购买力指数，是用进出口比价指数（贸易条件）与出口物量指数的乘积来衡量一国的对外购买能力，它主要是用来弥补贸易条件在衡量一国贸易购买力上的不足：现有的贸易条件指数只能用来衡量一国的出口商品相对进口商品的价格水平，判断其对外贸易的购买能力，没有考虑到进出口贸易数量增减变化对一国贸易竞争力和出口购买力的影响。而出口购买力指数则弥补了这一不足，主要用来衡量在当前期内一国出口可以换回的进口商品数量，相对基准期二者交换量的情况。表 4 - 9 是 UN Comrade 统计的世界主要经济体出口购买力指数，它以 2000 年的出口购买力指数为 100，若一经济体的出口购买力指数大于100，则说明该经济体的出口商品价格较高，能换回更多的进口商品，也从侧面说明该经济体的出口商品附加值或利润相对 2000 年在提高。因此，更多的商品附加值能帮助其获得更多进口商品，也说明该经济体获得更大的实际贸易利益。基于这一原因，美国虽然贸易条件有所恶化，但出口购买力指数的明显增加和低进口价格水平带来的消费者福利水平的增加，使其实际是获益的。

表 4 - 9　世界主要经济体出口购买力指数统计（2000 年指数 = 100）

年　　份	1995	2005	2006	2007	2008	2009	2010	2011
美　　国	74	105	115	124	124	114	129	135
加拿大	68	117	118	123	117	88	100	106
德　　国	69	143	157	166	165	146	164	169
日　　本	85	111	113	112	99	87	105	94
韩　　国	64	141	149	160	147	163	188	193

资料来源：UN Comrade 2011 年年度报告统计数据，http：// comtrade. un. org/pb/first. aspx。

（二） 中日韩等东亚经济体的利益得失

首先，从中国的贸易条件分析其利益得失。2005 年以来，中国进出口商品单位价格指数基本持平，甚至在部分年份有改善趋势，这与中国出口高价最终制成品，进口低价原材料和零部件商品有关，似乎出口对中国的贸易利益增加起到一定的积极作用。然而需注意的是，虽然中国对外商品出口额远超进口额，2012 年其出口总额达到 20489 亿美元，其中机电商品出口额为 11794 亿美元，高技术商品出口额为 6012 亿美元，占出口总额的 87%，而进口总额为 18178 亿美元，其中机电商品进口额为 7824 亿美元，高技术商品进口额为 5068 亿美元，占进口总额的 71%[①]，高价格的机电商品和高技术商品在进出口中的比重相差很大，但出口商品单位价格平均水平与进口商品单位价格平均水平的差距并不大，说明中国出口商品价格水平仍然相对偏低，中国的实际单位贸易利益也因此相对受损。

其次，从日本和韩国的贸易条件分析其利益得失。虽然日韩等经济体的贸易条件呈明显恶化趋势，这与其向中国出口相对低价的原材料、零部件制成品，进口高价最终制成品有关。但是表 4－9 显示，日本在 2005～2007 年出口购买力指数大于 100，说明这一时期其出口能换回更多进口商品，其商品价格相对偏高，出口获得的高附加利润使其能进口更多商品。然而也需要指出的是，从 2008 年后，其出口购买力指数相对下降，出口利益正逐步减少。同时，韩国的出口购买力指数则呈明显的高速上涨趋势，这说明相对 2000 年的水平，韩国的出口商品所得可以进口更多的商品，出口利润和附加值正在逐年日益增加，实际的单位贸易利益也因此在增多。

（三） 其他经济体的收益得失

除了美国、中国及东亚其他经济体外，其他经济体利益可分为三

---

① 中华人民共和国国家统计局：《中华人民共和国 2012 年国民经济和社会发展统计公报》，2013 年 2 月 22 日，http：//www. stats. gov. cn/tjgb/ndtjgb/qgndtjgb/t20130221_ 402874525. htm。

类。其一，中东石油国家的贸易利益。从 2005～2012 年中东国家进出口商品单价指数的演变看（见表 4-8），除了 2009 年在国际金融危机的影响下，其出口商品单价指数小于进口商品单价指数，其他年份中东国家的出口商品单价指数都远大于进口商品单价指数，贸易条件不断改善，这也说明中东石油国家的单位商品净出口利益在增加。其二，欧盟国家的贸易利益。从 2005～2012 年欧盟 27 国和德国的贸易条件演变看，其贸易条件基本维持在 100 上下，说明其单位出口利得和进口损失基本持平；但从 2005～2011 年德国的出口购买力指数演变看，其上涨趋势明显，远超同期的美国、加拿大和日本等出口购买力增速，说明其通过出口获得的利润和附加值更高，能够获得的进口量更多，付出的代价在减少，实际贸易利得在增加。其三，北美国家的贸易利益。作为北美自由贸易区成员国，加拿大和墨西哥在对美贸易中实现了经济利益增长，从 2005～2012 年两国贸易条件的演变分析，其出口商品单位价格水平远高于进口商品单位价格水平，且二者间的差距在逐年递增，这说明其贸易条件正在逐年改善，尤其是墨西哥，其对美国的出口以原油为主，贸易条件随原油价格上涨而改善，贸易利益也因此增加迅速；同时，加拿大的出口购买力指数除了 2009 年的国际金融危机爆发时期有所下降外，其余年份都相比 2000 年有大幅上涨，说明其获得了贸易利益，出口能使其获得更多的进口商品，单位出口商品的购买力也在不断增加。

三　主要结论

从各主要经济体贸易条件的演变看，美国的贸易条件有所恶化，贸易利益受到不利影响，因此，其有必要调整对外贸易失衡，但其进口商品的持续低价，也使其获得了稳定国内物价水平和增加居民实际收入的利益；从美国的出口购买力指数演变看，美国通过出口获得的收益能够换回更多的进口商品，这也从侧面说明其出口商品的附加值和利润值在增加，其相比贸易对象能以相对较小的代价获得更多外部商品，单位商品的贸易交换利益明显被美国所得。与之相比，中国、日本、韩国等东亚经济体的贸易条件并未改善，尤其是后两个经济体的贸易条件有所恶化，但从其出口购买力指数看，韩国的出口商品单位贸易利益在扩大。以德国为核心的欧盟、加拿大和墨西哥等在贸易条件改善的背景下，出口购买力指数也在呈加速上涨态势，因此，无论是从贸易条件，还是从出口购买力来看，这些经济体都从全球贸易失衡中获得了实际利益，是真正的贸易利益净增加方，但它们却被排除在全球贸易失衡及其利益调整之外，而利益受损方主要来自东亚经济体，但其却被纳入失衡调整的主要对象范围。

第三节　基于国际分工的贸易利益分配研究

从贸易条件的视角分析各主要经济体的贸易利益分配，仅能从进出口商品价格探讨各方实际利益得失，但在其他一些领域的利益分配分析还存在一定不足和缺陷，如这种方法无法具体分析在加工贸易中，初级品及中间品的生产商及所在国，与最终商品的生产商和所在国的利益分配，尤其是对中美加工贸易中的实际利益分配格局难以实际展开，对参与贸易的各方利益来源很难真实反映。近年来，随着国内外学术界对国际分工和加工贸易问题的研究，基于国际分工的国际贸易及其导致的利益分配的理论研究开始受到关注。目前，相关研究认为可以通过两种分工模式对中美贸易中的利益分配格局进行研究。其一，从产品内分工视角，探讨国际贸易中，初级产品、中间品及最终品的生产者及其所在经济体间的利益分配；其二，从各主要经济体间的金融业和制造业的发展差异及其引致的产业分工，探讨各经济体在贸易交往中的实际利益分配。本节将在其基础上进行研究。

一　国际分工与中美贸易失衡中的利益分配

从美国贸易失衡的地区构成看，中美贸易失衡是其主体，而中美贸易失衡又包括货物贸易失衡和服务贸易失衡，但二者呈相反发展趋势，前者主要表现为中国对美国贸易顺差，后者则呈中美贸易逆差。因此需分别探讨中美贸易中不同产品贸易失衡带来的利益分配。

（一） 中美服务贸易失衡中的利益分配

美国对中国的服务贸易一直呈现顺差持续扩大的趋势，据美国商务部经济分析局的统计，2011 年美国对中国服务贸易顺差达到 153.73 亿美元，虽然其低于美中货物贸易逆差，但规模却呈逐年递增态势。从表 4－10 的中美服务贸易顺差的服务商品构成看，最突出的服务是特许权使用费和许可费，2011 年其美中贸易顺差达到 39.28 亿美元，占当年美中服务贸易顺差总额的 26%。因此，本节将重点分析美国对中国的特许权使用费和许可费双边贸易的具体构成和主要特点。具体而言，其贸易构成和特点主要表现在以下几个方面。

首先，中美特许权使用费和许可费服务贸易主要表现为跨国公司母子公司间的内部贸易。尤其是这种跨国公司内部贸易主要体现在美国对中国特许权使用费和许可费服务出口中，2011 年中美跨国公司特许权使用费和许可费的母公司和子公司服务进出口总额达 26.86 亿美元，其中美国对中国（母子公司间）出口 26.41 亿美元，占美国对中国特许权使用费和许可费服务出口总额的 64.2%。但美国自中国特许权使用费和许可费服务进口，却主要发生在非母子公司关系的企业间，2011 年美国自中国服务进口额（母子公司间进口）仅为 0.45 亿美元，占美国自中国服务进口总额的 24%。正是这种不同的贸易来源，导致美中服务贸易顺差以跨国公司的母子公司间贸易顺差为主，而其中又以美国母公司对其子公司的服务贸易顺差为主，2011 年达到 25.72 亿美元，远超过外国母公司与其在美子公司的服务贸易顺差额（0.24 亿美元）。这说明美国企业在进行核心技术传播和使用中，尽可能地实现核心技术和知识转让的内部化，从而将这类贸易的实际收益尽可能局限于其内部消化和吸收，不仅获得了服务贸易顺差利益，还保持了自身对关键高技术的知识产权的占有，从而尽可能增加其垄断贸易利益，而这也使其掌握着对中国知识产权服务贸易的核心利益。

其次，从美国对中国特许权使用费和和许可费服务贸易的商品类型分析，其主要集中在四类商品：工业生产进程许可费（美中贸易顺差 15.49 亿美元）、商标（美中贸易顺差 10.1 亿美元）、特许经营费

（美中贸易顺差3.08亿美元）和计算机软件使用费（顺差9.03亿美元）。从这些商品的类型看，美国在关键技术和核心服务上仍占有资产专有权，能享有其核心利益。

综上可知，美国在特许权使用费和许可费的对外服务贸易上，通过跨国公司母子公司的内部贸易及对核心技术的资产专有权控制，牢牢把握着对中国服务贸易的核心利益所得，而包括中国在内的世界许多经济体，由于其跨国公司无法获得核心技术的专有权，只能通过特许转让和购买商标及计算机软件使用权等方式，付出贸易利益给美国，即使它们能够通过非母子公司贸易获得相关服务利益，但相比美国母子公司服务贸易利益要小得多，因此，美国和包括中国在内的世界其他经济体间的服务贸易利益分配存在严重不平衡。

表 4 - 10   2011 年中美服务贸易构成

单位：亿美元

贸易类型	贸易总额	旅游贸易	客运票价贸易	其他运输贸易	特许权使用费和许可费	其他服务贸易
美国对中国出口	267.02	56.81	20.51	23.58	41.14	124.9
美国对中国进口	113.29	26.91	6.14	30.81	1.86	47.57
贸易差额	153.73	29.98	14.37	-7.23	39.28	77.33

资料来源：Bureau of Economic Analysis, Table C. Cross - Border Services Exports and by Type and Country, 2011, http://www.bea.gov/international/international_ services.htm#detailedstatisticsfor。

（二）中美货物贸易失衡中的利益分配

在美国对中国服务贸易持续出现顺差的同时，在有形商品（货物）贸易上，美国对中国却是整体出现贸易逆差。具体而言，按照 SITC 1 位数的统计，并非所有商品都呈现美国对中国的贸易逆差。美国主要在第 7 类、第 8 类和第 6 类商品上对中国贸易逆差，而在第 2 类商品非食用原料，第 3 类商品矿物燃料、润滑油及相关原料和第 0 类商品食物和活动物等初级商品上，美国对中国是贸易顺差。

同时，进一步根据 SITC 3 位数统计，美国对中国贸易顺差的主要初级商品集中在第 222 类商品油气种子和含油材料（2012 年贸易顺差为 148.32 亿美元），第 288 类商品有色基本金属废料和碎料（贸易顺差为 54.15 亿美元），第 251 类商品纸浆及废纸（贸易顺差为 38.14 亿美元），第 263 类商品棉纺织纤维商品（贸易顺差为 34.31 亿美元），第 282 类商品钢铁废碎料（贸易顺差为 13.44 亿美元），第 211 类商品皮革及皮毛、原料（贸易顺差为 12.11 亿美元）等①。从这些商品的类型可以看出，美国正将其国内废弃的原材料类商品出口到中国，变"废"为宝，以满足中国日益扩大的相关商品的生产需要，而这也使美国从废弃的原材料商品出口中获得了较大利润及相关贸易利益。

此外，美国在第 792 类商品飞行器及相关设备（2012 年贸易顺差为 79.6 亿美元），第 781 类商品全部机动车辆（顺差为 56.57 亿美元），第 874 类商品测量、分析及检查的仪器（顺差为 10.81 亿美元），第 994 类商品可评估的低价值运输品（顺差为 6.94 亿美元）等制成品上，对中国始终出现贸易顺差。这种制成品贸易顺差模式说明美国仍将其具有比较优势的航空类、汽车类及化学仪器类商品大规模出口到中国，从这一角度衡量，美国从对中国的贸易中获得了具备比较优势和竞争优势的资本密集型商品利益。

当然，美中制成品贸易逆差可以显示美中等国都从中有利益得失，具体表现在：其一，从美中货物贸易逆差的结构分析，按 SITC 3 位数统计，其逆差商品主要集中在第 764 类商品电信设备（2012 年为 559.5 亿美元，占美中贸易逆差的比重高达 18%）、第 752 类商品自动数据处理器（2012 年为 535.8 亿美元，占美中贸易逆差比重达到 17%）、第 894 类商品玩具和体育用品（2012 年为 224.5 亿美元，占美中贸易逆差比重为 7%）等等，同时对比美国对外贸易中上述三类商品的逆差额（2012 年分别为 634.3 亿美元、564.4 亿美元和 209.3 亿美元），可知美国对中国这三类商品贸易逆差在美国三类商品整体贸

---

① 美国商务部（International Trade Statistics）网站，http：//tse.export.gov/TSE/ChartDisplay.aspx。

易逆差中高度集中，所占比重分别达到 88%、95% 和 107%，这意味着由于对中国上述制成品贸易逆差，美国的贸易利益正集中流失到中国。需要指出的是，无论这些贸易利益是否真正为中国所得，美国实际从对中国上述商品贸易逆差中遭受了美元财富流出到中国的利益损失，中国作为主要顺差方必然受到美国的指责和关注。而中国需要适当调整对美出口商品结构，避免对美出口过于集中在几类商品，使美国将其贸易利益受损归咎于中国，减少美国因此与中国产生贸易摩擦的可能。

　　然而，我们也需要明确美国对中国的电信设备、自动数据处理器等商品的贸易逆差带来的利益损失，是否应完全归咎于中国？答案显然是否定的。本书认为我们应从美国、中国和东亚其他经济体的三元贸易模式，解释各方的贸易利益分配。早在 20 世纪 60 年代，Kiyoshi Kojima（1962）就对当时的美国、日本和东南亚经济体间，通过各自比较优势形成的三元贸易模式进行了解释。20 世纪 80 年代，随着跨国公司对亚洲直接投资目标区域的改变及全球生产网络的形成，建立在垂直型分工和全球价值链基础上的三元贸易模式有了新的内容，美国、中国和东亚其他经济体成为该贸易模式的新的三大主体。从本书对中国与东亚经济体贸易结构及美国与包括中国在内的东亚经济体贸易结构的分析，可以看到中国与东亚其他各经济体对美贸易的商品结构存在明显差异，同时日本、韩国、中国台湾乃至东盟等对中国大陆的进出口贸易以中间品为主，其中体现着三元贸易的特征和影响。具体而言，20 世纪 90 年代以来，中国大陆对外进口中 57% 的商品来自亚洲地区，其中主要是自日本、韩国和中国台湾等中间品进口，在具体商品结构上，中国大陆自日本主要进口机器和运输设备；自韩国主要进口机械和精密仪器，均以资本密集类商品为主，尤其是从前文 2005～2011 年韩日两国的出口购买力指数演变分析，韩国的出口商品购买力增长迅速，说明其商品的价格和附加值水平相对增长更快，出口能够换回更多进口商品；自中国台湾的进口商品则以一般类中间品进口为主，其资本和研发密集度相对较低，商品附加值也较少，从中国台湾对美国出口以第764 类商品电信设备为主分析，中国台湾与中国大陆的出口商品具有相似性和竞争性。章丽群（2009）曾对美国苹果公司的全球生产网和价值链进行过细致描述，东亚各经济体都有很强的出口导向特征，美国也会对中国大陆出口商品，这形成了在零部件生产和加工基础上的苹果公司全球生产网络：美国、日本和韩国等负责生产苹果电脑的关键零部件（如 CPU、微型硬盘、内存等），由中国大陆和中国台湾生产一般零部件（如电池、显示屏、触摸滚轮和耳机等），同时美日韩等又将这些关键零部件外包给中国大陆和中国台湾的企业，进行零部件代工生产，然后在中国大陆的加工组装基地进行加工装配，最后将组装后的最终商品出口给美国苹果公司，再由其销售给全球消费者。这是一种典型的三元贸易模式：美国、日本、韩国、中国台湾等经济体通过对中国大陆的直接投资，将本地的加工生产、组装工序和相关配套产业转移到中国大陆，美、日、韩等经济体则专门生产核心零部件和技术研发，由中国大陆和中国台湾生产非核心零部件商品，同时美、日、韩等将其核心零部件出口到中国，进行加工装配和组装，中国则将组装后的最终商品回销到美国，或者由中国香港进行转口贸易到美国，再由美国企业向全球市场进行销售。

美国、中国和东亚其他各经济体间的三元贸易模式，使贸易各方的利益所得出现巨大差异。其一，美国、日本和韩国通过研发和生产核心关键零部件，获得了核心的制造和研发收益，由于其掌握着零部件生产的垄断技术，且相关技术的进入门槛较高，因而具有明显的资产专用性特征，可以获得高附加收益；中国台湾则由于出口资本和技术密集程度低的中间品给中国大陆，其获得的贸易利益相对美、日、韩等偏低；而中国大陆则因为主要从事外包和商品组装，仅获得加工装配环节的低附加收益，据曾峥等（2008）对中美制成品贸易中的中国贸易增值率测算，在中、美、东亚其他经济体形成的三元贸易模式中，中国大陆通过对外贸易的商品增值率并不高，其出口商品价值有近60%的部分被其进口原材料的来源地、中国大陆的进口商和经销商获得，由于进口商和经销商并不一定是中国本地企业，更多的是外商在华投资企业，因此，中国的实际收益减少。其二，跨国公司内部贸易是中美贸易的重要组成部分，而这导致中国获得的大量贸易顺差利润，被跨国公司在华子公司以企业利润的方式汇回母公司，而且跨国公司还在中国获得了廉价劳动力和低税收的经济利益。其三，日本、韩国和中国台湾等东亚经济体，通过对中国大陆直接投资将加工组装工序转向中国大陆，由中国大陆将其生产的核心零部件等中间品组装成最终商品，出口到美国；按照现行的"所在地"贸易统计方法，其能够将出口到中国的中间商品内化为中国对美出口，从而在获取出口商品实际收益的基础上，减少对美国的贸易逆差，最终缓解其与美国日益增多的贸易摩擦，获得更好的对外贸易环境，这是其获得的巨大潜在贸易利益。而在中美信息通信等高技术进出口贸易利益分配中，就深刻反映着三元贸易模式的影响。

二 案例分析：中美高技术贸易模式的实证测度及其利益分配

中美高技术贸易是中美商品贸易的重要组成部分。自 20 世纪 90 年代美国"新经济"出现后，高技术商品以其高附加值、高收益和对经济增长的快速推动作用，成为世界各主要经济体对外贸易中的重心商品之一。而美国作为此次全球"新经济"发展的起源及核心，在信息技术革命和互联网科技革命的推动下，国内高新技术产业发展异常迅猛，技术自主研发和创新层出不穷，使其始终占据世界高技术的发展前沿和领先位置。然而在对中国高技术进出口上是否如中美两国的技术差距那样，出现美国对中国的贸易顺差呢？其是否具备三元模式的特征？其中的贸易利益分配格局又如何？本节将针对这些问题，利用产业内贸易指数对中美高技术贸易模式及失衡特点进行统计测度和研究。

（一）中美高技术贸易的发展现状及演变特点

美国作为世界上统计技术最高的国家之一，在按照国际贸易标准统计方法（SITC）、北美产业分类体系方法（NAICS）和 HS 分类方法进行贸易统计的基础上，笔者将专门对美国的高技术产品（Advanced Technology Product，ATP）进行商品分类和进出口贸易统计。按照美国商务部的分类，高技术可以分为 10 类商品：生物技术、生命科学技术、光电技术、信息通信技术、电子技术、柔性制成品、高新材料技术、航空航天技术、武器技术和核技术。接下来，我们将以这 10 类高技术为基础，分析中美高技术进出口和贸易差额的特点及贸易模式，并探讨其中的贸易利益分配格局。

1. 中美高技术进出口贸易的主要特征

美国商务部从 2002 年开始对其 10 类高技术进出口贸易进行统计，其中包括统计中美高技术贸易的商品结构和地区分布，具体见表 4 – 11。从表 4 – 11 中我们可以看出中美高技术贸易的几点特征。首先，从 2005～2012 年美国对中国 10 类高技术出口分析，其绝对数额增速平稳，但贸易规模相对较小，2012 年美国对中国高技术整体出口额仅为 221.57 亿美元，仅比 2005 年增加 98.68 亿美元，年均增加额仅为 12.33 亿美元。而在美国对中国出口的高技术中，排在第一位的是航空航天技术，这与制成品中美国对中国出口最多的第 792 类商品飞行器及相关设备相对应，说明美国在航空航天技术的生产上对中国保持绝对竞争优势，并获得其出口贸易利益。而从航空航天技术增长趋势分析，除了 2008 年因国际金融危机爆发，其出口额有所下降外，其他时期均保持稳定增长态势，2012 年达到 84.4 亿美元，比 2005 年增长 95.3%，可以说中国近年来航空航天技术的快速发展与自美进口增长保持正相关。此外，在生命科学技术、核技术、生物技术、高新材料技术、光电技术上，美国对中国出口增长稳定，但增加幅度相对偏小。与之相比，在金融危机之后的 2010～2012 年，在信息通信技术、电子技术、柔性制成品等高技术上，美国对中国的出口反而出现下降，但贸易规模相对其他高技术仍然比较大。而在武器技术上，美国对中国的出口绝对数额一直维持在接近零的水平，且增速基本为零，说明美国对中国的武器技术禁运一直存在，这可能是中美两国意识形态和社会制度的差异，使美国为了维护其国家安全利益而导致的。

表 4 – 11　2005～2012 年美国对中国 10 类高技术出口贸易额

单位：百万美元

商品种类	2005	2006	2007	2008	2009	2010	2011	2012
生物技术	29	33	62	91	124	168	206	284
生命科学技术	861	934	1126	1405	1591	1964	2316	2782
光电技术	196	266	329	258	204	463	326	328
信息通信技术	2688	3156	3360	3660	3570	4036	3801	3920
电子技术	3468	6012	6573	6632	5283	6490	4730	4004

续表

商品种类	2005	2006	2007	2008	2009	2010	2011	2012
柔性制成品	677	1082	1436	1072	786	2286	2049	1995
高新材料技术	36	118	237	286	254	214	219	294
航空航天技术	4322	6014	7200	3925	5356	5786	6418	8440
武器技术	1	1	2	1	1	1	2	1
核技术	11	16	18	33	34	37	74	109
总　　计	12289	17633	20342	17363	17202	21444	20139	22157

资料来源：United States Census Bureau, the Department of Commerce, http://www.census.gov/foreign-trade/statistics/product/atp/select-ctryatp.html。

其次，从美国对中国的高技术进口分析看，其总额相对出口要大得多，2012 年达到 1412.07 亿美元，比 2005 年增加 819.55 亿美元，2005～2012 年的年均增长额高达 102.45 亿美元，比其对中国年均出口额高出 90.12 亿美元。而从具体的高技术看，2005～2012 年美国自中国进口最突出的是信息通信技术，2012 年其进口高达 1269.64 亿美元，占当年美国自中国 10 类高技术进口（1412.07 亿美元）的 90%，其 2005～2012 年的年均进口增长额也高达 91.85 亿美元，占其自中国高技术年均进口总额的 90%。而在信息通信技术进口之后，2005～2012 年美国自中国的光电技术、电子技术、生命科学技术进口增长明显，尤其是自中国光电技术进口增长明显，从 2005 年的 27.43 亿美元增长到 70.26 亿美元。而在对中国出口中表现突出的航空航天技术，其进口相对更缓慢，2012 年美国自中国进口额仅为 6.96 亿美元，仅比 2005 年增长 5.27 亿美元。值得指出的是，美国作为世界上最大的军事武器生产国，在对中国武器出口很少的情况下，自中国进口却呈稳定上涨趋势，2011 年最高时曾经达到 2.92 亿美元，这和美中两国的武器生产实力严重不符，二者所属的武器生产商利益也在当前的美中武器技术贸易中严重受损，尤其是美国的武器高技术生产和出口企业，因美国对中国的武器技术出口限制而遭受潜在的贸易利益损失（见表 4-12）。

表 4 – 12　2005~2012 年美国对中国高技术进口贸易额

单位：百万美元

商品种类	2005	2006	2007	2008	2009	2010	2011	2012
生物技术	39	47	47	55	45	59	49	67
生命科学技术	392	614	784	1070	1258	1500	1763	2034
光电技术	2743	4398	5810	6621	6530	7550	7917	7026
信息通信技术	53483	64418	77867	80379	79040	102253	114523	126964
电子技术	1908	2333	2393	2041	1699	2772	3233	3099
柔性制成品	301	397	540	553	459	664	749	860
高新材料	81	118	123	150	110	166	179	211
航空航天技术	169	256	350	406	411	508	626	696
武器技术	63	99	98	115	121	159	161	165
核技术	73	48	3	3	1	1	292	85
总　　计	59252	72727	88015	91392	89674	115631	129493	141207

资料来源：United States Census Bureau, the Department of Commerce, http://www.census.gov/ foreign – trade/statistics/product/atp/select – ctryatp.html。

2. 中美高技术贸易差额的主要特征

从中美高技术进出口的增长速度和商品结构看，二者的总体增速和主要商品贸易增长严重不平衡。正因如此，中美两国 10 类高技术贸易差额出现不同趋势。其中，2012 年美国对中国出现贸易逆差的高技术包括信息通信技术、光电技术、武器技术，而美国对中国出现贸易顺差的则是其他 7 类商品。因此，从高技术类型分析，美国对中国的多类高技术贸易均呈现贸易顺差，其中最主要集中在航空航天技术，2012 年为 77.44 亿美元，但是这些高技术贸易顺差规模相对信息通信等高技术的贸易逆差规模小得多。2012 年美国对中国的信息通信技术贸易逆差高达 1230.44 亿美元，光电技术贸易逆差为 66.98 亿美元，武器技术贸易逆差 1.64 亿美元。美国对中国的信息通信技术贸易逆差相对其他高技术贸易差额过大，导致美中高技术贸易整体呈逆差。此外，需要指出的是，在信息通信技术、光电技术、航空航天技术等高技术贸易差额按正常速度增长的同时，美国对中国的电子技术和柔性制成品贸易顺差却从 2010 年开始逐年递减，分别从 2010 年的 37.18 亿美元和 16.22 亿美元，减少到 2012 年的 9.05 亿美元和 11.35 亿美元，尤其是前者的减少幅度相当大，减少率达到 76%，这种顺差大幅减少也导致美中高技术贸易逆差逐年加速扩大（见表 4-13）。

表 4-13　2005~2012 年美国对中国 10 类高技术贸易差额

单位：百万美元

商品种类	2005	2006	2007	2008	2009	2010	2011	2012
生物技术	-10	-14	15	36	79	109	157	217
生命科学技术	469	320	342	335	333	464	553	748
光电技术	-2547	-4132	-5481	-6363	-6326	-7087	-7591	-6698
信息通信技术	-50795	-61262	-74507	-76711	-75470	-98217	-110722	-123044
电子技术	1560	3679	4180	4591	3584	3718	1497	905
柔性制成品	376	685	896	519	327	1622	1300	1135
高新材料技术	-45	0	114	136	144	48	40	83
航空航天技术	4153	5758	6850	3519	4945	5278	5792	7744
武器技术	-62	896	-96	-114	-121	-158	-159	-164
核技术	-62	-32	15	30	33	36	-218	24
总　计	-46963	-55094	-67673	-74029	-72472	-94187	-109354	-119050

注：表中的"-"代表美国对中国高技术呈贸易逆差，其他则表示美国对中国贸易顺差。

资料来源：根据 United States Census Bureau 数据计算。The Department of Commerce，http://www.census.gov/foreign-trade/statistics/product/atp/select-ctryatp.html。

（二）中美高技术产业贸易模式的实证评估

根据美国普查局的高技术贸易统计，2002~2012 年中美高技术贸易顺差规模增长迅速，其贸易顺差总额从 118.1 亿美元持续增加到 1190.5 亿美元，扩大了近 10 倍。同时，中美高技术贸易顺差占中美货物贸易顺差的比重也从 2002 年的 11% 增加到 2012 年的 37%。高技术贸易顺差的增长已经成为导致中国对美国贸易顺差扩大的主要影响因素之一，其也深刻影响着中美贸易中的实际利益分配。而要解析中美高技术贸易为什么会扩大，需要明晰中美高技术贸易结构和具体高技术贸易失衡的形成原因，从而深入认识到在中国经济持续增长和技术研发水平日益提升的背景下，中美高技术贸易结构是否在不断升级，贸易模式是否向着有利于中国利益的方向改变，因此，我们需要通过实证统计方法去检验这一问题。

1. 产业贸易模式的实证评估方法的综述及相关述评

（1）从静态视角评估产业贸易模式的主要指数和方法。

20世纪50年代之后，随着各主要经济体产业结构升级、调整和对外转移的持续出现，产业经济对一国对外贸易模式的影响日益深化，国内外学术界对产业贸易模式的评估也因此进入了研究的"高潮期"，国外学者针对产业内贸易模式问题的研究，提出了多类评估产业内贸易类型的具体测度指数。在较早的理论研究中，国外学者从最简单的假设入手，在没有考虑国际贸易额的动态变化对产业贸易模式变换的影响的前提下，提出了产业内贸易模式的静态测度指数。Balassa（1974）提出的"巴拉萨指数"，其公式为：$B_j = \dfrac{1}{n} \sum\limits_{i=1}^{n} \dfrac{|X_i - M_i|}{(X_i + M_i)}$。从这一公式分析，其以一国产业的进出口贸易额为基础，评估两国间的产业贸易模式特点，当 B_j 值越小时，其产业贸易模式越表现为产业间贸易；当其等于0时，两国为完全的产业间贸易；当 B_j 值越大时，两国产业内贸易特征越明显。但是，现有的研究提出巴拉萨指数没有考虑具体产业在该国整体产业总值中的权重和贸易差额的性质（顺差或逆差）对产业贸易模式可能的影响，这使其测度结果会有一定偏差。在该指数的基础上，Grubel 和 Lloyd（1975）又提出了 G－L 指数，这是目前使用最为广泛的测度产业贸易模式的指数，即 $GL_i = 1 - \dfrac{|X_i - M_i|}{X_i + M_i}$。该指数在测度过程中，以 $GL_i = 0.5$ 为分界点，其值越小，说明其贸易模式越接近产业间贸易；其值越大，越表现为产业内贸易。但 Grubel 等在最初的研究中发现公式中的分子绝对值可能会带来统计误差，即当一国的贸易差额过大，会导致 GL_i 值偏小。因此他们又进一步提出了 G－L 调整指数，该指数的表达式为

$$GLA_j = \dfrac{\sum\limits_{i=1}^{n}(X_i + M_i) - \sum\limits_{i=1}^{n}|X_i - M_i|}{\sum\limits_{i=1}^{n}(X_i + M_i) - |\sum\limits_{i=1}^{n}X_i - \sum\limits_{i=1}^{n}M_i|}$$，其最大的理论贡献就是相对剔除

了贸易失衡过大带来的影响，但其在单个产业上的测度结果仍然不被理论界满意和接受。此后，学术界还提出了 Aquino（1978）指数、Bergstrand（1983）指数等，测度各国间的产业贸易模式，但都或多或少地存在统计结

果误差。而传统的 G－L 指数因为其实证使用的普遍性和计量分析的可操作性等优势，被学术界更多地用来测度国家间产业贸易模式，成为最普遍使用的一类评估产业贸易模式的静态测度指数。

（2）从动态视角评估产业贸易类型的指数和方法。

早期测度产业贸易模式的指数主要是以进出口贸易存量为基础，对产业贸易类型进行界定，而 20 世纪 90 年代以来，国外学术界开始考虑从动态的贸易流量的视角，测度产业贸易的主要模式，从而充分反映一国在对外贸易过程中国内产业的结构升级进程，因此，他们提出了一些新的动态性质的产业贸易评估指数。其基础来源于 Hamilton 等（1991）提出的边际产业内贸易概念，其主要由一国在特定时期内的产业内贸易在其贸易增加值中的比重表示，以贸易增量为基础进行产业贸易模式的测度。在其基础上，有两类贸易测度指数被广泛使用，分别是 Brüelhart 边际产业内贸易指数和 Thom & McDowell 边际产业内贸易指数。Brüelhart（1994）在 Grubel 和 Lloyd（1975）提出的 G－L 指数的基础上，以进出口贸易增量来替代贸易总量，提出评估指数，其表达式是：$BL_I = 1 - \dfrac{|\Delta X_i - \Delta M_i|}{|\Delta X_i| + |\Delta M_i|}$。在该式中，$BL_I$ 的数值越小，表示该国贸易以产业间贸易为主；当其等于零时，为完全的产业间贸易；BL_I 越大，越表现为产业内贸易；当其等于 1 时，为完全的产业内贸易。Thom & McDowell（1999）则在 Brüelhart（1994）的研究基础上明确指出，其提出的指数只能测度水平型产业内贸易对贸易增长的贡献，但却无法准确评估垂直型产业内贸易和产业间贸易对贸易增长的动态影响。为了解决这一问题，其提出将产业贸易模式分为三类：产业间贸易（IT）、水平型产业内贸易（HIIT）和垂直型产业内贸易（VIIT），并分别给出了三类贸易模式对一国贸易总量增长的贡献表达式，分别为：$HIIT_j = \sum_{i=1}^{n}(W_i * BLi)$，$VIIT_j = MIIT_j - HIIT_j$，$IT_j = 1 - MIIT_j$。在上述表达式中，如果一国的 $MIIT_j$ 大于 0.5，其总体贸易增量的来源主要表现为边际产业内贸易，反之则表现为产业间贸易增量；此外，若 $HIIT_j > VIIT_j$，其总体贸易增量的来源主要表现为水平型边际产业内贸易增加，反之则表现为垂直型边际产业内贸易增加。

2. 中美高技术产业贸易模式的实证评估

（1）中美高技术贸易模式的静态评估。

目前，在中美贸易研究中，最初要面临的问题就是中美两国由于统计方法和标准的差异，导致的统计数据出现巨大差异。为了避免这种差异对测度结果带来的不利影响，以及考虑到目前美国商务部对中高技术贸易统计更加完善，中国缺乏完备的高技术贸易统计数据这一现实，我们主要采用美国商务部普查局（United States Census Bureau）对美中两国 10 类高技术贸易失衡的统计数据，具体将采用 G - L 指数对 2002～2012 年中美高技术贸易总体数据和 10 类高技术产品具体数据分别进行实证评估，结果如图4 - 1、表 4 - 14、表 4 - 15 所示。

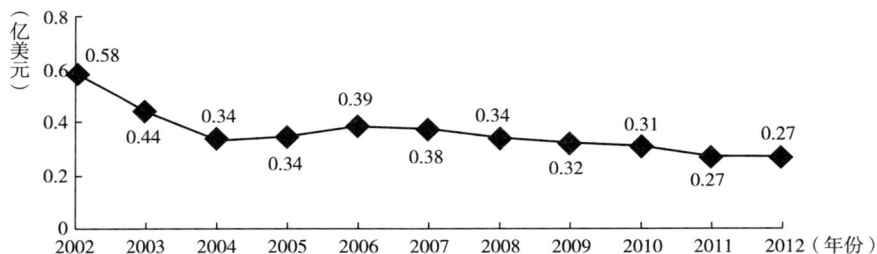

图 4 - 1　2002～2012 年中美高技术总体 G - L 指数

资料来源：U. S. Census Bureau，http：//www. census. gov/foreign - trade/statistics/product/atp/。

表 4 - 14　2002～2012 年中美 10 类高技术的 G - L 指数

高技术商品组	2002	2003	2004	2005	2006	2007	2008	2009	2010	2011	2012
生物技术	0.91	0.93	0.83	0.85	0.83	0.86	0.76	0.54	0.52	0.38	0.38
生命科学技术	0.97	0.85	0.89	0.63	0.79	0.82	0.86	0.88	0.87	0.86	0.84
光电技术	0.11	0.14	0.20	0.13	0.11	0.11	0.08	0.06	0.12	0.08	0.09
信息通信技术	0.20	0.14	0.10	0.10	0.09	0.08	0.09	0.09	0.08	0.06	0.06
电子技术	0.65	0.53	0.64	0.71	0.56	0.53	0.47	0.49	0.60	0.81	0.87
柔性制成品	0.35	0.49	0.35	0.62	0.54	0.54	0.68	0.74	0.45	0.53	0.60
高新材料技术	0.82	0.70	0.65	0.62	1.00	0.68	0.69	0.61	0.87	0.90	0.84
航空航天技术	0.06	0.10	0.16	0.07	0.08	0.09	0.14	0.14	0.16	0.18	0.15
武器技术	0.99	0.89	0.91	0.03	0.02	0.03	0.03	0.02	0.01	0.02	0.01
核技术	0.15	0.14	0.22	0.26	0.50	0.25	0.16	0.06	0.05	0.40	0.88

资料来源：U. S. Census Bureau，http：//www. census. gov/foreign - trade/statistics/product/atp/。

表 4 - 15　G - L 指数判定标准

G - L 指数	[0, 0.25)	[0.25, 0.5)	[0.5, 0.75)	[0.75, 1)
产业内贸易水平	低	较低	较高	高

资料来源：笔者根据杜莉（2006）等相关资料进行整理得到。

　　图 4 - 1 主要反映中美高技术整体贸易的 G - L 指数演变趋势。从其趋势分析，其主要呈现逐年下降的态势，而具有临界意义的变化主要出现在 2003 年，从这一年开始，G - L 指数减少到 0.5 以下，说明中美高技术整体贸易从这一年开始从产业内贸易模式转化为低水平的产业内贸易或产业间贸易（评估结果见表 4 - 15）。2011 年这一数值减少到最低的 0.27，也就是说中美高技术贸易并不像传统国际贸易理论预测的那样，正在经历产业结构升级，从产业间贸易向产业内贸易演变，而是反向变化，中美两国高技术产业间的差距在逐步拉大，而非随着高技术贸易扩大而逐渐缩小。

　　具体到每一类高技术的中美贸易模式，我们可以从表 4 - 14 中的中美 10 类高技术商品的 G - L 指数演变看到其存在显著不同。对这种差异我们可以通过对该表的纵向和横向比较来分析。第一，从纵向的各类高技术对比分析，其产业贸易模式明显不同，但每年的各类高技术贸易模式基本趋同。具体以 2012 年的各类高技术产业贸易模式为例，按照表 4 - 15 的 G - L 指数分类标准，以 G - L 指数大于或小于 0.5 为标准，中美两国的生命科学技术、柔性制成品、电子技术、高新材料技术以及核技术贸易的 G - L 指数均大于 0.5，因而其属于较高水平的产业内贸易，说明中美两国产业发展水平相近；而中美生物技术、光电技术、信息通信技术、航空航天技术、武器技术贸易则因为 G - L 指数小于 0.5，属于较低层次的产业内贸易，甚至是接近完全的产业间贸易，这类差异显示中美两国在不同高技术产业上的技术差异程度并不类似，各类高技术的贸易类型存在本质差异。第二，从横向的不同年份的同类高技术贸易的 G - L 指数演变的对比看，各类高技术在不同年份的产业贸易模式并不是一成不变的，其变化趋势存在差异。按照 2012 年的中美 10 类高技术贸易表现，可以从两方面分析其贸易模式演变差异。首先，在主要表现为高水平产业内贸易模式的高技术贸易上，其演变存在明显差异。2002 ~ 2012 年中美生命科学技术、电子技术、高新材料技术表现为明显的产业内贸易模式，尤其是中美生命科学技术的 G-L 指数值一直表现十分突出，年指数值基本维持在 0.8 以上，而中美高新材料技术 G-L 指数值也相对较高，最高的时候曾经达到 1；中美柔性制成品和核技术贸易则并非一开始就表现为高水平的产业内贸易，其最初都是表现为较低水平的产业内贸易或产业间贸易，只是在 2005 年（核技术为 2006 年）和 2012 年 G-L 值超过 0.5，其才转化为高水平产业内贸易，但这种产业内贸易模式相对前述三种高技术的产业内贸易水平并不稳定，随时可能重新变为产业间贸易。其次，在主要表现为产业间贸易的五类高技术中，其年度贸易模式的变化也存在一定差异。在表现为主要贸易逆差的高技术中，中美信息通信技术和光电技术贸易的G-L值一直较小，说明其产业内贸易水平偏低，接近于产业间贸易，同时在最主要的美国对中国顺差类高技术——航空航天技术贸易上，其 G-L 值也相对偏小，年均值基本在 0.5 以下，因此它也主要表现为产业间贸易。与之不同的是，中美生物技术和武器技术贸易从一开始表现为高水平的产业内贸易，只是分别从 2011 年和 2005 年，其G-L值才分别下降至 0.5 以下，中美生物技术和武器技术贸易的表现也存在一定差异，前者的 G-L 值降低幅度并不明显，使其贸易模式仍维持在较低水平的产业内贸易上；而后者的降低幅度十分明显，从 2004 年接近 1 的 G-L 值突然减少至接近 0，说明其贸易模式有明显外来力量使其发生逆转，产生明显变化。

（2）从动态的视角评估中美 10 类高技术产业贸易模式。

①利用 Brüelhart 指数评估中美 10 类高技术产业贸易模式。

从书文的文献综述可以看到，利用 G-L 指数评估中美高技术贸易模式，是以两国进出口贸易年绝对数额为基础进行的静态评估，只能测度具体时间点上的国家间贸易模式，而不能评估两国之间贸易的增量来源及其类型。因此，从这一角度分析，需要以贸易增量为基础的测度指数，对中美整体高技术贸易增量和 10 类高技术的贸易增量来源进行系统评估。首先，本书将采用 Brüelhart 指数，结合中美高技术贸易统计数据进行测度，最终评估结果如图 4-2 和表 4-16 所示。

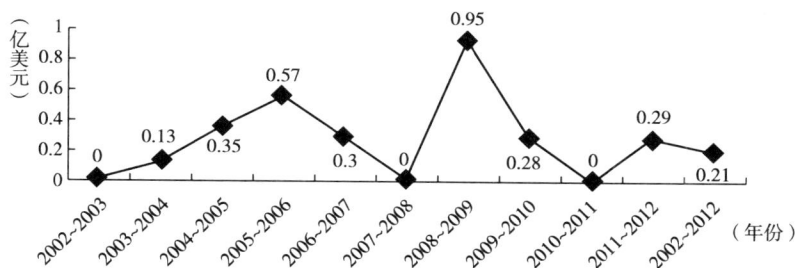

图 4 − 2 2003 ~ 2012 年中美高技术总体 Brüelhart 指数

资料来源：U. S. Census Bureau，http：//www. census. gov/foreign − trade/statistics/product/atp/。

表 4 − 16 2003 ~ 2012 年中美 10 类高技术的 Brüelhart 指数

高技术商品组	2002 ~ 2003 年	2003 ~ 2004 年	2004 ~ 2005 年	2005 ~ 2006 年	2006 ~ 2007 年	2007 ~ 2008 年	2008 ~ 2009 年	2009 ~ 2010 年	2010 ~ 2011 年	2011 ~ 2012 年	2002 ~ 2012 年
生物技术	0.98	0.49	0.87	0.73	0.05	0.44	0.00	0.46	0.00	0.38	0.33
生命科学技术	0.40	0.85	0.00	0.50	0.94	0.99	1.00	0.79	0.86	0.74	0.82
光电技术	0.03	0.34	0.03	0.08	0.08	0.00	0.75	0.40	0.00	0.00	0.08
信息通信技术	0.01	0.03	0.08	0.08	0.03	0.22	0.13	0.04	0.00	0.02	0.04
电子技术	0.22	0.99	0.92	0.29	0.18	0.00	0.41	0.94	0.00	0.32	0.99
柔性制成品	0.00	0.21	0.00	0.39	0.56	0.00	0.50	0.24	0.00	0.00	0.69
高新材料技术	0.52	0.50	0.83	0.62	0.08	0.72	0.89	0.00	0.57	0.60	0.78
航空航天技术	0.00	0.00	0.00	0.10	0.15	0.00	0.27	0.35	0.32	0.07	0.22
武器技术	0.61	0.80	0.00	0.01	0.00	0.00	0.00	0.00	0.43	0.00	0.00
核技术	0.00	0.00	0.00	0.00	0.00	0.05	0.00	0.00	0.23	0.00	0.00

资料来源：U. S. Census Bureau，http：//www. census. gov/foreign − trade/statistics/product/atp/。

首先，利用 Brüelhart 指数对中美高技术整体贸易的模式进行系统测度。由图 4 − 2 所示，2002 ~ 2012 年，中美高技术贸易的 Brüelhart 指数整体变动趋势较为平稳，基本维持在 0.5 水平之下，除了 2005 ~ 2006 年和 2008 ~ 2009 年之外，其他年份的 Brüelhart 指数均显示其年度贸易增量主要来自两国间的产业间贸易增加，而在这两个时间段中，最为突出的变化发生在 2008 ~ 2009 年，Brüelhart 指数增加到 0.95，这可能是由于美国次贷危机和国际金融危机等偶然性因素对美国自华进出口贸易增量产生的不利影响导致的，但这并不影响美中整体高技术贸易增量来自产业间贸易的主要结论。

其次，利用 Brüelhart 指数对中美 10 类高技术贸易模式进行测度，从表 4-16 中我们可以对 10 类高技术贸易进行纵向和横向比较。第一，从横向对比分析，2002~2012 年，各年的 10 类高技术的 Brüelhart 指数显示，中美生物技术、光电技术、信息通信技术、航空航天技术、柔性制成品、武器技术和核技术贸易的 Brüelhart 指数全部或主要年份都小于 0.5，表明其贸易增量主要来自产业间贸易增加；相比而言，中美生命科学技术、高新材料技术和电子技术贸易的 Brüelhart 指数则全部或主要年份大于 0.5，表明其贸易增量主要来自产业内贸易增加。然而从中美高技术贸易增量的绝对数额分析，其主要来自信息通信技术和光电技术增加，这也导致中美高技术贸易整体增量表现为产业间贸易增加。第二，从表 4-16 的纵向分析，对比 10 类高技术的 Brüelhart 指数，可以发现，在 2002~2012 年这一时间跨度内，各类高技术的整体贸易增量和其年度贸易增量的来源还是有所差异的，主要表现在中美柔性制成品贸易的 Brüelhart 指数达到 0.69，表现为较强的产业内贸易增量；与横向对比分析的结果类似，中美生命科学技术、高新材料技术和电子技术贸易的 Brüelhart 指数基本上均大于 0.5，表明其贸易增量主要来自产业内贸易增加；而中美生物技术、光电技术、信息通信技术、航空航天技术、武器技术和核技术贸易的 Brüelhart 指数则基本上均小于 0.5，中美武器技术和核技术贸易的 Brüelhart 指数甚至为 0，表现为纯粹的产业间贸易增量引致其贸易量增加。

②利用 Thom & McDowell 指数评估中美高技术贸易模式。

随着国际贸易理论对产业内贸易研究的日益深入，学术界又将产业内贸易模式细分为垂直型产业内贸易和水平型产业内贸易，相比而言，后者反映的贸易双方的产业发展水平差距要小于前者反映的差距。但 Brüelhart 指数显然无法充分反映这种差异，也无法反映贸易增量的特征，为了进一步细致地分析中美高技术贸易模式的演变，我们将运用 Thom & McDowell (1999) 提出的垂直型和水平型边际产业内贸易指数进行统计评估。经过统计分析，具体的边际产业贸易指数结果如表 4-17 所示。

表 4 - 17   2002～2012 年中美高技术商品边际产业内贸易指数

年　份	边际总产业内贸易 指数（MIIT）	边际水平型产业内 贸易指数（HIIT）	边际垂直型产业内 贸易指数（VIIT）
2002～2003	0.28	0.04	0.24
2003～2004	0.17	0.11	0.07
2004～2005	0.41	0.11	0.30
2005～2006	0.57	0.13	0.43
2006～2007	0.31	0.08	0.22
2007～2008	0.30	0.17	0.13
2008～2009	0.98	0.50	0.48
2009～2010	0.28	0.16	0.13
2010～2011	0.12	0.05	0.07
2011～2012	0.45	0.07	0.38
2002～2012	0.21	0.11	0.09

资料来源：U. S. Census Bureau, http：//www. census. gov/foreign - trade/statistics/product/atp/。

　　第一，从表 4 - 17 分析，2002～2012 年，中美高技术贸易的整体边际总产业内贸易指数仅为 0.21。这充分说明：从整体情况看，其贸易增长主要来源于较低水平的产业内贸易或产业间贸易，但是由于边际水平型产业内贸易指数略大于边际垂直型产业内贸易指数，说明中美高技术贸易层次有改进和结构升级的趋势，但还未发生根本性调整，产业贸易模式层次依然相对偏低。

　　第二，从表 4 - 17 中各年度高技术产业贸易的边际总产业贸易指数分析，在大多数年份，其值均小于 0.5。但在 2005～2006 年和 2008～2009 年，其值高于 0.5，尤其是 2008～2009 年，其值接近 1，与前述的 G - L 指数分析趋势有相似之处，说明其贸易增量主要来自产业内贸易。但这两个年度的边际水平型产业内贸易指数和边际垂直型产业内贸易指数的大小却存在差异，2005～2006 年 HIIT 小于 VIIT，而 2008～2009 年 HIIT 大于 VI-IT。按照 Thom & McDowell（1999）的指数定义，这说明了两类趋势：其一是在 2002～2012 年，中美高技术贸易模式从产业间贸易向产业内贸易转变；其二是在 2005～2006 年和 2008～2009 年的两个年度区间，中美高技术贸易模式从垂直型产业内贸易向水平型产业内贸易升级，这也从侧面说明中美高技术贸易模式在试图进行调整升级，但却还没实现质变，产业贸易模式仍以较低水平的产业内贸易或产业间贸易为主，中美两国之间在高技术产业发展水平上的结构差异仍然存在。

3. 主要评估结论及对其的解析

（1）中美高技术贸易层次整体较低，产业间贸易和垂直型分工依旧是其主要特征。

无论是从本节的静态测度结果，还是从动态统计分析看，都可以发现：虽然近年来中美高技术贸易总体规模不断扩大，中国对美贸易顺差增长迅速，但是中美高技术贸易整体仍主要表现为低水平的产业内贸易或产业间贸易模式，产业结构的升级效应并未真正显现。虽然从具体高技术的产业贸易模式的演变分析，中美两国在生命科学技术、高新材料技术和电子技术等高技术产业上，贸易模式出现调整升级，差距日益缩小，但在占高技术贸易主体的信息通信技术、航空航天技术和光电技术等高技术上的产业发展差距并未真正缩小，其产业内贸易水平依旧较低，导致中美高技术贸易整体呈现低层次的产业内贸易或产业间贸易，对这一问题的解释可以参考徐世勋等（1992）、杜莉（2006）等对中美高技术贸易模式的理论研究，① 即现有的中美高技术贸易模式仍是建立在美国、东亚其他经济体和中国之间的三元贸易基础之上的。美国和东亚其他经济体通过跨国产业转移，将高技术加工装配产业外移到中国，使中国、东亚其他经济体和美国之间形成了一类垂直型的国际分工，这种国际分工模式，使中国的高技术产业，尤其是信息通信技术、光电技术等产业的发展水平和研发能力并未得到本质提高，从而使中美两国的高技术产业发展差异依然存在。这也使得中美两国核心的逆差类高技术贸易模式显现出明显的垂直型和产业间分工特征。

（2）美国对中国的高技术出口管制依然深刻影响着中美两国部分高技术产业的调整。

除了信息通信技术和光电技术之外，在一些关键的核心高技术上，中美贸易模式出现了明显的层次下降态势，主要有四种高技术：生物技术、

---

① 在产业内贸易中，如果 G－L 指数低于 0.25，它通常伴随着产业间高度垂直型国际分工；0.25～0.5 代表产业间有垂直分工；0.5～0.75 代表产业间有水平分工，0.75～1 代表产业间有高度水平分工。

航空航天技术、武器技术和核技术。但这四类对美中两国政府和国家安全利益影响较大的技术的贸易模式演变却有一定不同。第一类，生物技术和武器技术。这两类高技术的贸易模式都在层次下降或恶化，G - L 指数分析结果显示，前者正从高水平的产业内贸易模式下调为低水平的产业内贸易，而 Brüelhart 指数显示其贸易增量的类型也从最初的产业内贸易增加变为产业间贸易增加，这说明中美两国在这类高技术上的技术差异正逐步扩大；而 G - L 指数的测度结果显示，后者正从产业内贸易调整为产业间贸易，指数值还在持续降低，说明中美两国间的技术差距仍在扩大。第二类，航空航天技术。中美两国在该类高技术贸易上一直表现为较低层次的产业内贸易或产业间贸易，并且一直没有出现根本性改变。第三类，核技术。从中美核技术贸易的 G - L 指数结果分析，其数值在 2012 年提高到 0.5 以上，说明其贸易模式从产业间贸易升级至较高水平的产业内贸易，然而 Brüelhart 指数结果却显示，其贸易增量的来源仍主要表现为产业间贸易，这说明虽然中美核技术贸易模式在逐步调整升级，但其年度贸易增量仍主要表现为低层次的产业内贸易或产业间贸易，说明其结构差异并未根本缩小。而上述四类敏感高技术的贸易模式有下调趋势，与美国对中国实施的高技术出口管制有一定关联：在生物技术领域，美国一直将生物技术视为继信息通信技术和网络科学技术之后，未来最为前沿的新兴高技术，认为其将引导世界高技术发展潮流，因而其一直致力于对核心生物技术的控制，限制包括中国在内的其他国家提升该领域的技术创新水平；在航空航天技术领域，中美两国都是当前国际航空领域的航天技术大国，但双方的航空航天技术贸易额却完全不符合二者在这一领域的地位，为了争夺未来的太空主导权和丰富的外太空资源，保持其在航空航天技术上的优势地位，美国一直控制对包括中国在内的国家实施航空航天技术出口，这使得虽然其对中国是贸易顺差，但其绝对值相比美中信息通信技术贸易逆差绝对值却小得多；在武器技术领域，由于意识形态和社会制度的差异，美国一直以"冷战"思维对待中国，同时，其以维护国家安全利益为借口，一直对中国的武器等军工技术出口进行限制，2007 年美国还专门针对《出口管理条例》中的对华高技术出口管制进行更全面的修改；在核技术领域，美国也一直对中国进行出口限制，虽然在国际金融危机爆发的背景下，为了缓解本国经济衰退，美国对中国的高技术出口审查制度开始逐步放松，调整向中国的民用性质的高技术企业发放进口许可执照，这种管制放松对中美核技术贸易也产生了影响——美国对中国的核技术贸易开始从产业间贸易向产业内贸易升级。由此可见，美国对中国的高技术出口管制对中美两国间敏感的高技术贸易有较为深刻的影响。

（3）中美两国部分高技术产业的贸易模式在升级，相互间的技术差距在逐步缩小。

虽然中美两国间的产业垂直型分工和对中国的高技术出口管制使中美两国高技术产业发展差距依然很大，但 G - L 指数和 Brüelhart 指数的测度结果表明，中美两国在生命科学技术、电子技术、高新材料技术、柔性制成品四类高技术产业上的差距在缩小，尤其是前三类产业贸易模式始终稳定为较高水平的产业内贸易，其年度贸易增量也主要来自水平型产业内贸易增加，而中美柔性制成品贸易也在 2005 年开始从以往的以产业间贸易为主升级为以产业内贸易为主，贸易增量也表现为以产业内贸易增加为主。同时 2008 ~ 2009 年的 Thom & McDowell 指数相比 2005 ~ 2006 年的值，也显示其边际产业内贸易增量从垂直型贸易增加向水平型贸易增加转变，说明中美高技术贸易增长方式整体确实在调整，而这与上述四类高技术产业的技术差距缩小的影响是分不开的。

（三）中美高技术贸易失衡中的各方利益分配格局分析

从中美高技术进出口贸易、贸易差额及产业贸易模式的测度结果分析，不同类型的高技术有不同的产业贸易模式，因此，其涉及的贸易利益分配格局也有差异。接下来，本书将把中美高技术贸易分为四类，分别研究其中的贸易利益分配格局。

1. 中美信息通信技术贸易失衡中的利益分配

从中美高技术贸易失衡的商品结构分析，其逆差最主要集中在信息通信技术上（其占中美高技术贸易逆差的比重接近 90%），而其也是导致美国认为贸易利益分配不均的主要商品来源。作为当前世界"知识经济"的起源地，美国的高技术研发一直走在世界前沿，而其最初的领先技术就是起源于20 世纪 90 年代初的信息通信技术，因此，美国被公认为是世界信息通信技术研发和创新能力最强的国家，直至今天，美国仍然保持着关键信息通信技术的知识产权的所有权和核心竞争力，从理论上讲，美国具有该类高技术的比较优势。然而美国对中国的信息通信技术贸易却出现逆差的反常现象，其原因也来自美国、中国和东亚其他经济体的三元贸易模式影响。由于信息通信技术是美国最早出现的一类高技术，从产品生命周期视角分析，其在美国已进入生命周期中的"成熟期"，甚至是"衰退期"，因此，美国将其信息通信技术制造与组装生产环节大量外包，形成了大规模的制造业对外产业转移，而与美国在信息通信技术领域有一定竞争的日本和韩国等，也将其信息通信技术加工组装产业外包，因而在信息通信技术领域，美国、中国和东亚其他经济体间形成了建立在跨国性产品内分工基础上的全球贸易格局：美国发展高端信息通信技术的技术研发生产工序，并专门从事最终的信息通信技术类商品的市场销售，日本、韩国与美国在高端信息通信技术创新上形成一定竞争，并生产和出口高附加值的关键零部件，而中国大陆、中国台湾以及东盟部分经济体的企业则从事一般零部件的生产和出口，最后这些中间零部件均会出口到中国大陆，由中国大陆的本地企业或台资在华生产企业进行加工组装，最终商品出口到外部经济体。从美、中、东亚其他经济体形成的垂直型产品内分工格局分析，其在各个环节上都有贸易利益产生，虽然各方所处的生产和利益的环节不同，但实际上都从这类"三元"贸易模式中获得了利益，形成了"互惠互利"的贸易利益分配格局。首先，美国对中国高技术商品加工组装生产工序或产业的持续转移，有利于美国将其资源集中在其他新兴高技术产业上，从而保持其在这些新兴高技术产业上的全球竞争优势，并获得在这些产业上的高附加值收益。从 2005~2012 年美国对中国在生命科学技术、航空航天技术和生物技术等新兴高技术上的贸易顺差，可以明显看出这一利益分配趋势。由于美国在这些新兴高技术产业上主要从事带有技术水平和资本投入要求高的技术创新及研发工序，而这些工序往往对企业的要求偏高，需要投入大量资本进行研发，需要充足的科技研发能力，技术被替代的可能性偏低，因而"其具有某种程度的垄断特性"[1]，而这种垄断产品特性，就使得美国及其所属企业

---

[1]　刘威：《论中美高技术产品贸易失衡之"谜"》，《现代经济探讨》2009 年第 4 期，第 35 页。

代表的高技术创新方，能够在跨国公司直接投资形成的全球生产及经营网络中，拥有实际的市场价格控制和制定权利，它们可以通过控制高技术产品价格的涨跌，保证自己获得较高商品附加值收益，并始终将创新技术作为自己的核心竞争力，参与全球竞争。其次，由于来自美国、日本、韩国的外商直接投资流入，中国实际也是从当前的全球信息通信技术贸易模式中获得了贸易收益，对本地信息通信技术产业的发展增益颇多，这种增益主要包括两方面。第一，从 20 世纪 70 年代末的改革开放初期，中国就开始实施"以技术换市场"的外资引入战略，在优惠的外资政策引导下，以美国摩托罗拉公司为代表的大量外资类信息通信技术企业最先开始向中国直接投资，而这种直接投资也给中国信息通信产业和相关配套产业，带来了巨大的技术提升和外溢效应：外资企业对中国的技术转移和技术溢出，使中国的内资企业获得了技术提升利益，但最初其主要是掌握最基本的高技术商品生产工序，通过进行高技术模仿和加工装配，发展高技术生产，在高技术仿造中的学习、转移和溢出效应，一定程度上也推动了中国信息通信及相关配套技术产业的加速发展和技术研发能力的提升。第二，FDI 的技术溢出效应也带动了中国其他行业的高技术研发能力和企业产品生产效率提升，对中国的经济增长、产业调整和扩大就业做出了相应的贡献[1]。最后，在中美高技术三元贸易模式中，不可或缺的中间贸易方——东亚其他新兴经济体，在中美信息通信贸易中也获得了核心零部件和关键技术的生产及贸易利益。在全球生产网络中，日本和韩国等的企业从事的生产工序垄断程度虽然不如美国，但它们也生产拥有关键技术的零部件，具有技术上的专有性，因而其仍然得到了制造类生产环节的高收益和关键技术创新的高附加价值。然而值得一提的是，在中美信息通信技术领域形成的三元贸易模式中，美国、中国及东亚其他经济体之间并没有形成一种"共赢"的贸易利益分配格局，贸易三方的实际利益获取不平衡现象依旧较为突出[2]。对中国而言，由于没有掌握核心信息通信技术的研发能力，中国在全球信息通信技术产业链中依然无法掌握价格和市场的主导权，美国和

---

① 关于 FDI 技术外溢效应对中国贸易利益的影响请参见下一节的理论分析。
② 刘威：《论中美高技术产品贸易失衡之"谜"》，《现代经济探讨》2009 年第 4 期，第 35 页。

东亚经济体的企业主导着信息通信技术全球价值链及其利益分配，而中国在从事实际收益偏低的加工组装生产工序的基础上，却背负了对美贸易顺差持续扩大、贸易收益过高的"罪名"。因此，中国在中美信息通信技术贸易中的实际获益要远低于美国及东亚经济体的获益，为了增加中国利益，需要改变当前的全球信息通信贸易模式。

2. 中美光电技术贸易失衡中的利益分配

在美国对中国出现贸易逆差的高技术中，光电技术是仅次于信息通信技术的第二大贸易逆差品。由于光电技术产品包括激光技术、光通信、光网络、集成光电子器件、图像显示等许多引领全球科技发展趋势的高新技术，可以被用于生产信息通信设备、网络高性能计算机、高技术武器装备等事关一国政治与军事安全的重要商品[①]，因而其发展具有十分重要的意义。虽然与信息通信技术一样，美国对中国的光电技术贸易存在逆差，但其仍具有自身的特别之处，其不同之处从失衡绝对数额上看，主要表现在中美光电技术贸易差额与中国光电技术整体贸易差额呈相反发展趋势。2005~2012年美国对中国光电技术贸易主要呈现逆差，然而这并没有导致中国光电技术对外贸易整体实现顺差。据《中国高技术统计年鉴2010》的统计，2009年中国光电技术对外贸易整体呈现逆差，达到176.11亿美元，与此同时，中国信息通信技术贸易则呈现整体顺差，高达2088.8亿美元，但同期中美信息通信技术贸易是相同的顺差趋势。与之对比，中美光电技术与中国光电技术贸易差额则呈相反态势，我们认为可从三方面解释这一差异。第一，中国至今在光电技术领域的自主创新能力依然较低，对东亚其他经济体的光电技术进口依赖程度偏高，这也导致其形成了美国、中国及东亚其他经济体间的三元光电技术贸易模式。目前光电技术已经成为仅次于信息通信技术的美国对中国的第二大贸易逆差高技术，近年来随着中国经济增长、人民物质文化生活水平的提升和光电技术产业的发展，国内对以光纤通信、LED/LCD为代表的光电技术产业的发展需求在扩大。但从光电技术研发能力和创新水平分析，中国仍居于相对落后地位，世界光电产业发展的核心仍集中在美国、欧洲和以

---

① 刘卫，井文才：《各国重视光电技术研究》，《国际学术动态》2010年第3期，第26页。

日本为代表的东亚经济体。由于地域偏近等原因，日本光电产业对中国的影响相对较高，而中国由于自身创新环境和能力所限，内资企业仍主要从事劳动密集型生产工序，相关核心技术主要通过外商在华投资企业的内部贸易获得，因此，在光电技术产业也存在一定程度的三元贸易模式。与信息通信技术产业不同，以日本为核心的东亚经济体的光电技术产业发展水平高，其在光电技术的研发、制造和创新上，与美国、欧洲等发达国家光电产业虽形成了激烈竞争，但在中国市场上已占据了一定的优势地位。例如，在全球液晶显示板市场上，韩国和中国台湾地区占据了近75%的市场份额，而在中国大陆液晶显示板市场上，韩国、中国台湾地区和日本是中国大陆最重要的三大进口方，同时为了控制光电技术不外溢，外资在华直接投资企业成为液晶显示板的最主要进口方，占中国大陆该类商品进口的74%①。在外资企业控制技术外溢和中国对光电技术研发创新能力弱的双重影响下，中国目前对东亚经济体的光电技术进口依赖程度高，导致中国光电技术进口整体呈现贸易逆差；同时由于中国自身只从事加工装配生产工序，并将最终光电技术产品销往美、欧或东亚其他经济体，因而在获得低附加利益的基础上，中国对美国光电技术贸易顺差持续扩大。第二，持续对中国的高技术出口限制，也在一定程度上影响了中美光电技术贸易顺差的形成。从目前中美光电技术贸易顺差的绝对数额演变态势和信息通信技术贸易顺差变化的对比看，2005～2009年中美光电技术贸易顺差增长率异常快于信息通信技术增速（见表4-18），对于同样存在垂直型分工和三元贸易模式的两大高技术产业而言，显然从外商直接投资带来的国际分工导致中美贸易顺差扩大视角难以解释。因此，这种增速差异一定程度上还可以归因于美国对中国在光电技术领域的出口管制程度相对更加严格。具体而言，近年来随着光电技术应用的日益深入和扩展，其对世界各主要经济体的军事、政治和经济发展的重要性正日益提升，以美国为代表的发达经济体日益重视本地光电技术产业的发展，更为注意保护光电技术的研发和创新，从国家战略的高度发展本地光电技术产

---

① 《今年前8个月我国液晶显示板进口降幅逐步趋缓 日韩高世代生产线加紧抢占国内市场不容忽视》，http://wenku.baidu.com/view/344ac03331126edb6f1a1046.html。

业，尤其是对与其意识形态和社会制度有差异的中国等国家，更为注意采取光电技术的出口管制，如 2007 年 6 月美国商务部在其正式提出的对中国高技术出口管制的新规定中①，对激光器、光学纤维等技术要求实施更为严格的出口管制。而日益严格的出口管制，在美国的强权政治影响下，会被一定程度扩散至欧盟、日本等其传统盟友的对华贸易政策中，这也导致更大规模地限制中国企业对美国等发达经济体的光电技术进口，使得对美光电技术进出口增速出现差异，最终使其贸易顺差增速一度远超中美信息通信贸易顺差增速。第三，中国光电技术受到墨西哥等发展中国家的国际市场竞争，直接影响了中国对美和对外光电技术出口，使其明显小于对外信息通信技术出口。与中国信息通信技术加工产业在全球市场一枝独秀不同，中国光电技术加工产业在世界市场和美国市场上，都面临着光电技术加工产业中具备同样竞争力的墨西哥等发展中国家的激烈竞争。据美国商务部普查局对 2010 年美国光电技术进口方的统计，墨西哥是美国最大的光电技术进口来源方，其对美国的光电技术出口高达 134.248 亿美元，比同期中国对美国光电技术出口额多出 63.363 亿美元②，此后虽然美国对二者的进口差异开始缩小，但到了 2012 年，美国自墨西哥进口总额仍然高达 120.43 亿美元，比自中国的进口额仍多了 50.17 亿美元③。与之相比，2012 年美国自中国的信息通信技术进口总额占美国信息通信技术进口总额的比重高达 49.88%，远超美国自墨西哥的进口额比重。因此，在中美光电技术贸易顺差中，除了存在类似中美信息通信贸易中的三元利益分配格局外，还存在大量的同类型国家加工装配产业的国际竞争，这一定程度上影响了中国从光电技术出口中的实际获益，而墨西哥等国的影响也已经从美国扩大到世界市场上的其他经济体，导致中国对外光电技术贸易整体呈现逆差。因此，相比中国从全球（包括对美国）信息通信技术贸易中劳动密集型加工环节的实际获益，中国从光电技术加工环节中的实际获益更

---

① 陈建新：《中美贸易失衡成因及对策探究——基于产业层面的分析》，苏州大学博士学位论文，2007，第 42 页。

② U. S. Census of Bureau, http: //www.census.gov/foreign - trade/statistics/product/atp/2010/12/atpctry/atpg03.htm.

③ U. S. Census of Bureau, http: //www.census.gov/foreign - trade/statistics/product/atp/2012/12/atpctry/atpg03.html.

少。而美国则通过提出始终保持光电技术产业的全球领先地位等国家产业战略，并于 1998 年在其亚利桑那州建立光电产业聚集区——"光谷"，始终重视精密电子零件、定位系统、激光、大型光学镜片及零件等光电技术的自主研发、市场营销和服务等环节的发展，从而充分掌握光电技术领域的创新技术等核心竞争力，最终依旧获得了全球光电技术价值链中的核心利益和高附加利润。

表 4-18　2005~2012 年中美光电技术贸易顺差与信息通信技术贸易顺差对比

单位：亿美元,%

商品	2005	2006	2007	2008	2009	2010	2011	2012
光电技术	-25.47	-41.3	-54.81	-63.63	-63.26	-70.87	-75.91	-66.98
增速	72.84	62.14	32.71	16.08	0.6	12.05	7.11	-11.76
信息通信技术	-507.95	-612.62	-745.07	-767.11	-754.70	-982.17	1107.22	1230.44
增速	29.53	20.55	21.66	2.96	-1.6	30.19	12.7	11.13

注："-"表示美国对中国贸易逆差。

资料来源：U. S. Census Bureau, http://www.census.gov/foreign-trade/statistics/product。

3. 中美敏感高技术贸易中的利益分配

在美国商务部界定的 10 类高技术中，航空航天技术、武器技术与核技术是属于中美两国政府均较为敏感的高技术，尤其是后两者，涉及国家安全和政治利益，而其贸易差额演变和涉及的利益分配也因此较一般高技术更为复杂，具体可以从下述几方面分析。首先，中美航空航天技术贸易涉及的利益分配。从中美航空航天技术贸易差额演变分析，在中美制成品贸易中，与其有关的飞机等航天设备是美国对中国最大的贸易顺差商品，但从中美高技术产业贸易模式的测度结果分析，中美航空航天技术贸易属于低层次的产业内贸易或产业间贸易，其进出口贸易量与中美双方在航空航天技术领域的地位严重不符。例如，2012 年美国对中国航空航天技术出口贸易额仅为 84.4 亿美元，同期，其对欧盟的航空航天技术出口总额则高达 351.96 亿美元，对欧盟贸易顺差总额达到 140.32 亿美元，远远超过其对中国的贸易顺差。

因此，美国在从对中国出口航空航天技术中获益的同时，更多的是考虑自身的政治和安全利益，通过贸易限制，减慢中国航空航天技术的发展速度，维持其在全球航空航天技术领域的领先地位。其次，中美武器技术和核技术贸易利益分配。美国政府通过限制出口实现其减慢中国相关技术发展的政治利益，更加突出地表现在美中武器技术与核技术出口和贸易差额的演变上。自 2002 年美国开始统计中美高技术贸易差额，美国在 90% 以上的年份都是对中国出现武器技术贸易逆差，2012 年为 1.64 亿美元，这和美国的世界第一军事强国和最大的武器生产国地位完全不匹配，对中国的武器技术贸易限制非常明显。同时，在中美核技术双边贸易上，虽然在部分年份美国对中国是贸易顺差，但其绝对规模非常小，最多的时候不超过 0.4 亿美元，2012 年仅为 0.24 亿美元贸易顺差，而这也与美国强大的核技术研发实力和庞大的核技术产业严重不符。因此，美国在这些敏感技术上的对中国贸易的差额，明显反映了其政治和安全利益需求，但在实现其政治和安全利益的同时，其国内的武器技术和核技术的生产与研发企业的经济利益明显受损。同时对中国而言，其在长期被限制的情况下，必须投入大量国内资本，进行相关技术的自主研发或者付出更大的代价向美国的贸易替代方进口，这无形中也影响了中国相关技术水平的提升速度，增大了中国获取相关技术的成本，从而遭受利益损失。

4. 中美其他高技术贸易差额中的利益分配

除上述 5 类高技术外，在另外 5 类高技术上，美国对中国实现贸易顺差，而这些高技术专有性强、附加值高，因此，美国在这些高技术上获得了净贸易收益。然而由于各类高技术的产业贸易模式随着时间的推移出现不同趋势，其涉及的利益分配存在一定差异。首先，从 G-L 指数测度分析，中美电子技术、高新材料技术、生命科学技术三类高技术的产业内贸易水平一直较高，说明美国对中国上述高技术的双边贸易结构和层次较高，中国也能从中获得多的贸易利益和实际技术附加值，并可以真实提升自身的技术研发能力和创新水平；中美柔性制成品贸易则是从较低水平的产业内贸易向较高水平的产业内贸易转化，说明美国对中国出口的该类技术层次在提升，中国从美国实际获得的贸易利益在增加；中美生物技术贸易的产业内贸易水平则在不断降低，说明其贸易模式开始向产业间贸易方向或以垂直型分工为基础的低层次产业内贸易方向发展，这可能是因为国内生物技术加工产业的发展，导致中国和美国间出现了类似制成品加工贸易的贸易模式，这种贸易模式意味着中国从生物技术贸易中的实际获益在减少。其次，从 2002～2012 年 Brüelhart 指数动态测度结果分析，中美高新材料技术贸易的 Brüelhart 指数始终处于较高水平，说明其每年的贸易增量都来自高水平产业内贸易，中国实际获益较高；中美生物技术和电子技术贸易的 Brüelhart 指数则呈现由高到低的变化趋势，说明其贸易增量正逐步从高水平产业内贸易向低层次产业内贸易转变，即从水平型产业内贸易向垂直型产业内贸易发展，中国的实际贸易利益在减少；中美柔性制成品贸易的 Brüelhart 指数始终处于较低水平，说明其贸易增量来自低层次的产业内贸易，中国获得的实际贸易利益偏低；中美生命科学技术贸易的 Brüelhart 指数从低到高，说明其贸易增量从低层次的垂直型产业内贸易正逐步向高层次的水平型产业内贸易转变，中国从双边高技术贸易中的实际利益在扩大。对比上述两类利益分析结果可知，除了柔性制成品外，中美生命科学技术、生物技术、电子技术和高新材料技术贸易模式和利益分配结果基本相似，说明美国在中美这 5 类高技术贸易中是净获利的。但是在不同高技术双边贸易中，由于产业贸易模式的差异，中国的实际获益情况不同，为了增加中国在高技术贸易中的实际获益，需要中国及时调整高技术贸易结构，重点支持获益偏少的产业进行自主研发和产业升级，缩小与美国的技术差距，扩大与其的高层次产业内贸易，实现双边产业贸易模式的调整与升级。

三 基于金融发展差异的中美经济利益分配

随着对中美贸易逆差和利益分配研究的深入，学术界也开始关注贸易失衡带来的间接利益分配，即参考传统的国际收支平衡表，考虑在贸易收支或经常项目失衡的基础上，一国在金融领域，尤其是各主要经济体间资本流动失衡带来的金融利益分配。由于中美两国在金融发展程度上具有明显差异，Willen（2004）、Chin 等（2005）、Mendoza

等（2007）很早就研究了一国金融市场（包括信贷市场和股票市场）与其经常项目逆差间的关系，结果显示金融发展水平高的国家更容易出现经常项目逆差。随着 2006 年 Caballero 等（2006）将美国、有良好金融工具但发展水平低的经济体（日本和欧元区经济体）和新兴发展中经济体以金融发展差异为基础形成的金融失衡，纳入失衡研究范畴，国内外学者开始研究基于金融发展差异的全球贸易失衡（雷达、赵勇，2009；徐建炜、姚洋，2010；祝丹涛，2008）。目前从银行市场、信贷市场和股票市场等多个领域，国内外学者讨论了全球经济失衡中的利益分配，而从本质视角讲，在中美两国出现贸易失衡的同时，跨国资本流动带来的利益分配也是影响各国实际经济获益的最直接因素，美国的资本项目净流入和对海外资产的持有也能够有效弥补其贸易利益损失，使贸易各方在中美贸易失衡中的实际利益分配内容发生一定改变。

首先，从美国资本项目分析，2005～2012 年其资本项目净交易余额与经常项目余额相比很小，2012 年仅为 64.36 亿美元（见表 4-19），这导致美国的整体国际收支呈现逆差态势。从其绝对数额看，美国确实存在国内资本因巨额贸易逆差外流的问题，资本项目收益一定程度上似乎难以弥补其经常项目损失，因此，需要对当前的美国对外贸易逆差进行适当调整。

然而，如果从具体的资本项目组成部分分析，应对其资本项目数字带来的收益变化进行重新解释。从美国拥有的海外资产和外国拥有的美国资产对比分析，前者远小于后者，2012 年其差额是 3669.84 亿美元，说明海外各经济体对美国的资产购买需求非常大，这与其国内发达的金融市场和安全的金融环境密切相关。虽然 2008 年美国金融危机使流入美国的资本减少，但金融危机之后，流入美国的资本立刻回升，可见其金融市场的吸引力和优势。而在这种资产相互持有中，外国对美官方资产的持有额远超过美国对外国官方资产持有额，2005～2012 年，外国对美官方资产持有额从 2592.68 亿美元增加到 3736.42 亿美元，上涨了 1143.74 亿美元，同期美国拥有海外官方资产仅从 196.35 亿美元增加到 806.5 亿美元，而在外国对美持有的官方资产中，以美国政府国债为主，2012 年高达 3547.81 亿美元，占外国对美官方资产拥有额的比重高达95%，远超过其他类型的外国对美持有的官方资产，说明海外资本对美国官方资产的信任度十分高。虽然美国的资本净流入额并不大，部分年份甚至是资本净流出，但是外国对美国官方资产的持有，为美国政府合理调节贸易逆差提供了足够资本，同时在其实施赤字财政政策，加快美国经济增长时，有效弥补了政府财政赤字带来的美国国内资本不足，为缓解美国"双赤字"做出了巨大贡献，使其获益巨大。

此外，由于美国完善的金融市场和效率，其对外吸引力也相对更大，能够调动的金融资源超过世界的一半以上（祝丹涛，2008），而大量外来资本的引入对降低其国内利率水平、扩大投资、增加信贷消费等，都起到了积极影响；同时美国作为其内外资本的中介，通过政府国债引入低利资本，再对外投资获得高利收益，不仅使其获得巨额利息差财富，而且使其成为世界上最大的风险资本来源地，获得风险投资带来的高利息收益。但也应看到，如果仅从国际收支平衡的角度分析，其资本净流入增加速度远落后于经常项目逆差增长，长期下来，其将难以支持对外进口的持续扩大。因此，美国需要适时调整对外贸易逆差。

同时，从中国资本和金融账户的差额看，其在金融资本项目流出入中的获益有限。2011年中国资本和金融账户呈顺差2654亿美元，其中资本账户顺差54亿美元，金融账户顺差2600亿美元。然而进一步分析，可以发现其金融账户顺差主要集中在直接投资的顺差上，2011年中国吸引外商直接投资2801亿美元，对外直接投资484亿美元，直接投资顺差高达2317美元，占到金融账户顺差总额的89%，而真正购买中国政府债券的资本额则相当少，以证券投资为特征的金融账户顺差仅为196亿美元[1]。这种资本流出入现状说明中国从吸引外商直接投资中获得了巨大利益，但从金融市场和政府债务上得到的外部利益相对偏少，这与中国持续实施的资本项目管制有联系，也说明中国的银行信贷和各类证券市场对外部资本的吸引力有限，不利于中国利用外部资本实施调整财政赤字和促进国内经济发展等政策。此外，祝丹涛（2008）等还发现长期的国有银行垄断金融体系，使中国金融体系发展相对落后，国内庞大规

---

① 中国国家外汇管理局网站统计数据，http://www.safe.gov.cn/。

表 4 - 19 2005～2010 年美国部分资本项目演变情况

单位：亿美元

资本项目类型	2005 年	2006 年	2007 年	2008 年	2009 年	2010 年	2011 年	2012 年
净资本项目交易	131.16	-17.88	3.84	60.1	-1.4	-1.52	-12.12	64.36
美国拥有的海外资产（去除金融衍生交易）	-5466.31	-12857.29	-14536.04	3321.09	-1393.3	-10051.82	-4836.53	179.18
美国在海外的官方储备资产	140.96	23.74	-1.22	-48.48	-522.56	-18.34	-158.77	-44.60
在海外的美国政府资产（除官方储备资产外）	55.39	53.46	-222.73	-5296.15	5413.42	75.4	-1036.66	851.1
外国在美资产（除金融衍生交易外）	12473.47	20651.69	20646.42	4314.06	3143.90	13082.79	10009.90	3849.02
外国在美官方资产	2592.68	4879.39	4810.43	5546.34	4802.86	3981.88	2118.26	3736.42
外国持有的美国国债	1128.41	2085.64	984.32	5486.53	5698.93	4420.12	1711.79	3547.81
外国持有的其他美国政府债务	-4.21	28.16	54.36	90.29	582.06	123.21	90.63	78.87
证券经纪和美国银行行报道的美国债务	262.60	223.65	1090.19	-1496.76	-688.48	-79.67	300.1	17.14

注："-"表示资本流出。

资料来源：U. S. Bureau of Economic Analysis, Table 1: U. S. International Transactions Accounts Data, Table Creation Date: March 13, 2013 Release Date: March 14, 2013。http://www.bea.gov/scb/index.html。

模的储蓄向内外投资转化的效率和能力较差，从而造成储蓄长期"虚高"与国内投资和经常项目的"表面盈余"；同时由于国内储蓄无法有效转化为内外投资，中国需要大量利用外商直接投资，导致国内资本要素配置长期出现在国内储蓄过剩时仍需依赖外资的怪象。因此，中国和美国的利益来源是不同的，中国从金融市场上获得的利益十分有限，而引入投资的高利息输出和国内资本使用不充分，使中国的实际金融利息大量流失。中国的金融体系和市场需要调整，提升金融市场效率和市场竞争程度，使中国在贸易利益受损的同时，适当从资本市场和其他金融市场上获得利益补偿。

第四节　全球贸易失衡中的宏观利益分配研究

随着全球贸易失衡的扩大，各经济体利益受影响的范围已经逐步从贸易领域向其他领域拓展，利益分配的内容也不仅局限于传统的贸易利益，还包括经济增长、政治安全和社会稳定等各种利益，因此，需要从宏观领域对贸易失衡给各方利益带来的影响进行具体分析，以明晰各方的实际利益得失，进而确定当前全球贸易失衡的调整方向和具体策略。

一　全球贸易失衡与各方宏观经济利益得失

全球贸易失衡对参与方的利益影响并不仅局限在贸易领域，而是涉及各方的经济结构、环境保护、对外投资、消费者价格水平等各方利益。接下来我们将从四方面展开分析。

（一）在经济结构调整上的各方利益得失

当前的全球贸易失衡主要建立在国际垂直分工及其形成的全球生产链上，是发达国家将本身不具备比较优势的生产环节外包给其他经济体，最大程度发挥其成本比较优势，最大化自身利益的过程。因此，贸易各方在这种产业转移和工序外包过程中，都实现了自身贸易和经济结构调整：美国主要将技术研发和核心零部件的生产环节留在本国，而将一般零部件和加工装配生产环节外移，中国则承接一般零部件和加工装配生产环节的产业转移。此外，其他经济体也有不同分工：日本、韩国等主要发展核心零部件生产，中国台湾从事一般零部件生产，与中国大陆企业形成竞争。在这种分工体系下，各经济体的经济结构都出现集中和调整：美国通过将制造和加工装配生产工序转移到亚洲等经济体，不仅能充分利用其他经济体的比较优势来降低成本，而且能够利用其丰富的资本和技术，集中发展带有前沿性的高技术产业和先进制造业，从而始终保持与世界其他经济体的技术差异，维持其竞争优势。同时，美国还集中精力将其国内庞大的市场规模和进口需求，作为世界市场的主要营销方和购买方，因此，其经济结构以技术和服务为主，始终居于附加利益值最高的价值环节。这一点可从美国对外高技术贸易顺差和服务贸易顺差中看出：美国在将落后的信息通信技术和光电技术生产环节外移的情况下，始终坚持将生命科学、生物技术、电子技术和航空航天技术等新兴高技术居于产业发展的重心，相关产业结构升级始终走在世界前列，这使其获得的经济结构调整利益最大化；同时美国对中国及其他东亚经济体投资的扩大，带动了美国的跨国服务业的发展，如美国的商业银行业、证券服务业、物流服务业、跨国保险业、技术服务业和相关市场服务业，都在美国对外投资增加的情况下得到了发展，经营规模不断扩大，也因此使美国对其他经济体在金融、物流等服务业上具有比较优势。基于此，美国在全球贸易失衡中实际是放弃了落后制造业和高技术产业的利益，获得了具有潜力的关键高技术产业的高附加利益，也支持了其世界第一经济强国的地位，更使世界其他经济体对美国进口的贸易依存度持续上升，扩大了其经济影响力，维持了其在世界经济格局中的重要地位。

而日本、韩国、东盟及中国台湾等在此次全球贸易失衡中，经济结构调整明显落后于美国，但是韩国在贸易失衡中的实际利益在不断扩大，其通过将加工组装工序外移，不仅集中精力发展核心制造业，而且用其获得的高附加收益进行对外投资和并购。尤其是从20世纪90年代初，韩国就对美国硅谷的高技术研发产业进行投资和并购，如韩国三星集团很早就在信息通信领域对美国硅谷的高新研发产业进行投资。以韩国三星集团旗下的三星电子公司为例，其在1995年就收购了美国ASTresearch公司的大部分股份，并与摩托罗拉、NEC、苹果公司等建立了战略联盟，进行关键技术的共同研发；同时，三星电子从 1999 年就建立了三星风险投资公司，对美国硅谷及全世界的高技术企业进行投资，建立研发中心；2013 年其继续建立三星投资美国风险基金，在美增设了 2 个科技研发中心，扩建四栋研发大楼，在其研发投资的帮助下，三星公司生产的智能手机和笔记本电脑在 2013 年的全球市场中，其份额已赶超美国苹果公司。通过对核心技术的控制，韩国企业获得了高技术研发环节的核心收益，出口商品的购买力持续上升，超过同期的日本、中国台湾地区，因此其实际贸易利得增长明显。

与之相比，中国将自身的劳动力和资本要素集中在制造业，尤其是加工装配制造业，而且持续的外部制造业引入，使中国的资源过多地被生产过程占用，技术投入则相对减少，自主创新能力因此受到抑制，始终居于全球产业链的中后端环节，而且国有企业对关键产业垄断程度的提升，使中国的市场竞争程度偏低，占市场数量多数的中小型企业，尤其是有高技术研发潜力的中小企业普遍资金不足，创新能力较低，对外风险投资的能力也相对减弱，最终导致中国的科技研发水平提升相对偏慢，经济结构也主要集中在第二产业——工业制造业。但作为一个后发国家，这种分工模式推动了中国工业制造业发展，使其在产业结构调整上获得了利益，且对劳动力的吸收做出了一定贡献，只是与美国及东亚其他经济体相比单位附加利益相对偏少。

此外，在全球贸易失衡中获益巨大的石油输出国，虽然和中国一样出现贸易顺差，并获得石油贸易的高附加收益，但是，这些石油输出国家在经济结构调整上仍有一定利益受损。由于石油资源丰富，石油输出国将其生产要素大多集中在国内与石油生产有关的产业，缺乏足够动力去投资高技术和其他新兴产业，因此，其产业结构单一。而石油是不可再生资源，一旦其枯竭或受到不利影响，石油输出国的经济发展或产业结构将受到巨大冲击，而且这些石油输出国家对包括美国在内的进口贸易伙伴依赖程度非常高，一旦美国进口减少，将影响其经济和社会稳定。因此，其在世界经济中的地位和发展，受到美国等西方国家的高度制约，其当前净利益虽然高，但其长远利益仍不确定，且有逐步减少趋势。

（二） 在生态和社会环境上的各方利益得失

从改革开放以来中美两国GDP的增速看，作为后发的国家，中国经济增速明显快于美国，这与出口的快速增长密切相关，从这点看似乎中国获益更多。但两国产业发展对生态环境的影响却存在差异。目前美国的产业结构以高技术产业和服务业等高附加值、低污染产业为主，因此其国内环境维护得非常好。同时，美国劳动力稀缺，居民收入较高，工作条件也相当优越，能够享受高福利和很好的医疗条件。与之相比，承接环境污染较大的制造业转移的中国，国内劳动力不仅工资偏低，工作环境偏差，而且主要从事污染程度比较高的加工装配类产业。尤其是中国与美国、日本、韩国等在环境保护方面，如碳排放的要求上的规定不同，导致受发达国家相关环境保护法制约的企业，纷纷将其不符合法律要求的生产工序或子公司外移到中国，加剧了中国的环境恶化（林玲等，2008），使中国的资源消耗、废气废水排放和能源使用大幅度增加，资源和能源安全问题日益突出。同时，由于中国的社会和医疗保险体系还不健全，相关资金支持相对偏少，降低了普通居民的幸福感。与之相比，拥有高收入的石油输出国，虽然生活水平很高，社会环境稳定，但其生活环境以缺水、多沙漠为特征，随着其国内石油开采的日益增多，其环境污染也在加重，生存环境也日益受到威胁，环境保护的投入也不断增多，相关利益损失在增加。

（三） 在对外投资上的各方利益得失

从当前以美中贸易失衡为核心的全球经济失衡成因看，投资是影响贸易失衡的重要因素，尤其是在跨国公司主导的全球价值链中，外商直接投资带来的产业转移及其引致的贸易利益跨国流动，直接影响着各经济体的实际利益得失。虽然外商直接投资带来的利益分配主要发生在企业间，但实质上仍是发达国家、新兴经济体和发展中国家间的利益分配。首先，美国和日、韩等东亚经济体通过对外直接投资，将本地落后的产业转移出去，自身则集中技术、人才和资本发展高层次产业，同时还可以利用被投资国丰富的自然资源和廉价人力资源，并通过FDI实现生产本地化，大大节省了通过跨境贸易带来的跨境运输、保险和海关等经营销售费用，此外，这些外资公司还可以在被投资国享受"超国民待遇"等优惠，其是对外投资的实际受益者。其次，以中国为代表的发展中国家或地区则在吸引外资中，一方面，获得了自身急需的技术、资金和设备等重要资源，加快了产业结构调整与升级，其先进的企业文化和管理思想，也为其国内企业提供了示范效应，推动企业文化的形成和制度变革；另一方面，日益增多的外资企业推动了东道国对外出口，使东道国对外资的依赖性日益提升，也给中国等发展中经济体的经济安全造成了威胁。最后，对主要石油输出国而言，长远利益在逐步损失。随着 20 世纪 90 年代以来世界石油价格的持续上升，石油输出国积累的石油美元不断增加，由于这些国家的内部产业高度集中于原油生产，其他产业则发展滞后，因此，其国内投资渠道偏少，主要集中在石油投资，虽然这些国家都开展对外直接投资，但其仍是外资的净流入国。联合国贸易和发展会议（UNCTAD）发布的 *World Investment Report 2012* 的数据显示，目前石油输出国吸引外商直接投资的数额远超其对外直接投资，但自 2009 年后前者在呈递减趋势，后者则在增加。以沙特阿拉伯为例，2006 ~ 2011 年其吸引外商直接投资额从 171.40 亿美元减少到 164 亿美元，同期其对外直接投资额从 -0.39 亿美元增加到 34.42 亿美元，具体而言这一时期以国际金融危机的发生为分水岭，分为两个子时期：2006 ~ 2008 年沙特阿拉伯吸引 FDI 总值持续增加，2008 年达到顶峰 381.51 亿美元；此后开始逐年下降，同期其对外 FDI 总值在 2007 年达到最低值 -1.35 亿美元，此后开始逐年增加①。总体来说，石油输出国丰富的石油资源吸引了大量外来资本，但其代价是国内石油资源的减少，作为不可再生资源，其损失显而易见，而从其对外直接投资看，石油输出国的石油资本没有更多地流入西方发达金融市场获取高额利益，而是仍留在本国范围内，造成大量潜在利息损失。

---

① United Nations Conference on Trade and Development，World Investment Report 2012：Toward a New Generation of Investment Policies，2012 年 5 月 7 日。http：//unctad.org/en/Pages/ DIAE/World％20Investment％20Report/WIR2012_ WebFlyer. aspx。

（四）在生产者剩余和消费者剩余上的各方利益得失

前文主要探讨贸易失衡中各经济体的宏观经济和社会利益得失，而由于进出口在影响国际市场的同时，也会影响各贸易方内部市场的供求关系和价格水平，因此，在微观主体——企业和消费者利益上，持续的贸易失衡也会造成影响。

首先，贸易失衡对消费者价格指数产生影响，会导致消费者利益发生变化。出口商品价格水平低是中国出口迅速扩大的重要原因之一。由于国内劳动力成本相对国外偏低，因此，中国出口商品在国际市场上以低价闻名；而美国是一个进口完全自由的国家，其会从世界市场上选择价格水平最低的商品进口，因此，美国大规模进口中国低价商品，直接使其国内物价一直保持在相对低的水平。据美国劳工部劳动力统计局（U. S. Bureau of Labor Statistics）对美国进口价格水平的统计，如果以 2005 年的价格水平为 100，截至 2013 年 4 月，美国对外非制成品进口价格水平为 166.2，增长了 66.2%；而制成品的进口价格水平仅为 116.5，增长了 16.5%[1]，从美国对外进口的商品结构可知，其进口商品以工业制成品为主，进口制成品价格偏低并平稳增长，使其进口价格增长幅度较其国民收入和国内生产总值的增长幅度偏小，因此，进口低价直接维持了美国国内价格水平的低速增长。据美国劳工部劳工局统计，如果将 1982 ~ 1984 年的平均消费者价格指数（CPI）设定为基准 100，其消费者价格指数在 2005 年平均为 195.3，到 2012 年 12 月仅增加到 229.6，年均消费者价格指数增长率从 2005 年的 3.4% 减少到 2012 年的 2.1%，呈逐渐递减的趋势（见表 4 - 20）。年均 CPI 增长率的下降，直接降低了其国内通货膨胀水平，也使其居民的实际收入水平远高于包括中国在内的其他国家。与此同时，从美国国内的具体商品的 CPI 分析，2011 年美国房屋（Housing）消费支出指数相比 2010 年增长率仅为 1.3%；同期，其食物支出的 CPI 增长率也仅为 3.6%，医护支出的 CPI 增长率为 3%，教育和通信支出的 CPI 增长率

---

① United States Department of Labor, Bureau of Labour Statistics, Table 3. U. S. Import Price Indexes for Selected Categories of Goods, http：//www. bls. gov/web/ximpim/nicimp. htm.

仅为 1.2% 。如果将 1982 ~ 1984 年的 1 美元购买力看作 1，则其美元的购买力从 2010 年的 0.459 美元降到 2011 年的 0.445，其购买力仅相对下降 3%①。因此，可以说美国从进口低价中获得了平稳国内物价水平的利益，消费者从中获得了实际收入水平上升或平稳变化的利益。与其相比，虽然中国通过出口扩大获得了国民收入的增加，但由于出口所得美元不能在国内全面流通，需换成人民币，因此，它带来人民币实际流通量激增，国内物价水平迅速上涨。据中国国家统计局《中国统计年鉴 2012》对 2005 ~ 2012 年价格定基指数的统计，如果 1978 年的 CPI 指数为 100，2005 ~ 2012 年其 CPI 从 464 增长到 565，增长 22%，其中 2010 ~ 2011 年中国 CPI 年增长率达到 5.4%，远超过美国。而据联合国 ILO 数据库对世界各主要经济体的 CPI 指数统计②，如果 2000 年的 CPI 指数等于 100，2010 年美国 CPI 总指数比 2009 年增长 2%，而中国 CPI 总指数增长 3.9%，日本 CPI 总指数增长 - 0.7%，韩国 CPI 总指数增长 3.3%，加拿大 CPI 总指数增长 2.3%，墨西哥 CPI 总指数增长 6.4%，可见作为贸易逆差方的美国及贸易顺差减少的日本和加拿大，其 CPI 总指数增长相对偏低，而作为美国主要顺差方的中国和墨西哥，反而出现 CPI 指数上涨。其中，中美两国在食品和非酒精饮料的 CPI 指数增长上出现明显差异，2009 ~ 2010 年，中国在这些商品上的 CPI 指数增长率达到 7.3%，同期美国的 CPI 指数则仅从 129.9 增长到 130.9，增长率仅为 0.8%。在基本消费支出商品上的价格水平变化差异，使美中两国的消费者福利出现不同，美国消费者福利水平的提升要快于中国等贸易顺差方的消费者福利增速。

其次，贸易失衡对生产者价格指数也产生影响，导致各经济体企业收益出现差异。传统贸易理论认为，进口扩大会给其国内企业带来竞争，导致其生产者价格水平降低或增长缓慢，利益受损。但美中贸易失衡对各经

---

① 根据美国劳工部劳工统计局的数据整理得到，U. S. Department of Labor，Bureau of Labor Statistics，Table 1A. Consumer Price Index for All Urban Consumers（CPI – U）：U. S. City Average，by Expenditure Categoryand Commodity and Service Group，http：//www. bls. gov。

② 联合国 ILO 数据库，转引自《中国统计年鉴 2012》［居民消费价格指数（附录2 – 7）］，http：//www. stats. gov. cn/tjsj/ndsj/2012/indexch. htm。

表 4-20 2005~2012 年美国年均消费者价格指数变化（1982~1984=100）

单位:%

年 份	年均 CPI	本年 12 月 CPI 相比上年 12 月 CPI 增长率	年均 CPI 的年均 增长率
2005	195.3	3.4	3.4
2006	201.6	2.5	3.2
2007	207.3	4.1	2.8
2008	215.3	0.1	3.8
2009	214.5	2.7	-0.4
2010	218.1	1.5	1.6
2011	224.9	3.0	3.2
2012	229.6	1.7	2.1

资料来源: U. S. Department of Labor, Bureau of Labor Statistics, Washington D. C. 20212, 2013 年 6 月 18 日, All Urban Consume CPI, http: //www. bls. gov。

济体生产者福利却会造成不同影响，主要是因为美国的进口商品不仅是最终商品，还有初级品和中间品，其价格增减也会对企业利益造成影响。据美国劳工部劳动力局对 2011~2012 年美国生产者价格指数的统计，2011 年美国企业的最终商品（Finished Goods）、中间商品（Intermediate Goods）和初级商品（Crude Goods）的价格年增长率分别为 4.7%、5.7% 和 6.6%，从三者的变化趋势分析，美国企业的最终产品生产成本在上升，利润会下降，到 2012 年 12 月三种商品的增长率分别下降到 1.3%、0.3% 和 1.6%，减少率分别达到 3.4 个、5.4 个和 5 个百分点[①]，也就是说，2012 年美国企业生产成本增长率的下降幅度要大于其最终商品增长率的下降幅度，即美国企业的实际收益在上升。与此同时，从美国的出口商品价格分析美国企业收益，可以发现 2005~2013 年（截至 2013 年 5 月），如果按 NAICS 标准分类统计，以 2005 年的价格水平为 100，美国对外出口的非制成品价格水平从 100 增加到 171.2，而出口的制成品总体价格水平从 100 仅增加到 120.3[②]，如果单纯从出口价格水平看，美国制成品出口企业的收

---

① U. S. Department of Labor, Bureau of Labor Statistics, PPI Detailed Report: Data for December 2012, Jan. 15, 2013, http: //www. bls. gov.

② U. S. Department of Labor, Bureau of Labor Statistics, http: //bls. gov/web/ximpim/nicexp. htm.

益增加明显较慢，但从中美贸易失衡结构看，美国对中国出口的主要是非制成品，进口主要为制成品，非制成品价格水平快速上升明显能为美国企业带来更多的贸易利益。与之相比，中国企业的生产者福利则相对减少（见表 4 - 21），按照定基指数统计，除了 2008 ~ 2009 年在国际金融危机影响下，中国商品零售价格指数下降幅度慢于工业生产者出厂价格指数，后者又慢于工业生产者购进价格指数，导致中国零售类企业和工业企业的利润下降相对减缓；2005 ~ 2007 年和 2010 ~ 2011 年，三者的生产者价格指数都出现上涨，但其增长幅度从小到大始终遵循商品零售价格指数、工业生产者出厂价格指数、工业生产者购进价格指数的顺序，这说明中国企业的生产成本和销售成本都在上升，实际利润降低。

表 4 - 21 按照定基指数统计的 2005 ~ 2011 年中国生产者价格指数

年 份	商品零售价格指数 （1978 = 100）	工业生产者出厂价格指数 （1985 = 100）	工业生产者购进价格指数 （1990 = 100）
2005	359.3	333.2	281.6
2006	362.9	343.2	298.5
2007	376.7	353.8	311.6
2008	398.9	378.2	344.3
2009	394.1	357.8	317.2
2010	406.3	377.5	347.2
2011	426.2	400.2	379.3

资料来源：中国国家统计局，《中国统计年鉴 2012》，http：//www. stats. gov. cn/tjsj/ndsj/2012/indexch. htm。

二 FDI 技术溢出与全球贸易失衡中的技术利益分配

（一）中国 FDI 技术溢出的现状及其影响因素

1978 年的十一届三中全会之后，中国开始实施对外开放政策，扩大引入外商直接投资为中国经济增长服务的进程，1980 年美国最先在中国设立直接投资（FDI）类企业，此后中国对外引进 FDI 的规模逐年快速扩大。中国商务部外资统计显示，截至 2012 年 12 月，全国累计引进外商投资企业 763384 家，实际使用外资金额高达 13355.85 亿美元①，2005 年以来中国吸引外商直接投资年均增长率接近 10%。然而，在中国进出口贸易结构中，外资增长并未大幅提升中国的高技术自主创新水平，加工贸易的比重依然较高，尤其是在中国对外出口中，加工贸易的比重接近 50%。2012 年中国国家统计局的统计公报显示，2012 年中国对外出口总额为 20489 亿美元，其中加工贸易出口额为 8628 亿美元，占总贸易额的 42.1%。而在中国出口结构中，外商直接投资企业的出口比重尤其高，商务部中国投资指南的统计显示，2012 年外商在华投资企业出口总值为 10227.48 亿美元，占全国出口总额的比重高达 49.92%②。同时，在美中贸易中出现了明显的"外资引致美中加工贸易逆差"现象（陈继勇等，2006）。中国商务部现有的统计数据显示，2007 年外资在华企业对美国的贸易顺差总额达到 1193.3 亿美元，在中国对美国贸易顺差和外资在华企业对外整体贸易顺差总额中的比重分别达到 73.06% 与 87.73%；同期，外资在华企业的加工贸易顺差总额则达到 2118.07 亿美元，占中国加工贸易顺差总额的 84.97%。外资企业对美贸易顺差多、加工贸易比重大已经成为中美贸易中的主要特点。而这种贸易现实同样存在于中美高技术贸易中，由于高技术产业附加值高、污染低，且对各经济体宏观经济具有很高的技术溢出和促进效应，高技术贸易在当前国际贸易中的地位正日益提升。中美高技术贸易顺差也主要是以外商直接投资为渠道，增加外资企业对美出口，引致中美两国间出现高技术贸易失衡。从理论上讲，在这种高技术贸易失衡中，发达国家的母公司对其在华子公司的技术转移或技术溢出，会直接带动中国高技术产业发展，推动技术进步和知识积累，促进国内技术创新能力提升，优化进出口商品结构，并通过高技术对主导产业的改造和调整，带动宏观经济加速增长。但是从外商直接投资企业与其母公司的内部贸易和技术转移现实看，出于对高技术核心竞争力的专有性控制，外资企业直接对中国企业的

---

① 《中国外资统计 2011》，http：//www.fdi.gov.cn/1800000012 1_ 59_ 5_ 0_ 7.html，并根据中国商务部中国投资指南网站 2011 年和 2012 年的全国吸收外商直接投资快讯的最新统计数据相加得到上述数据。

② 中国商务部中国投资指南网站，商务部外资司，《2012 年 1～12 月外商投资企业进出口情况表》，http：//www.fdi.gov.cn/1800000121_ 33_ 1117_ 0_ 7.html。

技术转移很少。因此，在中国，影响外资企业对中国企业的技术作用的最关键途径是技术溢出。

张宇（2008）将 FDI 在进入东道国时，以非自愿形式扩散自身的核心技术对外资引入国的经济效率及其他生产过程产生无意识影响，进而推动东道国技术进步的过程，称为 FDI 的技术溢出。目前国内外学者对技术溢出的研究已经相当深入，而其重点集中在 FDI 技术溢出的影响因素等问题的研究上。具体而言，国外学者从技术溢出大小受企业间竞争程度大小（Kokko，1996；Caves，1974）、内外资企业间的技术差距（Lapan 等，1972；Findlay，1998）、东道国企业技术吸收能力是否达到 FDI 技术溢出的最低门槛（Keller，2001；Borensztein 等，1995）等视角，研究了 FDI 技术溢出影响因素问题，但结论仍存在一定分歧；国内学者冼国明等（2005）、何洁（2000）、包群等（2003）也从东道国经济发展水平、东道国经济开放度、东道国基础设施建设和技术吸收能力、地理位置等视角，研究了影响 FDI 技术溢出的主要因素。而笔者的前期研究则显示：在 FDI 的技术溢出过程中，引进外资方企业和接受方企业间的研发合作、技术吸收方的对技术的吸收能力、内外资企业间技术差距大小等因素，会影响外资企业对内资企业的技术溢出（刘威、吴宏，2009；Aspremont，1988）。

结合上述结论，我们认为当前中美贸易失衡中的技术溢出效应相对偏小，导致国内企业技术创新水平提升缓慢，对外贸易中的加工因素影响偏重。主要原因有以下几点。第一，FDI 在中国主要集中在入门门槛较低的竞争性行业，导致内外资企业缺乏生产和研发的合作动力。从《中国统计年鉴 2012》中的 2011 年中国吸引 FDI 的来源方看，中国大陆吸引 FDI 的来源地主要分布在亚洲的中国香港（705 亿美元）、日本（63.2 亿美元）、新加坡（60.96 亿美元）、韩国（25.5 亿美元）、中国台湾（21.8 亿美元）、拉丁美洲的开曼群岛（22.4 亿美元）和维尔京群岛（97.2 亿美元）、北美洲的美国（23.7 亿美元）等；而从 FDI 的行业类型看，国家统计局公布的《中华人民共和国 2012 年国民经济和社会发展统计公报》显示，中国吸引的非金融类外商直接投资企业主要分布在制造业（8970 个，占总数的 36%），批发和零售业（7029 个，占总数的

28%)、租赁和商务服务业（3229 个，占总数的 13%）、信息传输、计算机服务和软件业（926 个，占总数的 3.7%）；从实际使用外资金额看，主要集中在制造业（488.7 亿美元，占比 44%）、房地产业（241.2 亿美元，占比 21.6%）、批发和零售业（94.6 亿美元，占比 8.5%）、租赁和商务服务业（82.1 亿美元，占比 7.3%）。从这种吸引 FDI 的格局可以看出，改革开放以来外商对中国的直接投资主要集中在第二产业——工业，尤其是以制造业为主，而在制造业的内部，FDI 又分布在电子及通信设备业、服装及其他纤维制成品业、塑料制品业、皮革毛皮羽绒及其制品业、金融制品业、食品制造业、电气机械及器材制造业、饮料制造业、交通运输设备制造业等。除此之外，外商直接投资还分布在房地产业、批发和零售业、租赁和商务服务业等技术含量偏低的行业。总体而言，这些行业存在一个共性：行业内部竞争性较强，尤其在吸引FDI 的主要制造业内，企业的生产对象均以劳动密集型加工类商品为主，从事同类商品生产的企业数量较多，其技术创新和研发能力也相对偏低，更多的是技术模仿和"三来"加工贸易，企业的技术吸收能力相对偏弱，因此，这些行业内的企业一般难以达成生产与技术创新方面的合作协议。与此同时，对那些目前在中国垄断程度较高、企业数量较少、容易形成生产与技术研发合作的行业，如石油和天然气开采业、石油加工及炼焦业，以及第三产业中的交通、运输、邮电、科研技术服务业等，由于政府实施的进入限制政策，外商直接投资还相对较少，针对国内企业的技术溢出和研发合作基本没有。正是在两方面因素的共同影响下，合作对内外资企业间技术溢出的积极效应难以发挥，限制了外资企业对内资企业的技术溢出，延缓了国内企业技术创新水平的提高，最终导致中国自主创新类商品出口增长缓慢，对外贸易以加工贸易为主。

　　第二，国内知识产权保护程度偏低，降低了外资企业技术溢出的积极性。刘威、吴宏（2009）的研究发现，拥有技术优势的企业技术外溢量越多，其利润越可能减少，因此，防止技术外溢是企业保证自身竞争优势的手段之一。虽然从理论上讲，企业合作共享双方的技术外溢，有利于内外资企业技术容量扩大与行业总体产量的增加，但是，这种技术外溢效应，仍应局限于合作企业内部，保留企业对专有技术的所有权，有利于技术溢出企业的垄断利益扩大，因此，对外部企业的技术溢出，仍会减少进行技术研发合作的各方利益。而保护企业核心技术不外溢首先需要法律和社会环境上有一定的制度保证，因此，加强对企业知识产权的保护，尤其是从法律和制度上，强化技术接受方的自律意识，减少技术溢出，是扩大企业间技术合作的关键。虽然改革开放以来，随着国家对技术创新对一国科技产业发展的重要性认识的深入，中国加强了对知识产权的保护，但是与西方发达国家对知识产权的保护和创新科技的利用相比，仍存在巨大的差距，许多中国企业和个人严重缺乏保护知识产权的相关意识，惩罚成本和代价低，且政府部门缺乏对知识产权保护的严格执行，盗版和模仿现象在中国非常普遍，这些都在抑制外资对中国内资企业的技术溢出，一定程度上减缓了中国企业技术创新水平的提升。

第三，中国国内企业的技术吸收能力偏低减少了内资企业参与生产和研发合作的可能性。据赖明勇等（2005）对 1996～2002 年中国东、中、西部地区技术吸收能力的面板数据考察，当前中国各地区企业的吸收能力仍相对较低。具体而言，东部地区虽然集中了国内承接的大部分 FDI，但该地区人力资本投资与人力资本积累速度相对滞后，降低了东部地区企业的技术吸收效果和能力；中西部地区，虽然高校云集，拥有一定数量的人力资本，但中西部地区的经济开放程度还相对较低，一定程度上制约了其对国外 FDI 溢出的吸收和利用，使其对外商投资企业的技术模仿与学习机会较少。因此，目前国内企业的技术吸收能力还相对偏低，无法完全学习和消化由 FDI 带来的外来先进技术。在这种情况下，出于增加自身利润的考虑，国内企业最好就是选择不和外资企业进行合作创新，或者自主创新，将本应付出的创新成本节约出来，进行模仿生产，一定程度上影响了其技术吸收能力的提升，制约了其自主创新。因此，要真正实现内外资企业间的技术研发合作与共享创新成果，目前还比较困难。

第四，内外资企业技术差距普遍较大制约了内资企业参与技术创新合作。20 世纪 80 年代初，中国内进引进的 FDI 的来源方主要是港澳台地区以及部分发展中经济体，而引进的外资企业主要是民营性质的劳动密集型加工装配生产类中小企业，因此，在其带动下发展起来的内资企业初始技术水平普遍较低（陈继勇等，2004）。进入 20 世纪 90 年代，中国吸引 FDI 的来源地开始改变，来自发达国家的 FDI 日益增多，尤其是以美资跨国公司为核心的企业对华 FDI 迅速增加，仅在 1992 年，美国最大的 100 家跨国公司就有 50 家在中国投资，合同外资金额高达 36.6 亿美元。而跨国公司为了保证在全球的竞争优势，通常会投入大量的研究与开发经费，因此，其内部技术研发水平相比中国内资企业高得多。而据刘威、吴宏（2009）的研究推论，虽然技术能力相对偏高的 FDI 类企业，更为愿意向与其技术研发水平差距偏大的企业进行技术溢出，但反过来处于弱势地位的内资企业，却可能因为技术差距较大，不愿参与和跨国公司的技术合作，影响了内外资企业间的技术溢出，国内企业技术水平也因此难以提高。因此，当中国内外资企业技术差距较大时，外商直接投资带来的技术溢出效应相对偏小，不利于中国企业技术创新水平的提升。

（二）FDI 技术溢出与全球贸易失衡中的利益分配

虽然从目前国内的外商直接投资技术溢出看，其技术溢出水平还没有完全发挥，尤其是内外资企业的技术差距大及内资企业技术吸收能力偏低，影响了中国企业吸收外来技术，导致中国自主技术创新能力仍与发达国家有差距，不符合中国在全球高技术贸易失衡中的地位。但在当前的全球高技术贸易中，中、美、其他经济体都从中获得了实际利益。

首先，美国在技术领域及延伸方面的利益得失。从目前中国吸引 FDI 的来源地分布看，美国对中国的直接投资还相对偏少，2011 年其对华 FDI 总量仅占中国吸收 FDI 总量的 2.6%。因此，从其投资总量看还相对偏少，且分散在许多领域，对中国内资企业的技术溢出效应相对偏低，但其仍然从对中国的直接投资和对外贸易中获得了利益。第一，美国企业在中国获得了大量高技术廉价劳动力，节约了其劳动力成本。随着中国国内高等教育水平的提升，大量的高知识和高技术水平劳动力进入外资企业工作，虽然其收入相对本地劳动力要高，但与外资公司母国的劳动力价格相比仍低得多，且由于人民币汇率的影响，中国的高技术研发人员工资成本相对其母国研发人员的成本进一步降低，一定程度上增加了外资企业的实际利润。第二，技术溢出拉近了中美企业间的技术差距，使中国能够持续进口美国高技术商品。随着 FDI 在中国的扩大，外资企业对中国的技术人员和内资企业的技术溢出在增加，也一定程度上提升了中国内资企业的技术吸收能力，拉近了中国与美国等发达国家的技术差距，使其有能力消化美国出口的高技术，从而推动美国对中国的核心高技术出口，并带动其高技术服务外包发展，保证其高技术市场的持续存在，为其进一步进行研发和创新提供了保证。第三，美国企业得到大量知识产权转让和专利使用收益。从美中服务贸易商品构成看，高技术专利与知识产权的转让和使用费是其服务出口的主要来源，尤其是在信息通信高技术专利服务上，美国收益惊人。据有关专家估算，中国在第二代移动技术的专利和标准付费方面已经对外资企业支付利益超过 3000 亿元人民币，其中，美国的高通公司、摩托罗拉公司和德州仪器公司从专利和标准服务等方面的实际利益超过了 1800 亿元人民币①。第四，长期的"以技术换市场"政策的实施，使美国高技术企业在部分行业，尤其是信息通信行业获得了市场准入权限，同时中国此前实施的对外资企业的"超国民待遇"，也使美国企业获得了税收优惠，增加了其实际获利。此外，在外资企业对内资企业的技术溢出中，中国的信息通信企业的技术研发和创新能力也在提升，这无形中给美国信息通信类企业在世界市场上树立了更多对手，使其在信息通信领域的市场份额有所减少，其技术专有性也降低，这是技术溢出对美国利益造成的不利影响。

其次，中国在技术领域及其延伸方面的利益得失。虽然中国企业在吸引 FDI 技术溢出能力上相对较低，技术吸收不充分，但持续的 FDI 引入为中国的技术引进或溢出提供了更多渠道，中国从 FDI 引进中获得了利益。其一，高技术贸易已成为中美贸易的重要组成部分，为中国劳动力就业带来了明显促进效应。自 20 世纪 80 年代中国开始引进外资，长期的技术溢出或转移，已经使中国的高技术生产、加工和组装能力有了提升，虽然在核心技术获得和自主研发上，中国还有很大提升空间，但内资企业在与外资企业的长期贸

---

① 林玲、段世德：《论技术溢出对中美贸易利益分配的影响》，《亚太经济》2010 年第 1 期，第 53 页。

易和学习中，技术适应和吸收能力得到了提升，学习和模仿效应已经在一定程度上体现，尤其是高技术加工装配产业在中国的发展，满足了中国劳动力的就业需求，吸收了大量熟练型技术劳动力，为中国吸引更多高技术企业提供了推动力，使中国的高技术贸易利益绝对额不断提升。其二，长期的技术溢出促进了中国的技术积累，为科技创新能力的提升打下了坚实基础。长期的"以技术换市场"政策的实施，带动了大量外商直接投资的引入，为中国的高技术人力资源提供了更好的去处，带动了国内相关专业教育的发展，使国内技术研发和高技术人力资源与美欧等国的差距缩小，促进了国内高技术的积累和技术存量增加。尤其是在信息通信等高技术领域，长期的贸易顺差使内资企业积累了足够的资本和技术存量，相关的技术创新持续涌现。但中国在吸收外资企业技术溢出获取利益的同时，也有利益损失。第一，长期的"以技术换市场"政策，使中国为了获得外资，损失了一定量的税收收益。据《中国外资统计2011》对外商直接投资企业的缴税统计，1992~2010年以外商投资税收为主的涉外税收（不包含关税和土地费），在中国工商税收总额中的比重从最初的4.25%增加到2001年的30.04%，然而从2002年开始，涉外税收总额的年增幅迅速减少到20.95%，此后持续减少，到2010年其涉外税收总额达到16389.91亿美元，仅为全国工商税收总额的20.38%[①]，这与中国为了引进FDI和获得国外技术，对外商直接投资企业长期实施各种税收优惠密切相关；此外，外商直接投资企业对外出口一直是中国对外出口的主体，2012年其出口总额达到10227.48亿美元，占中国出口总额的49.9%，而中国长期实施的出口退税政策也使其从外资企业获得的关税收益大幅减少。第二，外资企业对外出口以加工贸易为主，使中国实际获得的技术溢出和贸易利益有限。以2012年外资企业出口为例，据中国商务部投资指南统计，2012年外资企业加工贸易出口总值达到7151.48亿美元，占外资企业出口总值的69.92%，同时其加工出口总值占全国加工贸易出口的比重也达到82.89%[②]。这种以加工贸易为主的出口贸易模式，说明外商在中国的投资主要集中在加工装配行业，对核心技术的研发投资相对偏

---

① 《中国外资统计2011》，第3页，http://www.fdi.gov.cn/1800000121_59_5_0_7.html。

② 商务部外资司：《2012年1~12月外商投资企业进出口简况》，中国投资指南网站，http://www.fdi.gov.cn/1800000121_33_1118_0_7.html。

少，同时，加工装配类产业进入门槛低、竞争性强以及技术吸收能力差，使中国从 FDI 技术溢出中的实际收益有限，而且资源过多集中在加工装配业，使中国减少了在新兴高技术领域的资源投入，机会成本在增加，这显然不利于中国高新技术产业的长远可持续发展。第三，美国对中国长期实施的技术出口管制，也在一定程度上抑制了包括美国在内的各主要经济体对中国技术溢出的动力。目前除了信息通信技术和光电技术等高技术外，中国的技术研发能力提升速度还比较缓慢，甚至通过加工装配接触核心高技术的机会都很少，丧失了技术学习和吸收技术溢出的贸易收益。

再次，东亚经济体及石油输出国的技术利益及其延伸收益。从中国吸引 FDI 的来源地分布看，亚洲是中国引进 FDI 的主要来源地。据《中国统计年鉴 2012》的统计，2011 年亚洲对中国的 FDI 达到 895.1 亿美元，占中国吸引 FDI 总额的 77%。但从外商直接投资企业对外进出口的主要方式看，主要集中在加工装配，因此，亚洲经济体对中国的 FDI 主要集中在加工装配类产业，其在为中国解决劳动力就业并提供相应资本的同时，也充分获得了廉价的高技术劳动力资源，并在和其他外资企业的合作中获得了技术溢出收益；由于亚洲经济体的外资企业与其他外资企业的技术差距相比内资企业较小，吸收能力更强，因此它们获得了更多的技术溢出；同时这些亚洲经济体的外资企业通过对美国的高技术出口，获得了足够的资本进行技术研发和创新，从而帮助母国紧跟美国实现产业结构升级，保持其在世界市场上的核心竞争力，实现了自身利益获取的可持续性。此外，作为全球贸易失衡的另一个主要顺差方，石油输出国也是技术溢出的受益方，从前文对沙特阿拉伯及石油输出国整体吸引 FDI 现状的分析看，其接受 FDI 比其对外 FDI 的规模大，且集中在原油生产领域，因此，其接受外资石油公司在石油开采和冶炼上的技术溢出相对增加，技术水平提升，从而获得提升石油开采劳动生产率和单位利润的实际收益。

最后，欧盟和北美自由贸易区经济体的技术利益所得。与中国等发展中经济体的企业相比，欧盟的外商在华投资企业与美资企业的技术差距无疑更小，因此，它们可以获得更多技术溢出，更容易吸收其他外资企业的技术，获得贸易收益，而这也在一定程度上支持了欧盟对美国呈现的高技术贸易顺差。据美国商务部普查局统计，2012 年其对美高技术出口 740.28

亿美元，进口 665.74 亿美元，实现贸易顺差 74.54 亿美元。而北美地区的加拿大和墨西哥则充分利用其与美国地理接近的优势，与中国的信息通信等产业对美出口形成竞争，并接受美资企业的技术溢出收益。

三　全球贸易失衡与各方政治和社会利益得失

虽然，中美贸易失衡仍是全球贸易失衡的主体，但其影响范围已涉及东亚、欧盟、北美等多个地区的贸易方，而其影响性质也日益复杂，从经济开始向政治、社会等多个领域拓展。

（一）全球贸易失衡与各方政治利益分配

首先，中美贸易争端带来的各方政治利益分配。美国从没有将中美贸易失衡仅视为一个简单的经济问题，而是将其看作一个政治问题。为了限制中国经济发展和在世界经济格局中地位的提升，美国经常以保护其国家安全和高技术领域的优势为名，对中国实施技术出口管制，直接导致美国对中国高技术出口受限，出现中国对美国高技术贸易顺差。近年来，随着中国成长为世界第二大经济体和主要贸易大国，通过限制对华高技术出口遏制中国经济增速，已成为美国坚持的利益需求之一。尤其是在其国内制造业等政治利益集团和相关机构的游说下，美国为了满足自身政治利益，在频繁对中国进行出口限制的情况下，还主动对中国实施反倾销和反补贴等贸易救济措施。据 WTO 对 1995～2011 年中国遭受贸易救济案件的统计，美国仅次于印度成为对中国实施贸易救济第二多的国家[①]。与此同时，对中国而言，持续扩大的出口额和贸易顺差已经使"中国制造"商品遍及世界各国，尤其是对美国进口的高度依赖，使近年来中国对美出口持续激增，对其国内制造业的影响增大。同时，由于中国政府对出口干预过多、全球生产过剩、发展中国家贸易保护主义的重新崛起等原因，中国面临的经贸摩擦日益增多，各主要经济体政府间围绕贸易失衡的争端也频繁发生。自 WTO 成立以来，中国一直是遭受贸易救济的首要成员方，是当前

---

① 刘爱东、杨轩宇：《国外对华贸易救济的统计分析及启示》，《中南大学学报》（社会科学版）2012 年第 12 期，第 33 页。

全球贸易保护主义兴起的最主要受害方。据中国商务部 2013 年 4 月 8 日举办的"应对贸易摩擦"专题新闻发布会统计，2002～2012 年中国共遭遇外国贸易救济调查案件 842 起，涉案总金额 736 亿美元，尤其是 2009～2012 年外国对中国的贸易救济调查尤为集中，共计 328 起，2012 年更是创纪录的有 21 个国家对中国发起 77 起贸易救济调查，涉案金额高达 277 亿美元①。此外，欧美等发达经济体还通过设定技术贸易壁垒、新的检疫卫生法规和劳工标准等途径，控制国际贸易的主导权，为中国出口设置重重障碍，导致中外政治争端日益增多，政治利益受损不断扩大。

其次，从双边贸易对各方政治稳定的角度分析各方利益分配。20 世纪 80 年代以来，日益扩大的全球贸易，尤其是中美贸易无疑对各方政治稳定带来了正面影响。其一，对美国而言，大量进口中国廉价商品使美国国内物价稳定在较低水平，提升了美国居民的实际收入，保证了美国社会政治的稳定。但也应当看到，"中国制造"大量进入美国，给美国国内制造业及相关产业带来了冲击，尤其是对美国就业带来不利影响，这使其受损群体通过利益集团对美国的政治决策造成影响，造成中美双方政治冲突，使各方利益受损。其二，对中国而言，持续出口扩大和贸易顺差，不仅帮助中国政府实现了满足国内日益增长的物质文化生活需要的政策要求，而且使国内居民的名义收入保持逐年提升态势，维护了社会政治稳定。但需指出的是，长期的经常项目顺差以及资本项目下的管制，使中国国内的通货膨胀日益显现，物价水平提升较快，居民实际收入水平增长减缓，甚至有下降趋势，这些都不利于中国政治、社会的未来稳定和发展；而且中国对外贸易顺差高度集中于对美贸易顺差，使中国在全球贸易谈判和人民币货币政策制定上，更多地受到美国政府的政策制约，在全球贸易交往中易处于被动，最终使中国在世界经济格局中的利益受损。

最后，从外商投资角度看双方政治利益分配。20 世纪 90 年代以来，随着美欧等发达经济体对中国 FDI 的增加，外资企业对中国经济的影响逐步扩大，尤其是外资企业对外出口对中国外向型经济发展的影响力正日益

---

① 潘洁、李芬丹：《中国外贸 10 年涉摩擦 736 亿美元》，《国际金融报》2013 年 4 月 9 日第 2 版。

提升，一旦外资企业对外出口减少，将不仅影响中国出口的整体增长速度，而且其涉及的加工装配行业将直接面临就业减少、社会稳定受到威胁等利益损失，政治安全受到影响。同时，外商对中国的投资在部分领域还影响到中国的经济安全，如美国的宝洁公司和联合利华公司通过对中国同类品牌企业的并购，已经基本控制了中国的洗涤行业，直接影响了中国在这一行业的经济安全。

（二）全球贸易失衡与各方的社会利益分配

在全球失衡持续扩大的同时，各主要经济体的环境保护、居民健康和社会资源等社会利益也受到影响。首先，在各主要经济体的环境保护和可持续发展上，各方利益得失差异巨大。全球贸易失衡形成的重要渠道是各主要经济体间的产业转移，而在中美贸易中，它主要通过美国、欧盟和东亚各经济体对中国的制造业产业转移实现。制造类产业普遍污染较重，导致中国环境不断恶化，目前，中国单位增加值的废水排放量比发达国家要高出4倍，单位工业产值产出的固体废弃物比发达国家高出10倍①。同时，据《中国统计年鉴2012》的统计，2005～2011年中国全社会废水排放总量从525亿吨增加到659.2亿吨，废水中的氨氧排放量从150万吨增加到260.4万吨，生活垃圾清运量从15509.3万吨增加到16395.3万吨，自然灾害也日益增多，2008～2011年中国发生的地震灾害分别为17次、8次、12次和18次，造成的经济损失不断增大，2008年中国地震损失高达8585亿元人民币，经济和贸易长期高速发展带来的负面效应已在中国显现，并影响到中国社会的长期可持续发展。而美国、欧盟等发达经济体则主要从事高技术产业和服务业，将企业总部留在母国，将高污染的制造业基地外移，使其环境得到有效改善。而东亚经济体虽然仍主要生产核心制成品，有一定环境污染，但其已将高污染行业外移到中国等，相比中国，其环境污染少得多。然而需要指出的是，作为经济发展的负外部效应，环境污染的影响并不仅局限于中国，其会通过对自然环境的影响，扩展到世

① 林玲、段世德：《经济全球化背景下的中美贸易利益分配研究》，《世界经济与政治论坛》2008年第4期，第3页。

界所有国家或地区，对各国的利益造成不利影响。例如，近年来全球碳排放和气候谈判问题日益受到欧美等国关注，充分说明一国环境污染的利益影响已经扩展到其他经济体，对全球环保利益都是一种净损失。

其次，全球贸易失衡给各方的公众利益也造成了不同影响。持续扩大的贸易失衡对各方的就业结构、居民工资水平、居民健康和社会福利造成利益影响差异。随着美国、欧盟等将高污染、高耗能的制造业外移，其主要从事的服务业和高技术产业都是高附加值、对身体损害低的产业，这使得这些国家的公众不仅能获得高工资，还能得到减少各产业对身体健康损害的无形收益；而中国等发展中经济体则由于国内对外资引入还没有分级和限制，相关产业在环境保护标准和身体健康要求上还相对较低，因而主要从事的是低附加值、低工资、高污染、高危害的制造业，对部分公众的身体健康造成了无形损害。而且包括外资企业在内的许多企业，利用中国劳动法要求低和执行不严格的漏洞，要求延长职工劳动时间，增加劳动强度，却没有给职工足够的补偿。长期出口扩大对中国社会，尤其是对中国普通老百姓造成的负面影响和形成的社会矛盾正日益突出。

最后，长期的贸易顺差给各方的资源利益和经济安全造成了不同影响。美国、欧盟及东亚经济体通过对中国、石油输出国等直接投资，以资本换资源，充分利用东道国的自然资源和人力资源等，而将关键的自然资源，如森林、石油等保存下来，以满足自身可持续发展和战略需要，保证未来的经济安全、资源安全和国家安全。而中国、石油输出国等则失去了诸如石油等不可再生资源，尤其是中国持续的出口扩大消耗了其大量自然资源，如中国的水资源从 2000 年的 28124 亿立方米减少到 2011 年的23256.7 亿立米，煤炭资源从 2007 年的 3261.26 亿吨减少到 2011 年的2157.89 亿吨。虽然由于近年来的大规模开采，中国的石油和天然气资源产量从统计上显示正逐年增加，但国内外的大量消耗导致其增速较慢；与之相比，美国、加拿大、欧盟等在有限制地使用国内石油资源的同时，还大量进口中东石油输出国的原油资源，并有计划地保存其国内石油和天然气资源，以满足其可持续发展。因此，中国的资源安全已经因为对外出口受到威胁，相关资源利益正在损失，需要适当对其使用进行限制，以维持中国经济的可持续发展和满足自身战略安全的需要。

第五章

全球贸易失衡调整对各方
利益的影响

第一节　全球贸易失衡调整的难点与核心

　　从本书的统计分析看，虽然美国在服务贸易上呈现顺差，同时在资本项目上获得了政府债券和对外直接投资的利息差收益，且从结构性商品贸易逆差中也获得了核心利益，但是从贸易失衡的数字看，美国商品贸易逆差的数额过大，尤其是对中国的制成品贸易逆差及高技术贸易逆差，难以通过服务贸易顺差弥补，因此需要适当调整。目前国内外学术界已经提出了一些调整措施，但收效甚微，其未来的调整难点和核心是什么？主要调整措施可能对各方产生哪些利益影响？这些都是包括中国在内的世界主要经济体参与贸易失衡调整时需解决的重要前期问题。

一　全球贸易失衡调整的主要难点

　　（一）主要失衡经济体在参与全球贸易失衡调整及协调上缺乏动力

　　1. 美国不愿通过贸易领域的调整失去其在金融领域的既得利益

　　自 20 世纪 40 年代初布雷顿森林体系建立以来，美元的国际主要储备货币地位逐步确立，此后美元兑人民币等货币的汇率始终保持强势，这在一定程度上也促进了其对外进口，而巨额进口使庞大规模的纸质美元流向世界各国，进一步巩固了由布雷顿森林体系确立的世界主要本位货币地位，即使在20世纪70年代初布雷顿森林体系破产后，美元也一直是世界上最主要的本位货币，目前世界市场中70%左右的国际储备货币都是以美元形式存在的。而国际金融市场上流通的庞大美元外汇储备也使各国对美元汇率升贬值的重视程度反而远超美国，同时许多经济体中央银行的美元外汇储备，也必须通过越来越多的回流购买美国政府债券的形式，保证美元汇率始终稳定，以防止自身拥有的外汇储备贬值。而这也为美国政府提供了大量的美元贷款，使其能够将来自国外的美元贷款投资到海外市场中，获得更大的经济利益——不同美元资产的国内外利差。这两方面因素使美国既能通过美元获得国外廉价真实商品，又能获得资本市场的利息差收益，从而使其在国际金融领域获得巨大利益，这些利益远超美国在贸易领域的损失。然而，全球贸易失衡的调整将改变美国的这一获利来源，当美国不再是世界主要进口国，并不再成为资本的主要输出方时，美元的世界本位货币地位将可能逐渐被其他经济体的新兴强势货币（如目前的欧元）等代替，世界各国对美元资产的信心也会逐步丧失，流入美国的外汇储备类资本也将可能因此发生转向，使美国对外经常项目赤字难以在资本项目盈余的支持下，持续存在并扩大，给美国经济发展和金融市场稳定运行带来巨大压力，进而导致流出入美国的资本发生方向逆转，尤其是美国政府接受的政府债券类资本流入减少，这是美国政府自身不可能承受的利益损失。

2. 包括中国在内的亚洲经济体很难承担传统出口政策转变和本币汇率调整带来的经济损失

减少以中日两国为代表的亚洲经济体对美贸易顺差，直接关系美国对外贸易逆差整体的治理。而从东亚经济体对美出口增长的动力来源分析，本币汇率低、政府鼓励出口的各类政策、劳动密集型和资本密集型的商品出口多是其持续贸易顺差存在的主要原因，而美国对东亚贸易失衡调整的要求也更多地强调其本币汇率要尽可能上升，因此，当前针对东亚经济体对美贸易顺差调整的路径主要有两条。其一，逐步提升包括中国在内的亚洲经济体本币汇率，并尽可能实现其汇率的市场化波动。由于包括中国在内的东亚各主要经济体出口商品主要依赖其价格竞争力，即本币汇率偏低带来的低国际标价，同时"二战"结束后亚洲各经济体为了促进自身的经济快速增长，普遍奉行出口导向型的经济发展战略，出口对其经济增长的作用普遍较强，且由于东亚多数经济体的要素禀赋优势相似，对外出口产品具有极强的竞争性和相似性，产品的对外标价将直接影响外部国际市场对其的需求。如果一方货币的本币升值，而另一方的货币不升值，从博弈论的视角看，货币升值一方会因为商品的国际市场标价上升而利益受损，因此，亚洲各主要经济体都不愿单方面先升值本地货币，此时要想真正降低亚洲对美出口，就需要各经济体在其货币升值上协调一致。然而目前这种亚洲区域内的货币合作和汇率协调机制仍然较为缺乏[①]，各经济体的政府以及相关部门在区域货币汇率协调上的实际治理政策和具体步骤基本停滞，同时，美国更多地要求中国人民币汇率单方面升值的政策行为，会导致本币先升值的中国在升值人民币汇率时，出口遭受更多损失，承担更大的调整成本。因此，为了减少自身利益损失，并在主要竞争方升值本币过程中"搭便车"而获得更大利益，东亚主要经济体间的汇率调整协调水平并不高。其二，东亚各经济体要调整以劳动密集型和加工贸易为主要特征的出口商品结构，并削弱出口导向型经济发展战略对其经济增长的积极作用。据美国商务部国际商品贸易数据库现有统计，制成品贸易逆差是美亚贸易失衡的核心，且其逆差主要集中在第 7 类、第 8 类和第 6 类商品（按 SITC 1 位数统计），贸易商品具有相似性和竞争性，因此调整全球贸易失衡势必要求亚洲经济体改变以汽车、电子通信等制成品为主的出口商品结构。但调整对外贸易中的商品结构并不能一蹴而就，且由于在调整后的短期内会对调整方内部的就业结构和经济增长造成不利冲击，需要涉及调整过程中对亚洲经济体的利益补偿，一旦得不到相关利益补偿，亚洲各经济体就难以有充分的动力去参与和配合美亚贸易失衡的调整。

3. 欧盟及北美地区经济体缺乏参与失衡调整的积极性，并极力避免涉及失衡调整

自 2008 年爆发全球金融危机以来，欧盟主要成员国也陆续陷入政府债

---

① 李素琴：《全球经济失衡存续性与调整的困难》，《现代经济探讨》2007 年第 4 期，第 8 页。

务危机之中，政府财政赤字的持续扩大，使欧盟难以像美国一样接受新的巨额贸易赤字以及"双赤字"。尤其是欧盟在持续出现对美巨额贸易顺差的情况下，却在 2005 年以来的全球经济失衡中，没有像中国等亚洲新兴经济体和石油输出国那样被列入失衡顺差方，被认为"从某种意义上说欧洲不是全球经济失衡的一部分"①，这也使其能够获得"宽松的扩大出口，与美国的贸易摩擦并不多"的贸易利益。而一旦欧盟配合美国的贸易失衡调整，其将需要承担更多的进口责任，亚洲经济体对美出口的减少将迫切需要有强大进口需求的经济体来替代，这将可能使欧盟从亚洲地区的制成品进口增多，不仅将美国的对外贸易逆差转嫁到欧盟自己身上，使欧盟的经常项目逆差总额增加，抑制欧盟经济增速的提升，而且将使欧盟内部成员国，尤其是与亚洲劳动密集型出口国有相似贸易竞争力的发展中成员国，面临更为激烈的外部竞争，最终可能导致欧盟各成员国政府的财政赤字因为促进经济增长而进一步恶化，使其难以实现稳定自身经济增长和财政的目标。因此，目前欧盟主要经济体对参与和配合美国进行对外贸易失衡的调整并没有太大的热情和动力。

除了欧盟以外，作为美国对外贸易逆差的另一主要来源地的北美地区经济体也不愿放弃对美贸易顺差。由于北美自由贸易区的贸易转移和贸易创造效应，美国与加拿大、墨西哥的互补性贸易规模在逐步扩大，对美国而言，其需要加拿大和墨西哥的能源出口支持其经济增长，并进口来自墨西哥的低价制成品，而对北美其他经济体而言，它们也需要美国的庞大市场，消化其出口商品，因此，美国很难减少对这些经济体的进口。

4. 石油能源的重要性使美国和石油输出国难以根本改变其石油贸易失衡

从美国对外贸易逆差的商品来源分析，排在第一位的贸易逆差商品是原油和相关石油商品，要想根本减少美国对外贸易逆差总额，首先需要美国减少对外石油进口。然而从当前世界各国经济增长的动力分析，石油等能源是促进各国经济可持续增长的必要条件，这就使得美国等国难以在短

---

① Alan Ahearne、J. Von Hagen：《全球国际收支失衡：欧洲的观点》，《国际经济评论》2006 年第 5 期，第 49 页。

期内减少对外石油进口，也使美国将其失衡调整的重心转向作为其制成品逆差主要来源方的中国等亚洲经济体。

（二）美国和亚洲经济体在消费和投资上形成的长期习惯和文化很难发生根本转变

全球贸易失衡形成的来源之一是美国和亚洲经济体的普通居民在消费、投资和储蓄等经济领域形成的生活习惯及文化间的较大差异。首先，在美国的居民生活文化和习惯中，储蓄行为常常被忽略。美国国内有完善的社会保障体系和教育体系，政府征收的大量税收对居民养老投入较多，使美国的居民并不需要为养老、教育和医疗进行储蓄，这就造成其国内消费需求旺盛。美国是一个非常典型的消费类国家，国民消费水平高、储蓄意愿低，而且由于其国内金融市场发达，有众多安全和高收益的金融投资工具，这就使其更加愿意将用于储蓄的资本进行各类金融投资。而包括中国在内的东亚经济体则由于国内养老、教育、医疗等体系建设的不完善，难以充分保证居民的生活需求，为了防范未来可能存在的风险，居民的储蓄意愿普遍较高，同时由于在中国仍然缺乏合适的金融投资渠道和市场，股市等证券市场发展不成熟，房价、药价和教育价格相对偏高，此外，日益提高的社会物价水平和稀缺的国内资源，也减少了中国居民的实际收入和消费能力，使其实际进行的金融投资相比美国要少得多，而这也类似地发生在人口众多、资源稀缺的东亚各主要经济体内。正是由于美国和包括中国在内的东亚经济体之间的储蓄意愿差异，美国对外进口意愿明显高于东亚经济体，包括中国在内的东亚经济体的低价商品出口，进一步提升了其进口动力。因此，要想从根本上改变美国对外进口意愿，需要提升美国的储蓄率，尤其是美国居民的储蓄意愿，这显然不符合美国的现实。而改变东西方居民长期形成的消费、投资和储蓄倾向，涉及一国的国民习惯与文化传承的改变，这不是在短时间内就可以实现的。对美国而言，要改变美国居民的储蓄习惯，就需要改变其发达的养老、医疗、教育等社会保障体系，使居民有"后顾之忧"去增加储蓄和减少投资，这显然会对美国经济增长、政府执政稳定和社会居民幸福感产生巨大的冲击或带来损失。而对中国而言，要减少国民储蓄、扩大内需和激励消费，首先需要建立完善的让国民"后顾无忧"的社会保障体系，而庞大的人口基数使这种体系建设还需要很长的时间才能实现，因此，扩大内需及对外进口将是一个任重而道远的过程，这也是中国在调整对外失衡中需要解决的重要前期难点。

二　调整全球贸易失衡的核心领域

要从根本上改变当前的全球贸易失衡，仅仅从贸易领域入手是不够的，还需要从金融、投资等多个领域进行共同调整，以满足各方在贸易失衡调整中的利益补偿要求；同时更要从政治的角度，调整中美政治和经贸关系，在兼顾贸易各方利益需求的同时，逐步缓解美国针对中国制造业出口将会影响其经济安全和世界经济霸主地位的担忧，最终才能真正渐进式调整全球贸易失衡到一个合理程度。当前失衡调整应重点从以下四个核心领域入手。

（一）重点考虑美国对失衡治理的接受程度，注意贸易失衡和金融失衡治理的协调

美国在对外贸易失衡调整中，倾向于减少对中国等亚洲经济体的制成品进口，但这势必会造成一个突出问题：美国减少对亚洲的进口，会使亚洲经济体外汇储备减少，对外投资和资本流出减少，而美国对外进口的资金主要来自这些亚洲经济体，尤其是其对美国政府国债的购买。因此，美国减少对亚洲经济体的进口，也会迫使其寻找欧盟及其他经济体作为其出口替代方，而这势必需要其加强与欧盟等经济体的投资和金融联系，对美资本流入将可能发生转移，同时，一旦对美资本流入难以为继，势必影响资本来源方政府与美国政府之间的关系，导致双方政治关系恶化和冲突增多。需要指出的是，自2007年美国发生次贷危机后，美国国内金融市场风险加大已经增加了许多资本流入方的担忧，调整对美资本流入的现象已经开始出现，而这极可能引起美国甚至世界经济的又一轮危机或衰退，全球金融领域争端也在日益增多，各方利益都因此受损。基于此，包括美国在内的世界主要失衡经济体需要审慎进行对外贸易失衡调整，尤其是关注这种调整对金融领域的连锁影响，避免全球贸易和金融领域均因贸易失衡调整发生新一轮危机。

（二）合理确定顺差方本币汇率调整幅度，加强各方汇率政策协调

在国际贸易中，价格水平是一国出口商品参与国际竞争的重要影响因素之一。虽然国内外学术界对人民币汇率是否应该升值，以及人民币汇率对中美贸易失衡是否有影响，还存在较大争议，但从最直接的名义出口价格水平的影响分析，人民币汇率变动无疑会对中国对外出口产生影响，目前低价的"中国制造"商品充斥各国市场就是"明证"之一。因此，调整全球贸易失衡，不可避免地涉及顺差方货币汇率应该如何调整，尤其是在全球经济协调中，中国需要与主张汇率调整的美欧等发达国家进行汇率政策协调。全球贸易失衡治理中的关键，是合理确定各主要经济体的汇率调整幅度，尤其是确定人民币兑美元、欧元及世界主要贸易计价货币的汇率，以使各方贸易失衡能回到合理波动范围内。

（三）调整中国制成品贸易结构，减少美国、中国及东亚其他经济体间的结构性贸易失衡

从本书的统计分析中可以看到，亚洲是美国对外贸易逆差的主要来源地，其中，中国对美国的贸易顺差及中国对东亚其他经济体的贸易逆差，共同组成了建立在全球价值链基础上的结构性三元贸易失衡，而这种结构性贸易失衡也是当前全球贸易失衡的核心。因此，调整美国贸易失衡的关键是减少美国与包括中国在内的东亚经济体间的结构性贸易失衡。而这种结构性贸易失衡很大程度上与美国和日韩等亚洲经济体对中国的 FDI 有关，外商在华投资企业对美贸易顺差是中美贸易顺差的主要来源。因此，要减少美国、中国及东亚其他经济体的三元贸易失衡，关键是合理调整美国及其他经济体在中国的外商直接投资规模和结构，减少其对华加工装配类产业的投资，但如何合理调整这种贸易模式，使各方利益损失降至最低，将是中国参与全球贸易失衡调整的关注点和要解决的问题之一。此外，美国与其他经济体在金融业和制造业长期形成的国际分工结构，也需要在失衡治理过程中，渐进式调整在服务业和制造业间形成的分工结构，而这势必需要研究如何合理分配美中两国金融业调整中的利益得失。同时

对中国经济而言，在失衡调整中还需关注在调整过程中如何维护制造业的贸易利益，使其损失及对中国经济增长的不利影响尽可能降到最低。

（四）加强主要经济体间协调机制的建设，共同参与失衡治理

全球贸易失衡的调整不仅是美中两国的责任，从美国对外贸易失衡的来源方分析，欧盟和北美自由贸易区经济体也应该在一定程度上分担全球贸易失衡治理的任务，而这需要建立完善的全球贸易失衡协调治理机制，以避免无序调整给世界经济运行带来的不利影响和冲击：导致世界主要经济体的货币汇率和内部经济结构出现波动，给世界经济带来利益损失。而且，缓解贸易各方的对外政策冲突，尤其是美国对中国的技术出口管制，减少中美高技术贸易顺差，需要各国在政府的协调平台上进行合作与谈判。目前在国际货币基金组织和世界银行等全球经济平台的协调或推动下，美国和主要贸易顺差方已经开始为贸易失衡调整和各方利益冲突协调进行多次的政策协调和磋商，但其仍处于经济协调的理论研究、谈判和宣布阶段，缺乏实质性行动计划，还未制定各方认同的政策目标、行动步骤与具体策略。尤其是由于 IMF 和世界银行的成员方几乎涵盖世界所有经济体，成员数量众多导致达成一致政策的效率偏低，因此，当前需要将新的全球经济协调平台，如 20 国集团（G20）等，尽快发展成正式的全球协调机制，提升主要失衡方达成一致协调政策和目标的效率，并建立一定的约束和惩罚机制，从而更有效率地调整当前的全球贸易失衡。

第二节　全球贸易失衡治理方法对贸易各方的利益影响

从全球贸易失衡调整的难点与核心区域分析，目前可以利用五种措施对全球贸易失衡进行治理。第一，进行美国、中国及东亚其他经济体间的结构性贸易失衡调整；第二，减少美国对中国的高技术出口管制，调整中美高技术贸易失衡；第三，以 G20 等全球协调平台，加强全球贸易失衡的治理协调；第四，进行各主要经济体的汇率调整协调，调整商品贸易逆差；第五，调整中美金融市场发展差异，减少亚洲经济体对美资本流入。

而在实施这些措施进行失衡治理的同时，需明晰其对贸易各方的利益影响，从而合理调整全球贸易失衡。

一　调整结构性贸易失衡对贸易各方利益的影响

从全球贸易失衡的区域和商品结构看，其失衡主要集中在有形商品贸易领域，服务贸易失衡规模较小，因此，其调整应以有形商品贸易失衡治理为主。而减少贸易失衡最直接和有效的方法是：选择重点贸易对象，针对主要失衡商品，减少各主要经济体对美贸易顺差。从美国对外贸易逆差的地区结构看，其主要集中在亚洲、OPEC 国家、欧盟 27 国和北美自由贸易区国家。而从美国贸易逆差的商品结构看，如果按 SITC 1 位数划分，其首位逆差商品是第 3 类商品矿物燃料、润滑油及相关原料，2012 年其贸易逆差额达到 2866 亿美元，占美国贸易逆差总额的 39%，比排在第 2 位的第 7 类商品多 435 亿美元，而此类商品进口主要来自 OPEC 成员国和北美自由贸易区国家；同时，欧盟 27 国对美贸易顺差的首位商品集中在第 7 类商品，2012 年顺差额达到 509.95 亿美元。因此，美国贸易逆差的调整不仅需要亚洲和 OPEC 成员国的参与，还需要欧盟和北美国家的调整，更需要美国在其商品进口结构上做适当调整，才能有效减少美国的贸易逆差。然而扩大进口是由各主要贸易伙伴的居民消费习惯、收入水平和经济发展水平决定的，也受到美国控制其石油资源进口的影响，需要各经济体间的双边或多边协调。因此，贸易顺差方能够决定的措施主要是调整其出口商品结构。

（一）美国与亚洲经济体贸易失衡调整对各方利益的影响

首先，从美中贸易失衡商品结构的分析看，以 FDI 带来的全球产业转移为基础的三元贸易是其失衡形成的主要原因。在这一贸易模式中，外资企业加工贸易是导致失衡的主要来源。据中国商务部投资指南统计，2012 年外商在华直接投资企业进出口总值为 18939.97 亿美元，占全国进出口总值的 48.98%。其中，外资企业出口额高达 10227.48 亿美元，占全国出口总值的 49.92%（2011 年为 52.42%），同时外资企业加工出口总值达到 7151.48 亿美元，占外资企业出口总值的 69.92%，占中国整体加工出口总值的 82.89%。这种以外资企业加工出口为主的结构，与美国、东亚其他经济体将其内部的加工装配类生产工序向中国转移密切相关。因此，调整美国与中国，乃至与亚洲间的贸易失衡，首先需要调整目前的外商直接投资结构及其带来的三元贸易模式。

其次，从美国对亚洲经济体的具体商品贸易结构分析其调整方向。其一，从美国与亚洲的贸易结构看，减少第 7 类商品对美出口将是关键。按照美国商务部对美国贸易逆差和进口的 SITC 统计（3 位数），排在前 5 位的商品中，有 3 类属于第 7 类商品，分别是第 781 类商品全部机动车辆、第 764 类电信设备和第 752 类自动数据处理器，而在美国对亚洲贸易逆差和进口的前 5 类商品中，排在前 3 位的商品分别是第 764 类（逆差 744 亿美元，占比 16%；进口 849 亿美元，占比 10%）、第 752 类（逆差 615 亿美元，占比 13%；进口 666 亿美元，占比 8%）和第 781 类（逆差 397 亿美元，占比 8.6%；进口 486 亿美元，占比 5.7%），因此，减少美国贸易逆差，亚洲经济体首先需要减少上述三类商品对美顺差。其二，从美中贸易失衡的结构看，失衡调整对第 7 类商品的影响集中在第 764 类和第 752 类商品。据美国商务部统计，排在中国对美贸易顺差商品第 1 位（按 SITC 1 位数统计）的是第 7 类商品（逆差 1814 亿美元，占比 57.5%；美自中国进口 2191 亿美元，占比 51.4%），其中，排在美中贸易逆差前 5 位的商品（按 SITC 3 位数统计）中，有两种属于第 7 类商品，包括排在第 1 位的第 764 类商品（逆差 560 亿美元，占比 17.7%）和第 2 位的第 752 类商品（逆差 536 亿美元，占比 17%），因此，如果调整美中贸易失衡，将会对这两类商品对美出口产生影响，损害中国相关企业贸易利益。其三，对贸易失衡的调整也将影响第 8 类商品贸易，而其对中美贸易失衡的作用要大于对其他经济体与美国贸易失衡的影响。按美国贸易失衡商品 SITC 1 位数统计，2012 年亚洲对美第 8 类商品贸易顺差额高达 1661 亿美元，占亚美顺差总额的 35.9%，仅次于第 7 类商品，而这类商品失衡主要来自中国。2012 年中美第 8 类商品贸易顺差额达到 2866 亿美元，占中美贸易顺差总额的 76%。而在第 8 类商品中，第 894 类玩具体育制成品、第 851 类鞋类制成品及第 821 类家具及床上用品制成品排在中国对美贸易顺差的第 3～5 位，分别达到 225 亿美元、171 亿美元和 169 亿美元，其中，第 894 类商品和第 821 类商品还是亚洲对美贸易顺差的第 4 大和第 5 大商品。因而，要减少亚洲对美贸易顺差，不可避免会影响中国对美第 8 类商品出口及相关企业的经济利益。

综合上述分析，当调整亚洲对美贸易顺差及中美贸易顺差时，将会有以下利益影响。

第一，外商在华投资企业加工贸易将受到对美出口减少的利益损失。中国对外出口以外资企业加工贸易出口为主，而调整对美贸易顺差，直接需要减少外资企业对美出口。受加工贸易性质的影响，中国仅会损失加工装配费用，真正受到影响的是美国及东亚其他经济体在华直接投资企业。由于中国主要从美、日、韩等地进口中间品，对美国最终商品出口减少将直接降低对这些经济体的中间品进口，使其失去核心制成品的贸易收益。具体而言，对比 SITC 3 位数统计的亚美贸易顺差和中美贸易顺差，中国及亚洲的第 7 类商品受失衡调整影响最大，但受损对象主要来自东亚的外资企业，美资企业和中国加工装配类企业直接损失相对较少。如果对顺差进行调整，第 7 类商品将成为重点调整对象。而从亚洲各经济体对美贸易顺差前 5 类商品看，中国对美第 7 类商品贸易顺差主要集中在第 764 类电信设备和第 752 类自动数据处理器；而第 781 类全部机动车辆对美贸易顺差则集中在日本（2012 年对美顺差 367.7 亿美元，排其对美顺差商品第 1 位）、韩国（2012 年对美顺差 100.0 亿美元，排其对美顺差商品第 1 位）。第 764 类商品和第 781 类商品都是加工贸易特征明显的商品，从贸易失衡的三元结构分析，其核心零部件多是从美国、日本、韩国及其他经济体进口的，而 2012 年美国对中国第 764 类商品和第 781 类商品出口分别仅为 19.2 亿美元和 11.4 亿美元。因此，即使其对中国出口的两类商品全部为中间品，减少中国对美第 764 类和第 781 类最终商品出口，对美中间品出口利益的损失也非常少。由于中国两类商品的进口主要来自日、韩等东亚经济体，减少对美出口将直接影响其中间品的出口利益。同时，需要指出的是，在亚洲对美贸易顺差的地区和商品结构中，第 764 类商品和第 752 类商品在东南亚经济体和中国台湾对美贸易顺差（按 SITC 3 位数统计）中也居重要地位。2012 年第 764 类商品和第 752 类商品在东南亚地区对美贸易顺差商品中分别居第 1 位（83 亿美元）和第 2 位（67.5 亿美元）；在中国台湾对美贸易顺差商品中分别居第 1 位（50.3 亿美元）和第 4 位（13.3 亿美元）。因此，如果减少亚洲地区对美第 764 类和第 752 类商品出口，将导致东南亚地区和中国台湾的贸易利益受损。此外，如果减少亚洲地区第 781 类商品对美出口，日本和韩国的制成品类生产企业利益将直接受损，其贸易利益损失将远超包括中国在内的其他亚洲经济体。因此，减少第 7 类商品对美贸易顺差，真正利益受损的是除中国之外的亚洲其他经济体，其核心制成品利益将减少更多，而美国和中国的实际利益损失相对较少。

第二，减少中美贸易顺差导致的中国利益损失，将集中在劳动密集型的第 8 类商品。第 8 类商品是仅次于第 7 类商品的中国对美第二大顺差商品，其具体商品主要集中在鞋类、家具类、玩具和体育类的最终制成品，这些商品技术含量低、劳动密集程度高、产量大，且其主要生产制造环节由中国内资企业自主完成，出口收益完全由中国企业获得。因此，如果减少这些商品对美出口，将直接影响国内企业的经济利益，这将是中国实际的利益损失。在当前中国技术创新水平偏低，难以真正进行信息通信等高技术自主研发的情况下，适当保护与第 8 类商品相关的低技术制造产业，尽可能维持这些商品对美出口，能够减少中国实际贸易利益流失，在失衡调整初期真正维护中国贸易利益。

第三，无论是减少哪一种制成品对美贸易顺差，都是对中国就业利益的损害。当前的中国国情是人口多，内资企业吸收劳动力的能力相对薄弱，尤其是对高知识、高技术的人力资源，很多内资企业难以完全吸收，甚至对低技术层次的劳动力，仅靠内资企业也难以全部吸收，需要更多有劳动力密集特征的外资加工装配类企业支持吸收中国劳动力。因此，一旦调整中国对美贸易顺差，将转移或减少外商对中国的直接投资，外企经营效益和劳动力吸收能力也将被削弱，这将对中国国内就业造成巨大冲击，而且人员失业和职业技能再培训支出等，都将使中国付出更多的经济和社会成本，甚至影响中国社会稳定。因此，当前需要渐进式减少对美加工贸易顺差，在调整中关注国内就业稳定，尤其要提升国内金融业、商业服务业、旅游服务业及高技术研发产业的就业吸收水平，只有打好高技术产业和服务业的就业吸收基础，才能大规模进行失衡调整，从而有效避免中国就业利益受损。

第四，中美制成品贸易失衡调整将沿着中国贸易结构升级，向拥有核心技术和制成品生产能力的方向发展，但这种调整会使中国利益不可避免地受损。当前全球高技术制成品的技术标准和生产原则的制定主导权主要由美欧等发达国家控制，要真正在这些高技术市场上实现产业和贸易结构升级，中国就必须将国内标准和技术原则与国际接轨。而目前中国在许多制成品生产上的国内标准和国际通行准则仍有差异，这就需要中国企业在调整进程中提高生产标准，国内行业的统一标准也需要进一步提高，而这将使中国付出一定代价。

（二）美国与 OPEC 成员国贸易失衡调整的利益影响

从美国对外进口的商品种类看，第 7 类商品进口总额排在第 1 位，达到 8698 亿美元，比排在第 2 位的第 3 类商品进口（4236 亿美元）高出 4462 亿美元。但从美国贸易逆差的商品结构看，排在第 1 位的商品不是第 7 类商品机械及运输设备，而是第 3 类商品矿物燃料、润滑油及相关原料，2012 年达到 2866 亿美元，占美国贸易逆差总额的 39%，比第 7 类商品逆差高出 435 亿美元，这说明美国对第 7 类商品出口远比第 3 类商品出口的收益大，因而美国贸易逆差的调整应首先从减少第 3 类商品进口开始，如果不调整该类商品对美出口，美国贸易逆差规模将难以真正降低。

而从美国第 3 类商品的进口来源看，石油输出国是其最主要的来源方之一。据美国商务部统计，仅 2012 年美国对 OPEC 成员国的第 3 类商品贸易逆差就高达 1654 亿美元，比美国对 OPEC 成员国整体贸易逆差（991 亿美元）高出 663 亿美元，且其对 OPEC 成员国的贸易逆差仅有第 3 类商品（按 SITC 1 位数统计）存在，如果按 SITC 3 位数统计，其对 OPEC 成员国的贸易逆差排在前两位的商品分别是第 333 类原油和第 334 类非原油类石油，分别达到 1617 亿美元和 34.9 亿美元。需要指出的是，美国对 OPEC 成员国的第 333 类商品进口额也是 1617 亿美元，说明美国仅从 OPEC 成员国进口原油，而较少出口原油，其对外原油依赖程度非常高。

因此，要调整美国贸易逆差，需要减少美国对 OPEC 成员国的原油进口，然而这会给贸易双方都带来不利影响。首先，OPEC 成员国的核心石油利益因失衡调整而受损。在包括沙特阿拉伯在内的 OPEC 成员国经济中，石油产业都是其主要经济支柱，对其经济发展和国民收入具有决定性影响。以沙特阿拉伯为例，作为世界上仅次于加拿大的第二大已探明石油储量国和最大的石油出口国，其石油收入占国民收入的 3/4，石油出口额占其出口总额的近 90%。如果大规模减少沙特阿拉伯对美石油出口，无疑会对其石油收入造成损失，而且其在短期内难以找到美国的贸易替代方，这将影响其宏观经济持续发展和国民收入上升。但适当减少对美石油出口对 OPEC 成员国也会产生正向利益，石油作为一种不可再生资源，减少石油出口有利于 OPEC 成员国的石油经济可持续发展，而且有利于国际石油价格水平的提升，增加其单位石油收益。

其次，美国和其他经济体从石油失衡调整中的利益得失。其一，减少石油进口会导致美国能源安全利益受损。作为世界上最重要的资源之一，石油不仅能用作汽油和燃料油等重要能源的生产，也可以被用作生产化肥、杀虫剂和塑料等的生产原料，更因为其资源有限性和不可再生性，世界各国都非常重视对石油资源的获取。作为世界上石油储量丰富的国家之一，美国在自身拥有丰富石油储量的基础上，十分注重对外部石油资源的利用，尤其是经历了 1973 年和 1979 年两次世界石油危机之后，美国十分注重石油能源安全的提前预防和保护，将其国家石油战略定位为大幅减少其国内石油资源开采和生产，增加对外进口。而 OPEC 成员国作为世界最大的石油储量聚集区，自然成为美国石油进口的主要来源地，虽然近年来由于伊拉克战争等影响，中东地区石油供应存在潜在不稳定因素，美国有意减少对其石油的进口，但其仍然在美国石油进口来源方中居首要地位。减少美国石油进口是对其现有石油使用战略的违背，在其国内巨大石油消费的影响下，会增加其对自身战略石油资源的使用，有损美国长远的能源安全，影响其超级大国的政治地位和世界第一经济强国的可持续性。因此，为了避免遭受上述利益损失，短期内美国难以减少对外石油进口。其二，在 OPEC 成员国投资的企业将因出口减少而利益受损。在 OPEC 成员国拥有丰富石油美元的基础上，仍有大量 FDI 进入这些国家，目前包括中国石油企业在内的许多外资企业都在 OPEC 成员国有投资，其主要是希望通过直接投资获取其庞大石油资源的开采权，赢得石油经济利益。然而，一旦美国减少对 OPEC 成员国的石油进口，这些外资企业对外石油出口和生产将受到不利影响，其石油美元利益将下降。其三，对中东石油资源的进口争夺和对美贸易替代，将使美国的安全利益受损。作为不可再生的最重要的战略资源，石油的获取不仅是一个经济问题，更是一个政治和安全问题，因此，世界各国都愿意在付出巨大进口代价的情况下，获取他国石油资源。在当前世界石油市场上，需要大量进口和消费石油的不仅有欧日等发达国家，更有中国等东亚经济体、拉美发展中经济体等。一旦美国减少对中东国家的石油进口，其可以找到贸易替代方，同时由于石油资源的不可再生性，一旦其为其他经济体获取，将迫使美国更多地利用本国石油资源，影响其未来能源安全和经济可持续发展，甚至如 20 世纪 70 年代那样引致经济危机。因此，减少对 OPEC 成员国的石油进口将使美国经济、政治和安全利益均受损。但需要指出的是，美国减少对 OPEC 成员国的石油进口，也给了中国等发展中经济体增加自身石油进口利益的可能，它们可以通过增加石油进口，减少对国内石油资源的消费，增加石油战略储备，提升自身安全利益。

（三）美国与欧盟国家贸易失衡调整的利益影响

目前欧盟共有 27 个成员国（EU27），其中的核心是以法德两国为基础的欧盟 15 国（EU15）。从经济和产业发展水平看，欧盟 15 国与美国最为接近，但从 1993 年开始，欧盟 15 国对美国就出现贸易顺差，并且从最初的 39.9 亿美元持续增长到 2012 年的 1079.4 亿美元，在这一时期，欧盟 15 国对美贸易顺差在 2005 年达到顶峰（1184 亿美元）。从理论上讲，欧盟与美国产业发展水平类似，相互间产业内贸易较多，贸易应向平衡发展。但由于欧盟是一个经济与货币的同盟，对内取消关税、对外仍实施关税，以内部贸易为其发展主方向，在贸易替代和贸易转移的影响下，美国对欧盟出现贸易逆差。因此，美欧双方应重点调整由内外贸易歧视带来的失衡，欧盟并不是与失衡无关的第三方。从 2013 年 8 月开始，美国将和欧盟进行首轮美欧贸易协定谈判，拟签订跨大西洋贸易与投资伙伴关系的贸易协定，由此看出，美国已经着手调整对欧盟贸易逆差。目前，美国对欧盟 27 国的贸易失衡主要集中在第 7 类商品机械及运输设备、第 5 类商品化学品及有关商品和第 6 类商品主要以材料分类的制成品，2012 年 EU27 对美贸易顺差分别为 510 亿美元、304 亿美元和 185 亿美元，其中 EU15 对美贸易顺差在其中占绝对核心，三类商品顺差分别达到 474 亿美元、298 亿美元和 166 亿美元。按 SITC 3 位数统计，美国对欧盟最主要的逆差商品集中在制成品，即第 781 类全部机动车辆，2012 年美国对 EU27 贸易逆差高达 236 亿美元，占第 7 类商品逆差额的 46%。因此，如果调整美欧贸易失衡，势必影响这些商品及其所属企业和国家的利益。

减少美欧贸易失衡的利益影响主要表现在三点。第一，影响欧盟内部贸易，尤其是欧盟内部发达工业国家的出口。一旦美欧自由贸易协定签订，美国对欧盟的制成品和高技术出口将大幅增加，如目前美国对欧盟呈贸易顺差的第 792 类商品飞行器及相关设备、第 994 类可评估的低价值运输品、第 752 类自动数据处理器和第 764 类电信设备等，都会大幅增加，这会影响欧盟内部这些商品的净出口方，对其造成更大竞争压力。第二，美欧在第 7 类商品，尤其是在第 781 类商品上，会形成更多贸易利益争端。随着美欧自由贸易协定的签订，美国在增加对欧出口的情况下，对欧盟的第 7 类商品，尤其是第 781 类商品的进口额将迅速增加，汽车业在美国制造业内拥有重要地位，其利益将会因自欧进口增加受损，这势必引起美欧汽车业贸易摩擦，而美国希望通过减少第 781 类商品进口降低美欧贸易逆差也将变得更为困难，调整成本扩大。第三，美欧贸易逆差的调整将可能产生较大贸易替代效应，对包括日韩在内的主要经济体利益造成损失。美国寄希望于通过与欧盟的自由贸易协定谈判增加对欧出口，这必将造成包括中国在内的其他经济体对欧出口减少，要面临欧盟内部贸易和对美进口增加带来的贸易转移和利益损失，尤其是美国自欧第 781 类商品全部机动车辆进口的增加，将会影响其自日本、韩国、北美自由贸易区机动车辆类商品进口，使它们的出口利益受损。

（四）美国与北美自由贸易区国家（NAFTA）失衡调整的利益影响

加拿大和墨西哥作为北美自由贸易区国家，在享受关税减免的优惠待遇下，与美国形成了互补性贸易结构，而与中国、东亚其他经济体和欧盟也形成了竞争性贸易结构。从北美自由贸易区对美出口商品结构看，前三类出口商品是第 7 类商品机械及运输设备（2463 亿美元，占比 41%），第 3 类商品矿物燃料、润滑油及相关原料（1431 亿美元，占比 24%）和第 6 类商品主要以材料分类的制成品（589 亿美元，占比 10%）。这也导致美国在第 3 类商品和第 7 类商品上对北美自由贸易区出现巨额贸易逆差，分别高达 1008 亿美元和 213 亿美元。从具体商品类型看，据美国商务部按 SITC 3 位数统计，加拿大和墨西哥对美贸易顺差前两位商品均是第 331 类原油和第 781 类全部机动车辆。2012 年墨西哥对美两类商品顺差分别达到 372.2 亿美元和 139.7 亿美元，加拿大对美两类商品顺差分别达到 698.6 亿美元和 320.6 亿美元。因此，从这种贸易顺差商品分布看，北美自由贸易区国家在第 333 类原油出口上与 OPEC 成员国形成竞争，在第 781 类商品上与日本、韩国和欧盟等经济体形成竞争，同时在第 752 类商品等上与中国大陆、中国台湾及东盟经济体形成竞争。因此，如果需要调整亚洲和 OPEC 成员国对美贸易顺差，同样也需要调整北美自由贸易区国家在这些商品上对美国的贸易顺差。然而，调整北美自由贸易区国家对美贸易顺差也会使美国等各方利益受到影响。

首先，失衡调整将使北美自由贸易区内部企业承担更高生产成本，利益受损。美国、加拿大、墨西哥在以第 781 类商品为代表的第 7 类制成品生产上，同样形成了以加工贸易为基础的互补性贸易结构，并享受关税减免的优惠待遇。一旦美国进行失衡调整，将会改变现有贸易结构，使美资企业在自由贸易区外寻找新的加工生产方，这将增加其生产成本，也不利于美国与墨西哥、加拿大两国经贸关系的持续发展。其次，如果美国减少对北美自由贸易区的原油进口，将使其石油安全利益受损。21 世纪初以来，美国的石油政策向着进口来源地多元化方向改变，以降低其对 OPEC 国家的石油进口依存度，防止当中东国家出现政治不稳定时，其石油安全受到不利影响。因此，如果减少对加拿大和墨西哥的石油进口，不仅需要美国增加其国内石油资源的消费，更需要增强其对 OPEC 成员国等的进口依存度，不利于美国能源安全利益。最后，减少美国对北美自由贸易区进口，有利于减轻对外部经济体的贸易竞争效应，增加包括中国在内的世界其他经济体对美出口，增加其出口实际利益。

二 调整技术出口管制对贸易各方利益的影响

自 18 世纪 70 年代美国第一次向英国实施出口管制措施以来，出口管制一直是美国处理对外政治和经济关系的重要手段之一。从其具体使用看，出口管制一直是一种经济政治化手段，美国在实施这一手段时不仅考虑经济目标，也注重政治利益实现，最终在二者之间求得一个利益平衡点。20 世纪初在两次世界大战影响下，美国出口管制政策的政治化倾向日益严重，相继颁布《与敌国贸易法》、《中立法》和《促进和加强国防法》①，以支持美国总统在战时采取管制军用物品和服务等方式，为限制敌国和战争胜利服务。1949 年美国国会制定了第一部《出口管理法》，向以苏联为核心的社会主义国家进行贸易限制和经济打压，此后中国也被纳入出口限制对象方。1969 年美国通过《出口管理法》，将出口管制改名为出口管理。在实际的美国出口管理中，其对外限制目标主要有三点：其一，对证实有害于美国国家安全利益的经济体，通过管制限定向其出口能有效提升其军事潜力的商品或技术；其二，通过管理帮助实现美国对外政策的目标；其三，通过管理保护美国国家经济利益和稀缺国内物资资源②。在不同利益目标的影响下，被限制方并不局限于包括中国在内的社会主义国家，但其管制程度和力度却不同。从 20 世纪 80 年代末开始，出于政治利益的考虑，美国加强了对中国的技术出口管制。从目前美国贸易逆差的来源方看，欧盟、北美自由贸易区和东亚其他经济体基本上是美国的政治盟友，在意识形态差异、战略利益不同和政治制度区别的影响下，中国是受美国技术出口管制最为严厉的国家之一。因此，美国一直对中国实施技术出口管制，这也是美国对中国高技术出口偏低和贸易逆差逐年扩大的重要原因之一。

如果美国调整对中国的技术出口管制，无疑将对美中贸易逆差减少产

---

① John Heinz, *U. S. Strategic Trade: An Export Control System for the 1990s*, Westview Press, 1991, pp. 7－8. 转引自梁倩《冷战后美国对华技术出口管制研究》，上海外国语大学硕士学位论文，2009。

② 余万里：《美国对华技术出口：管制及其限制》，《国际经济评论》2000 年第 4 期，第 49 页。

生积极效应，但也会对各方利益产生影响。第一，减少对中国的技术出口管制，有利于中国贸易利益增加，也有利于中国自美进口扩大。美国针对不同国家或地区的出口管制程度是不同的，美国商务部《出口管理法》曾依据管制程度由强到弱，专门将除加拿大以外的贸易对象分成"Z组"、"S组"、"Y组"、"W组"、"Q组"、"T组"、"P组"和"V组"八个层次，同时各组内经济体实施区别待遇，分别进行出口管制。具体到美国对中国的技术出口管制，1983年美国给予中国"V组"国家待遇，但其一直有很多歧视性规定，使中国并未真正享受"V组"国家待遇。同时，在军工技术、商业通信、卫星出口与发射、高性能计算机、导弹技术或设备以及精密机床等敏感技术出口上，美国仍对中国实施严格审查制度，并禁止出口。因此，放松这一管制无疑会对中国利益增加产生积极效应。首先，中国高技术产业发展过于集中的现状有望得到改善，并有利于新兴高技术的发展。目前，美国对中国的高技术出口主要集中在信息通信技术和光电技术，这些技术在全球高技术产业发展中已进入成熟期，如果能放松对中国的电子技术、高新材料技术、生命科学技术、生物技术等非敏感技术出口，无疑将对中国高技术产业的多元化产生积极影响。其次，对华技术管制的放松有利于中国民用高技术研发水平的提升。从21世纪初美国政府对中国高技术终端使用情况的调查，到2009年，美国向5家中国民用企业发放"合格终端用户"的进口执照[①]，取消逐一对中国高技术商品进口的审查，美国主要关心对华出口的高技术不被用于军事技术研发，而不介意民用高技术的出口和使用，因此，美国取消高技术出口限制将主要集中在民用领域，这也将极大促进国内民用科技研发水平的提升。最后，中国进口更多的高技术商品，不仅有利于缓解日益扩大的美中贸易逆差，增加美国高技术出口对中国的贸易依赖度，也能使中国相关高技术产业和制造业获得进口商品的技术溢出，加快其单位产值和实际收益增长。

　　第二，降低对中国的技术出口管制，对美国的利益影响较为复杂。技术出口管制作为一种带有"经济政治化"特征的限制性措施，美国在决定

---

　　① 《美国"松绑"对华高科技出口》，《国际先驱导报》2009年1月19日，新华网，ht-tp：//news. xinhuanet. com/herald/2009 - 01/19/content_ 10680739. htm。

是否取消对中国技术出口管制时考虑的利益得失相对比较复杂①，需要其在国家安全等政治利益和出口变化等经济利益间取得平衡。目前美国主要考虑的利益得失表现在以下几个方面。首先，美国主要考虑对中国的政治遏制、"保护人权"、防止核扩散及武器扩散等政治利益，为了这些利益其宁可放弃经济利益，因此，美国如果完全放弃对中国的技术出口管制，那么在表达其对中国的利益诉求时，将难以有效实现其政策目标，这将是美国在决定是否取消出口管制时考虑的主要利益损失。其次，美国主要关注通过出口管制遏制中国军事技术的研发和提升，保证美国国家安全利益，而且从以往美国出口管制的实践看，在国家安全利益和经济利益之间，美国通常会选择前者。如果美国取消对中国技术出口管制，就帮助了中国军事技术的提升，那么对美国国家安全利益将是一种损失，这也是美国长期以来一直不愿放弃对中国的技术出口管制的主要原因之一。最后，对中国技术管制的取消将有利于美国高技术产业经济利益的提升。长期的对华高技术出口管制，产生了巨大的"贸易转移"与"贸易创造"效应，主要表现在中国与日本、俄罗斯、欧盟在核技术、武器技术、航空航天技术上的双边贸易，在美国技术出口管制的影响下持续扩大，使得美国以波音公司为代表的许多同类企业利益受损。尤其是在21世纪初，随着日、欧等经济体科技创新水平的提升，美国在世界高技术研发与创新领域的垄断和领导地位正逐步丧失，持续的对华技术出口管制使美国失去了中国这一新兴市场，其贸易利益损失正日益扩大，因而调整美国对中国技术出口管制，不仅有利于其高技术出口企业利益的增加，更有利于其国内就业增加、贸易逆差减少和中美经贸关系的改善。

第三，降低美国对中国的技术出口管制，对其他经济体利益也会产生不同影响，但负面影响相对更大。首先从正面影响分析，降低对中国的技术出口管制使日、欧、俄等出口方承受的美国政治压力将减少。美国在实施对中国的技术出口管制时，通常还会要求其盟友共同参与对中国的技术出口管制，如二战后美国相继建立了巴黎统筹委员会、关于常规武器和双

---

① 沈国兵：《美国出口管制与中美贸易平衡问题》，《世界经济与政治》2006年第3期，第77页。

用途物品及技术出口控制的瓦森纳安排、核供应国集团、澳大利亚集团①，以联合成员方共同对被管制方进行关键高技术的出口管制。因此，日、欧等在扩大对中国高技术出口时，常常在核技术、电子技术等高技术上受到美国制约，一旦美国降低对中国的高技术出口管制，这些经济体承受的来自美国的政治压力和经济压力也会减少，扩大对中国的高技术出口。其次，从负面影响分析，美国降低对中国的高技术出口管制，将在对中国高技术出口上直接形成与欧盟、日本等经济体的商品竞争，而美国作为世界头号技术强国和高技术研发来源地，其在关键技术上的竞争力更强，这必将减少其他经济体对中国高技术的出口，高技术对华出口重点来源地将向美国转移。

三　G20 全球经济失衡治理对失衡各方的利益影响

（一）　G20 的建立及其在全球经济失衡调整中重要性的提升

G20 最初成立于 1999 年的 20 国集团德国峰会，目前其性质主要是一个由发达经济体（G7：美国、英国、法国、德国、日本、意大利、加拿大；欧盟；澳大利亚）和新兴市场经济体（中国、印度、阿根廷、巴西、墨西哥、印度尼西亚、俄罗斯、沙特阿拉伯、南非、韩国和土耳其）共同组成的全球性金融论坛，包括 G20 首脑峰会与财长和央行行长会议等多边协调论坛。2005 年之后，随着全球经济失衡出现及调整，传统的发达国家主导世界经济格局的现象正在改变，尤其是 2008～2009 年国际金融危机的爆发，使以美国、欧盟为核心的发达经济体需要以"金砖五国"为核心的发展中经济体，更多地参与到国际金融危机治理和全球经济失衡调整中，因此，在美国等 G7 国家的推动下，G20 在全球经济格局中的地位迅速提升，其影响力和受关注度迅速加强。尤其是在全球金融危机治理中，G20 在 IMF 投票份额的调整、《巴塞尔协议 III》的签订、系统重要性金融机构（SIFI）的建立等问题上②，

---

① 梁倩：《冷战后美国对华技术出口管制研究》，上海外国语大学硕士学位论文，2009，第 10～12 页。
② 黄薇：《全球经济治理之全球经济再平衡》，《南开学报》（哲学社会科学版）2012 年第 1 期，第 77 页。

发挥了主导性作用，同时随着 2009 年美国总统奥巴马提出要将"全球经济再平衡"纳入 G20 的主要议题，G20 已开始超越 G7 成为全球经济失衡治理的最主要的协调路径和非正式对话平台。

（二）G20 在全球经济再平衡上取得的主要成果和作用

G20 的成立主要源于"美国及其控制的 G7 集团，在全球经济一体化和各经济体相互影响日益深入的情况下，为了将在世界经济格局中作用日益重要的新兴经济体（尤其是以中日韩为代表的东亚经济体），置于从 1944 年开始的由美国控制的布雷顿森林体系下的全球政府管理体系中"①。从其参与方的级别分析，最初仅局限于 G20 成员方的财长和央行行长层次，就恢复和推动全球经济增长、应对经济全球化及解决其他全球金融问题进行协调。但 2007 年美国次贷危机和 2008 年的国际金融危机爆发，使包括美国在内的世界主要发达国家迫切要求 G20 在全球经济治理上发挥更大作用和更高效率，G20 的全球经济协调级别也从部长级会议协调升级到首脑峰会和部长级会议并行的协调方式。从 2008 年 11 月的 G20 华盛顿首脑峰会开始，G20 每年都会至少举行一次首脑峰会，而这种由各主要经济体首脑参与的协调机制，也为全球经济失衡治理和各国利益协调做出了一定贡献，使其政策执行更为高效。综合而言，在全球经济失衡治理上，G20 取得了一定成绩，发挥了明显作用，具体表现在以下几个方面。

1. G20 一直关注经济失衡治理，并对涉及失衡的主要经济体提出了明确治理建议

虽然 G20 作为 IMF 和世界银行的补充机制，目前主要关注国际金融和经济增长领域的全球性议题，而对包括中美贸易失衡及贸易保护主义在内的贸易议题，在 21 世纪初的历次会议中关注度不够。但随着 IMF 前总裁拉托提出全球经济失衡的概念后，G20 及时做出反应，从 2005 年 G20 北京

---

① John Kirton, From G7 to G20: Capacity, Leadership and Normative Diffusion in Global Financial Governance, *Paper Prepared for a Panel on "Expanding Capacity and Leadership in Global Financial Governance: From G7 to G20"*, International Studies Association Annual Convention, March 1–5, 2005, Hawaii.

财长和央行行长会议开始，就关注全球经济的平衡增长，提出"加强全球合作，实现世界经济的平衡有序发展"的中心议题，明确指出日益扩大的全球经济失衡等因素会加剧全球经济的脆弱性，并希望其成员方能够通过实施必要的财政、货币、结构和汇率等宏观经济政策，缓解日益恶化的全球经济失衡①。此外，在 2007 年举行的南非开普敦财长和央行行长会议上，G20 还专门针对涉及失衡的具体经济体，提出了具体的治理建议：美国需要调整其国内的储蓄不足问题；欧盟需要加快发展并提升自身经济的增长速度；日本需要进行经济结构调整和财政治理；包括中国在内的亚洲新兴经济体需要扩大内部需求以扩大进口；世界主要产油国则应实现宏观经济的稳定发展②。可见 G20 一直关注全球经济失衡及其治理，并在如何治理各主要经济体的贸易失衡问题上给予了必要关注，提出了明确的政策指导和相关建议。

2. 在发达国家推动下，明确提出全球经济失衡需治理，并将其作为首脑峰会核心议题

2005 年 G20 明确提出全球经济需要平衡发展，为失衡的治理提供了很好的契机，然而，2007～2008 年以美国为首的发达国家爆发金融危机，使各主要经济体对失衡治理的关注度开始降低，在 2008 年的华盛顿和 2009 年的伦敦首脑峰会上，G20 都没有对失衡及其治理给予必要关注，而将主要注意力集中在国际金融危机的应对和缓解上，这从一定程度上拖延了全球经济失衡的治理进程。然而，随着美国在应对金融危机和促进全球经济增长过程中逐渐意识到调整对外贸易失衡对其脱离金融危机的重要性，其开始在 G20 上提出有关失衡治理的议题，并将该议题定为会议核心，以帮助其应对日益恶化的国际金融危机。2009 年，美国总统奥巴马在 G20 匹兹堡首脑峰会上明确地将全球经济再平衡列为该次峰会的核心议题，并明确提出 G20 应在其成员方范围内建立可持续和平衡增长的全球经济框架。全球经济再平衡议题的提出，也使得各主要经济体政府首脑开始真正关

---

① 《第七届二十国集团（G20）财长和央行行长会议联合公报》，2005 - 10 - 26，新华网，http：//finance. sina. com. cn/j/20051016/17052036748. shtml。

② 《第九届二十国集团（G20）财长和央行行长会议联合公报》，2007 - 11 - 19，新华网，http：//news. xinhuanet. com/newscenter/2007 - 11/19/content_ 7101789. htm。

注全球经济失衡的调整，相关政策的协调也开始具体进行，而全球贸易和金融领域的失衡治理也因此被共同置于 G20 的全球治理平台和框架之下。

3. 涉及失衡的当事方在 G20 框架下达成了失衡治理主要对象和评估方法上的一致

自 2009 年 G20 将全球经济再平衡作为其首脑峰会的主要议题之一，2010～2011 年 G20 一直十分关注全球经济失衡的调整内容和进度安排，并做出了实质性的调整工作。首先，G20 在 2010 年的首尔峰会上委托财长和央行行长会议负责制定各国进行失衡调整的具体领域和主要内容，即具体制定失衡调整的参考性指南。其次，G20 在 2011 年的巴黎财长和央行行长会议上公布了各国进行失衡治理的具体范围和相关评估指标。G20 将各主要经济体的失衡分为内部失衡和外部失衡，而成员国的失衡治理也因此不仅局限于外部的贸易失衡治理，还包括内部失衡调整。在具体的失衡评估指标上，其也分为两类：内部失衡指标包括公共债务、财政赤字、私人储蓄率和私人债务等；外部失衡指标包括贸易失衡、净投资收益与转移账户失衡等，并适当参考汇率、财政、货币等政策性指标。最后，G20 在 2011 年 4 月的华盛顿财长和央行行长会议上进一步提出了评估各方经济失衡程度的具体测度方法，并明确决定使用国际货币基金组织提出的测度各方经济失衡的方法（主要有四类：结构方法、基于成员方的历史时间序列的统计方法、组内分析方法及统计四分位方法），最终在失衡参考性指南的量化目标上形成了统一方案①；而在同年 11 月的 G20 戛纳首脑峰会上通过了上述评估方案，其开始具体应用在各国的失衡量化上。

在美国等发达经济体的推动下，虽然 2010～2011 年 G20 在全球经济失衡治理上取得了重要进展，但是 2011 年欧洲债务危机的愈演愈烈，使欧盟等发达经济体更为关注自身的债务危机和全球经济的恢复性增长，在失衡治理上给美国的支持力度逐步减弱，这也使得 G20 对失衡治理的

---

① 黄薇、韩剑：《G20 参考性指南：治理全球经济失衡的第一步》，《金融评论》2012 年第 1 期，第 43 页。

进度开始减慢，尤其是在 2012 年墨西哥首脑峰会上，IMF、美国、欧盟均提出要以实现增长和就业作为未来 G20 主要关注的议题，使得全球经济失衡治理的功效可能受到影响。这主要是因为 G20 全球经济失衡治理与世界经济复苏之间存在一定矛盾，这一点可以从 2005 ~ 2011 年全球贸易失衡的变化和美中等国经济增长速度的演变发现。表 5 - 1 显示，2005 ~ 2007 年及 2010 ~ 2011 年两个时间段，由于国际金融危机的影响，在美国对外贸易失衡减少的同时，美国 GDP 增长率却持续降低；与此同时，中国及东亚其他经济体的 GDP 增长率却相对偏高，与美欧等经济增速呈现明显差异。而在调整对外贸易失衡和恢复国家经济增长二者间，美国明显更关注后者的实现，而提升经济增长速度显然会扩大美国的进口规模，不利于其逆差减少。正是因为加快本国经济增长和减少对外贸易失衡之间存在这一矛盾，因而 G20 需要适当协调这两大政策目标间的关系，才能在平衡各方经济增速的同时继续深化调整和抑制全球经济失衡①。

表 5 - 1　2002 ~ 2011 年涉及中美贸易失衡的经济体的 GDP 增长率情况

单位：%

年　　份	2002	2003	2004	2005	2006	2007	2008	2009	2010	2011
美国	1.81	2.56	3.46	3.05	2.62	1.89	- 0.38	- 3.52	2.99	1.68
中国	9.10	10.00	10.10	11.30	12.70	14.20	9.60	9.20	10.40	9.24
东亚其他经济体	7.74	7.08	8.27	8.63	9.95	11.02	6.92	5.93	9.53	7.66

资料来源：根据 Unctad Stat Report 统计数据整理得到，http：//unctadstat. unctad. org/Report-Folders/reportFolders. aspx。

（三）G20 对失衡调整的效果评估

虽然 G20 将各主要经济体的经济失衡定义为内外两部分的经济失衡，

---

① Thomas Fues，Peter Wolff，"G20 and Global Development"，*Working Paper of German Development Institute*，June，2010.

但一方面，各主要经济体的内部经济失衡调整内容较为复杂；另一方面，本书主要关注外部经济失衡的调整，因此，我们认为应该在重点探讨 G20 治理对各方外部经济失衡影响的基础上，尽可能地从各方财政失衡变化、经济增长速度改变等方面评估 G20 失衡治理的效果，尤其是系统比较 2005 年和 2008 年两个时间点前后各主要经济体的经济失衡演变和调整情况。由于 G20 对全球经济失衡的治理主要集中在 2005～2011 年，因此，我们主要利用这一时期的经济数据进行影响评估。

1. G20 治理对各主要经济体贸易失衡调整的影响效果评估

从前文的分析可知，世界各主要经济体都存在贸易失衡，即在当前的经济全球化背景下，各主要经济体间的贸易不平衡是世界经济发展的常态。世界主要贸易逆差方被认定为美国，而包括中国、东亚其他经济体、OPEC 成员国、欧盟及北美自由贸易区国家在内的其他经济体是主要贸易顺差方。然而美国对外贸易商品并不都是贸易逆差，从美国对外贸易失衡的具体表现看，其主要集中在有形商品贸易失衡，而从目前西方学者对全球贸易失衡的关注和界定看，主要将以中国为代表的东亚经济体和 OPEC 成员国视为贸易顺差方，为了便于比较 G20 对贸易失衡的治理效果，我们沿用其对贸易顺差方和逆差方的界定。目前，从全球贸易失衡的外在表现分析，美国与东亚和 OPEC 经济体间的货物贸易失衡是否随 G20 的关注发生变化，是全球贸易失衡治理是否有效的重要标准之一。本书利用美国商务部统计的 2005～2011 年的货物贸易失衡数据，结合 G20 对全球经济失衡的治理关注情况，分析 G20 治理对美国与主要经济体间的货物贸易失衡变化的影响。

从图 5-1 分析，2002～2011 年，美国对日本贸易逆差、对石油输出国组织成员国贸易逆差、对亚洲地区贸易逆差、对中国贸易逆差基本呈现相似的变化趋势，2002～2006 年美国对这些经济体的贸易逆差总额均持续增长，2006～2009 年各类贸易逆差开始持续减少，2009～2011 年则出现重新扩大的趋势。而这种演变趋势与 G20 对失衡的关注有一定的同步性，这其中有两个重要的时间点：2005 年和 2008 年。在 2005 年，G20 开始关注全球经济失衡的治理，最直接的效果就是抑制了美国对外贸易逆差总额和对主要经济体贸易逆差的扩大趋势，2006～2009 年美国贸易逆差总额从

8279.7 亿美元减少到 5035.8 亿美元。而 2008 年，美国次贷危机和国际金融危机的爆发，使包括美国在内的世界主要经济体主要关注如何应对金融危机及恢复全球经济增长，这直接导致对失衡治理的关注度下降，美国对外各类贸易失衡开始重新扩大。但这种扩大趋势，无论是贸易失衡的绝对数递减额，还是贸易失衡的年增长率都明显较为缓慢，尤其是 2010 ~ 2011年相比 2009 ~ 2010 年，美国各类贸易逆差增长速度都在减慢，如美国对亚洲地区的贸易逆差绝对数额增长值就从 605.3 亿美元减少到 330.7 亿美元，这与此后 G20 仍然关注全球贸易失衡治理，将其列入首脑峰会核心议题有一定的同步性。

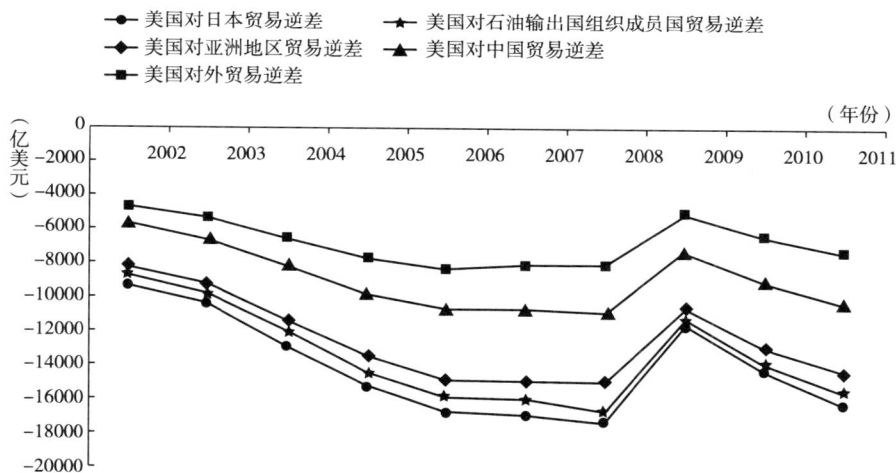

图 5 - 1　2002 ~ 2011 年美国对外贸易失衡的变化

资料来源：The Department of Commerce, http://tse.export.gov/TSE/ChartDisplay.aspx。笔者根据从美国商务部网站搜集的数据自绘。

综合上述美国对外各类贸易逆差的变化趋势分析，G20 对全球贸易失衡治理的关注，有利于美国贸易逆差的减少，但 G20 的这种关注和调整，并不能从根本上改变美国对外各类贸易逆差的扩大趋势，这主要是因为 G20 需要协调实现的政策目标较多，相互之间存在政策效应的抵消，如其中最大的矛盾是各国在实现促进自身经济增长和调整全球贸易失衡上的冲突。正是由于美国等国家关注 2008 年国际金融危机的解决和恢复自身经济增长，导致 G20 选择全球经济政策协调的重心偏向恢复各国经济增长上，而美国等国家从经济衰退中的恢复性增长，也推动了其对外进口的持续扩大，抑制了全球贸易失衡的治理速度，使全球贸易失衡的调整难以根本实现。

2. G20 治理在各主要经济体金融失衡调整上的功效评估

自 2005 年各国开始重视全球经济失衡及其治理以来，在关注贸易失衡的同时，失衡中的各主要经济体的金融脆弱性开始受到学术界的关注[①]，各方之间的资本流动失衡及其给美国等世界主要经济体造成的影响，开始被更多地研究，金融失衡的研究因此成为学术界关注的热点（Caballero 等，2006）[②]，对失衡的调整也开始更多地涉及金融领域的治理。目前，学术界对美国对外贸易逆差能够持续扩大的共识之一是：美国资本和金融项目下的净流入支撑着其对外贸易逆差的持续扩大。为了实现传统国际收支理论中的国际收支项目余额最终为零的目标，在美国对外贸易逆差（经常项目）扩大的同时，必然伴随其资本和金融项目净流入的增加，因此，其变化趋势也能在一定程度上反映 G20 对失衡治理的效果。

从 2002 ~ 2011 年美国商务部经济分析局（Bureau of Economic Analysis）统计的美国资本项目构成分析，2005 年和 2008 年仍然是两个关键的时间点。首先，我们对比 2002 ~ 2011 年外国在美国拥有的资本数额和美国在外国拥有的资本数额。2002 ~ 2005 年，在全球经济失衡日益严重的时期，外国对美国的资本流入相比美国对外国的资本流出之间的差额，也在随着美国对外贸易逆差的扩大不断增加。2002 年其差额为 5005 亿美元，2005 年就增加到 7008 亿美元，其中，2004 ~ 2005 年的这一差额增长最为迅猛，绝对数额增加了 1685 亿美元，占到 2002 ~ 2005 年这一差额总增加值的 80% 以上，而 2005 年也被 IMF 等国际经济组织视为全球经济失衡最为严重的年份，G20 等国际经济协调机制也开始对全球经济失衡的治理给予必要的关注。而在其关注的同时，2006 年，上述差额的增加速度开始大幅减缓，2006 年其差额总值相对 2005 年仅仅增加了 787 亿美元。2007 年

① Miranda Xafa, "Global Imbalances and Financial Stability", *Journal of Policy Modelling*, 2007 (29): 783 – 796.

② Ricardo J. Caballero, Farhi E, Gourinchas O, "An Equilibrium Model of Global Imbalances and Low Interest Rates", *NBER Working Paper* 11996, 2006.

之后，在全球经济失衡治理与国际金融危机爆发等多重因素影响下，外国对美国资本流入和美国对外国资本流出的差额在继续缩小，2007 年这一差额的绝对数额相比 2006 年下降了 1685 亿美元，2009 年差额总值仅为 1849 亿美元。虽然此后随着美国经济从危机中恢复，外国对美国资本流入不断增多，二者间差额又在持续扩大，但 G20 失衡治理对外国对美国资本流入主要去向的控制有了一定的效果。从中国、日本及世界主要外汇储备国对美国资本流入的主要去向分析，政府债券是其主要投资对象，但在 2006～2007 年，外国对美政府债券购买从 4284 亿美元的高位剧减到 2699 亿美元，2008～2009 年，这一购买额又从 5914 亿美元的高位减少到 4373 亿美元，并仍在逐年减少，2011 年仅为 2188 亿美元①。从美国资本流出入失衡的演变趋势分析，G20 对全球经济再平衡的关注，与其变化具有一定的同步性，说明其调整起到了一定的效果。尤其是在 2005～2008 年，在国际金融危机全面爆发之前，G20 先后在 2005 年的北京峰会和 2007 年的南非开普敦财长和央行行长会议上对全球经济失衡的治理进行了明确讨论，并对涉及失衡的各主要经济体提出了有效的治理措施和建议，而这一时期美国对外资本流出入差额有明显的减少趋势。但也需要指出的是：2008～2009 年国际金融危机的爆发，使包括美国、欧盟在内的世界主要经济体更为关注世界经济的恢复性增长，而发展中国家则更为关注其在美国投资资本的安全性，从而使其对美资本流入减缓，一定程度上也影响着全球资本流动失衡的演变。而在发达国家更为关注全球经济恢复性增长的影响下，G20 对全球经济失衡的治理重视程度在减弱，这也使得 2008～2009 年，在美国等发达国家经济恢复增长及其带来的进口大幅增加影响下，全球经济失衡重新恶化。而随着发达国家经济增长的加快，2009～2012 年，全球经济再平衡成为 G20 的主要议题，失衡治理又开始成为 G20 关注的热点，此后美国对外资本流出入失衡和贸易失衡有所缓解，差额逐步缩小。这说明 G20 在全球金融失衡调整上是起到了一定效果的。

---

① 传统理论提出：中国、日本等东亚经济体通过贸易顺差获得的巨额外汇储备，通过购买美国政府债券的方式，又回流到美国资本市场，使美国资本和金融项目出现净流入。

3. G20 治理对其他宏观经济领域失衡治理影响的评估

从美国的视角分析，全球经济失衡表现为主要经济体间贸易和金融领域的流入出失衡，但由于贸易和金融是影响一国宏观经济发展和政府政策的主要因素，因此，其也造成了这些经济体在经济增长、资源财富和财政收支上的失衡，而 G20 对这些议题也给予了必要关注，并对这些领域的失衡进行了适当治理。具体表现在三个方面。其一，在平衡各方经济增长速度上，G20 的治理效果明显。在国际金融危机的影响下，以美欧等为代表的发达经济体与以"金砖五国"为代表的发展中经济体之间的经济增速出现明显差异，但在 G20 关注国际金融危机的治理和推动各方可持续及平衡增长政策的推动下，美欧等经济体相继走出金融危机，并出现国民经济的恢复性增长。2009 ~ 2010 年，美国经济增长速度从 - 3.52% 转变为 2.99%，虽然还赶不上东亚经济体接近 10% 的增长率，但相对其庞大的 GDP 绝对值而言，经济增速的恢复已经相当明显，全球增长失衡已经得到一定程度的缓解。其二，G20 已经开始着手治理各主要经济体间的财政收支失衡。随着全球贸易和金融失衡的持续存在，包括美中两国在内的世界各主要经济体间的政府财政收支也出现了相反的发展趋势，以中国为代表的东亚经济体财政收入逐年递增，在政府基础设施投资大幅增长的情况下财政赤字并不十分严重，甚至在部分年份还是盈余的，而美欧等发达经济体却相继出现财政悬崖、政府债务危机等财政问题。从 2010 年的 G20 多伦多会议开始，G20 就开始重点关注欧洲债务危机，以督促削减各主要经济体的财政赤字，力求解决其政府财政危机，并将财政赤字指标作为 G20 失衡治理的评价指标之一。虽然目前主要发达经济体的财政赤字仍很明显，但其治理已被纳入 G20 的未来工作日程，全球财政失衡已将开始进入调整周期。其三，G20 对全球能源失衡进行了初步治理，通过其成员方提出了控制全球石油价格的相关措施。石油财富分配的不均衡一直是 G20 每年会议关注的热点，尤其是针对近年来以石油为代表的大宗商品价格的上涨，G20 也提出了许多治理措施，先后在 2006 年的墨尔本财长和央行行长会议、2011 年的法国戛纳峰会、2012 年的墨西哥峰会上提出了包括石油在内的能源与矿产的价格变动及其带来的财富分配失衡的应对措施，明确提出要对包括石油在内的大宗商品的价格进行适当控制，并准备随时采取进一步的行动，而在 G20 的机制影响下，以沙特阿拉伯、墨西哥为代表的世界主要石油生产国也做出了政策上的保证，随时准备协助 G20 调控全球石油供应和价格变动。而在这些政策的影响下，美国和世界主要产油方——石油输出国组织成员国间的石油类贸易逆差增速大幅减缓，2009～2012 年其逆差年均增速仅为 −5.1%，比 2005～2008 年的年均增速 36% 下降了 40 多个百分点①。

4. G20 治理对全球经济失衡调整效果的总体评价

G20 是作为国际货币基金组织（IMF）和世界银行（WB）的补充机制存在的，但其在功能上不仅仅是从事金融领域问题的治理，还兼顾协调各方经济增长、贸易平衡、调整全球资源价格、解决主要经济体债务危机等多重功能。从理论上而言，G20 具备相比 IMF 和 WB 能够获得更大功效的条件，具体表现在以下几方面。第一，G20 给予了以"金砖五国"为代表的发展中经济体更多、更平等的话语权，而不是像 IMF 和 WB 那样单纯以发达国家为主体，从而使其更有动力去参与和承诺实现 G20 在失衡调整上提出的政策要求。由于全球经济失衡的治理单靠美国的主动参与是难以实现的，需要占据顺差一方的中国等新兴发展中经济体的积极参与才能真正实现，因此，G20 的这一优势使其更能推进发达国家和发展中国家达成一致的政策协议。第二，G20 在每次具体的首脑会议与财长和央行行长会议上都设置较少的会议主题，而这为参与各方的协调目标更具体、更容易达成一致提供了更好的前提。第三，G20 将世界主要经济体集中起来进行协调，但需要协调的对象数目大幅度减少，这也有利于其在具体政策上更快地达成一致。G20 虽然只有 20 个成员国，但集中了美欧等世界主要发达经济体，也集中了包括"金砖五国"在内的主要发展中经济体，其 GDP 总量占世界经济总量的比重接近 90%，贸易总量占世界贸易总量的比重接近 80%，因此，其完全可以决定世界经济的总体政策导向和未来趋势，而较少的成员也使其相比 IMF 等全球性经济组织能更有效率地在具体政策上达

---

① 根据美国商务部的统计，虽然 2008～2009 年美国与石油输出国组织成员国之间的贸易逆差从 2066.32 亿美元减少到 996.65 亿美元，但笔者认为导致这一变化的原因主要还是美国次贷危机，而且其影响难以将其与 G20 的影响分开，但 G20 在其中还是产生了一定的影响。

成一致。第四，G20 在协调功能上的全面性，使其更有利于各方进行利益交换，从而达成相关政策目标。目前世界主要的经济协调组织是国际货币基金组织、世界银行和世界贸易组织，前两者专门从事金融领域的全球经济协调，后者则专门从事国际贸易领域的经济协调，其功能都相对较为单一，涉及的利益交换也主要集中在某一个领域。与之相比，G20 在协调范围上横跨经济增长、金融、贸易、财政和投资等多个领域，尤其是其强调在贸易失衡、金融失衡和恢复平衡增长上进行共同协调，而这也给发达国家和发展中国家间的协调提供了更多可选择和可交换的利益领域。目前，发达国家主要关注全球失衡治理和经济平衡增长，带动主要经济体走出金融危机，而发展中国家则关注全球贸易保护的缓解和国际金融市场的稳定，因此，各方很容易实现协调过程中的利益互换，并在平衡增长等方面达到各方利益上的一致。目前 G20 在全球经济失衡治理的参考性指南、评估方法上达成政策一致，充分体现了其治理功效较高。

综上所述，G20 在全球经济失衡治理上取得了比 IMF 等三大组织更有成效的政策结果，尤其是在 2005 年和 2008 年这两个时间点前后，G20 的治理政策出台与全球贸易失衡、资本流出入失衡及其他宏观经济领域失衡的演变具有一定同步性，充分说明 G20 在全球经济失衡治理上是取得了更明显效果的，未来中国需要更多利用 G20 这一平台进行全球经济失衡的合理治理，为中国获取更多实际利益，实现有利于中国的政策目标。

（四）G20 治理对各主要失衡方的利益影响评估

虽然 G20 目前还仅仅作为发达国家与新兴市场经济体间的非正式对话平台，但由于它涵盖了包括 G7 和欧盟在内的发达经济体，以及包括"金砖五国"在内的主要新兴经济体，涉及与当前全球贸易失衡有关的几乎所有经济体，因此，它相对 IMF、世界银行和世界贸易组织，更容易在小范围内达成对全球经济失衡调整的相关决议，在监督和协调各成员方具体履行承诺方面也更为有效[①]。而从目前全球贸易失衡的调整看，其绝不仅是

---

① 陈素权：《二十国集团在全球金融与经济治理中的角色分析》，《世界经济与政治论坛》2009 年第 4 期，第 93 页。

中美两国的协调治理，还需要欧盟、OPEC 成员国、北美自由贸易区国家及东亚其他经济体的共同参与，才能从根本上减少美国日益扩大的贸易逆差。而这种协调治理必然会对各方利益产生影响。

1. G20 治理与美国的利益得失

2007 年美国发生金融危机，经济陷入衰退，在这一背景下，美国急需以"金砖五国"为核心的新兴经济体共同参与全球经济的恢复增长，而G20 为其提供了很好的协调平台，但其会对美国利益产生影响。G20 治理对美国的利益影响主要包括以下几点。第一，G20 通过失衡调整的参考性指南为美国带来正利益。通过 G20 这一平台，美国成功地将中国等新兴经济体拉入全球经济失衡及其治理的协调平台。同时，在 2010 年 11 月的G20 首尔峰会上，美国倡导建立了增长框架工作组（Frame Working Group）专门进行 G20 全球经济再平衡"参考性指南"的设计，2011 年 2 月，G20巴黎财长和央行行长会议正式提出参考性指南，不仅成功将中国纳入最终失衡国家，从制度上将中国纳入主要调整方，而且通过设定"原材料大国（主要是石油等能源大国）特别条款"将沙特阿拉伯等 OPEC 成员国排除在失衡之外，使其不会因失衡调整减少对外石油等能源进口，保证其继续利用他国能源，自身利益不受损，并将失衡归咎于造成其出现制成品贸易逆差的中国等东亚经济体。更为重要的是美国将私人储蓄率、贸易盈余、财政盈余等关键指标纳入各经济体失衡测度体系，使其能通过这些指标将中国定为主要顺差方，并按其利益要求在 G20 框架下按照其设计的失衡指标的调整标准进行治理。第二，G20 使美国等发达经济体对世界经济失衡调整的影响力逐步扩大。在 G7 时期，美国主要和发达经济体共同协调其利益需求，但没有中国等发展中经济体参与，而通过 G20，美国成功地将其协调对象扩展到占全球 GDP85%、占全球人口 75% 的经济体，并将中国等发展中经济体拉入全球经济失衡的调整，其影响力大大超过 G7，而且目前的 G20 内部协调主要是在 G8 和 5 个发展中国家（中国、巴西、印度、墨西哥和南非）间进行，但以美国为首的发达经济体仍占据主导权，因此，G20 对美国全球利益的实现是有利的。第三，美国是 G20 首脑峰会建立的主要倡议方，也是确定世界经济合作的基本框架及提出世界经济可持续增长的首要设计方，G20 的主要议题都是为其经济恢复增长和国内金融稳定服务的，对全球贸易失衡的调整自然是按照其利益诉求进行的。第四，G20 的协调效率相对三大全球性经济组织更高，使美国能更有效地实现其治理目标。

2. G20 治理与中国的利益得失

长期的对外贸易失衡，虽然为中国经济增长做出了巨大贡献，但随着出口扩大带来的边际利益下降，其带来的问题也日益突出：大量出口盈余带来的巨额外汇储备造成资源浪费和资金利用效率低下，出口加速增长使各主要经济体与中国贸易摩擦增多，出口不断扩大使国内资源和环境被大规模破坏，出口盈余过大使国内商品供应紧张和物价水平加速攀升，等等。因此，中国也急需通过 G20 这一平台进行贸易失衡治理。G20 治理对中国的利益得失影响主要包括以下几点。第一，G20 治理使中国在对外贸易失衡调整上有了参考标准。G20 全球失衡治理"参考性指南"的提出，为中国私人储蓄、贸易盈余、财政盈余等关键指标的调整和政策的提出提供了参考依据，使美国等发达经济体难以对调整后的中国继续以贸易盈余绝对额过高为借口发起贸易摩擦。第二，G20 治理的"参考性指南"并未提及各国汇率调整和外汇储备规模的调整等，这使其对中国有一定保护，不会被迫调整人民币汇率和减少外汇储备规模，利益调整造成的损失相对降低。第三，G20 给予中国参与更多国际事务的话语权和谈判权。在传统的世界经济格局中，发达国家组成的 G7 集团在全球经济事务中占有主导权和话语权，尤其是其在 IMF 和世界银行中具有绝对决定权，发展中国家则缺乏这种话语权，而在 G20 中，11 个代表发展中国家利益的新兴市场经济体可以联合就全球经济失衡调整进行谈判和协调，有了更多的话语权，可以将自身的利益需求在 G20 平台上表达，实现和增加自身实际利益。尤其是对中国而言，由于相互间利益需求相近，在调整出口结构上容易找到共同利益和调整方向，其能够与其他发展中国家在具体议题上更有效率地达成一致，共同与 G7 集团进行贸易失衡调整的谈判。第四，G20 全球经济治理合作有利于抑制金融危机背景下的全球贸易保护主义重新复苏。随着美国次贷危机、国际金融危机和欧洲债务危机的相继爆发，欧美等发达经济体的宏观财政政策调控空间已经相对狭窄，各种贸易保护主义和汇率争端有复苏和蔓延的态势，而通过 G20 全球治理平台，加强主要经济体的治理合作和有序调整，能够极大促进各方的合作思维，抑制全球贸易保护主义思潮蔓延。第五，G20 明确将中、日、德、印四国作为重点顺差方，贸易失衡调整对其利益可能会有一定损害。2011 年 10 月，G20 巴黎财长和央行行长会议明确将中国、日本、德国、印度、英国、法国和美国列为 7 个失衡国家，并提交了促进全球经济再平衡的戛纳行动提案①。在这次会议上，中国作为仅有的两个发展中经济体被定义为贸易顺差方，而在对美贸易失衡中，与中国人口相当的拥有劳动密集型优势的印度不是主要当事方，2012 年其对美贸易顺差 184 亿美元，远低于中国。因此，在全球贸易失衡应该如何调整上，中国与其他发展中经济体在 G20 中的共同利益相对偏少，且由于存在出口竞争，中国极可能和其他 19 个成员方在失衡调整谈判上形成对立，并作为主要对象被要求加大调整力度，导致利益受损。第六，G20 仍以发达国家的利益需求为主要议题，中国等发展中国家关切的反对贸易保护主义等核心议题并未得到有效关注，中国并未实际获得相应利益。由于国际金融危机的影响，G20 的议题主要集中在金融危机缓解和全球经济恢复增长等问题上，对发展中国家关切的贸易保护主义问题等则没有提出具体解决措施，这使以中国为代表的发展中经济体的主要利益需求并未得到满足，没有获得与发达国家平等的地位。

3. G20 治理对其他经济体的利益影响

首先，G20 失衡治理对部分贸易顺差方的负面影响较小。G20 包含了美国、中日韩三国、北美自由贸易区成员国和欧盟等与全球贸易失衡有关的各方，但是在具体界定失衡成员方时，G20 戛纳行动方案并未将韩国、墨西哥、沙特阿拉伯、加拿大和欧盟其他成员国纳入顺差方范围，使它们并未成为 G20 全球失衡治理的主要对象，它们对外出口，尤其是对美出口不会被限制，这无疑对它们的利益有积极影响。其次，G20 "原材料大国" 豁免条款使沙特阿拉伯、墨西哥和加拿大等主要能源顺差方不需调整其出口，它们从能源贸易中获得的实际收益并不会因 G20 失衡治理而减少。最后，G20 全球经济治理主要关注世界经济如何从金融危机中恢复增长，发

---

① 黄薇：《全球经济治理之全球经济再平衡》，《南开学报》（哲学社会科学版）2012 年第 1 期，第 86 页。

展是其主要议题，当美欧等内部经济重新恢复增长时，其进口需求将再次扩大，其他经济体对外出口将再次增长，获得相应利益。由于当前的 G20 失衡治理还未将除中、日、德之外的其他国家纳入，同时其带来的世界经济复苏对其出口增长有促进作用，且中、日、德等国出口减少，它们面临的国际市场竞争大幅降低，因此，其他新兴经济体更愿意 G20 对中、日、德等国对美贸易顺差进行治理。

四　汇率调整对全球贸易失衡利益分配的影响

各国本币汇率与全球贸易失衡的形成是否有关，一直是国内外学术界争议的焦点之一。西方经济学理论中关于国际收支的三种调节方法，一直强调汇率是影响国际收支失衡及调整的重要因素，如著名的马歇尔－勒纳条件就是这一理论的典型代表。目前在美国贸易逆差研究中，主要有两类汇率与贸易失衡关系的观点。其一，美元的世界本位货币与强势货币地位导致美国贸易逆差逐步扩大。20 世纪 50 年代以来在布雷顿森林体系影响下，美元一直是国际贸易中的主导本位货币，且币值一直较高，这使其进口的商品价格水平相对其名义收入水平偏低，提升了其国内居民的实际购买力，促进了对外进口和逆差的持续扩大。其二，以中国为代表的东亚经济体本币币值被低估，使其出口扩大，导致对美贸易顺差。虽然国内外学术界对人民币汇率是否被低估还存在较大争议，但在当前的全球贸易竞争中，中国等亚洲经济体以低价出口商品为其主要竞争力，已经成为一个贸易现实，而本币汇率低导致出口标价低在其中起着不可忽视的影响。因此，如果从汇率视角对全球贸易失衡进行调整，可以从两方面进行：第一，改变美元在国际货币体系中的核心本位货币地位，使美元贬值；第二，促使人民币等东亚经济体的本币升值，提高其出口商品价格水平，抑制其价格竞争力。这两种汇率调整模式显然会对贸易各方产生差异性的利益影响。

第一，汇率调整对美国经济利益的影响。目前在 G20 框架下，中美双方都没有将汇率调整指标纳入失衡评估范畴，主要是因为汇率治理对双方都可能产生不利影响。对美国而言，布雷顿森林体系确定的世界美元本位制，为其带来了巨大的"铸币税"利益，使其能够通过制造美元纸币获得世界其他经济体的实体资源，而且强势美元使其付出的货币成本进一步减少。世界各经济体也愿意持有美元标价的资产，并将其作为外汇储备的主要部分，如中国、日本等顺差方就拥有巨额美元外汇储备，其比美国更担心美元汇率是否贬值，这也为美元的国际货币体系中心地位提供了保障。而一旦调整美国贸易逆差，势必需要美元贬值，这虽然会增加美国出口商品的价格竞争力，但也会损害美国利益。首先，美元贬值将削弱美国的进口能力，使进口商品价格水平上升，降低其进口量，并使其国内美元币值随着对外币值的贬值，承受通货膨胀的风险。其次，美元贬值可能动摇其国际中心本位货币的地位，使其他经济体转而持有欧元等货币，降低美元的"铸币税"收益。再次，美元贬值会使在美投资方对美元金融资产信心下降，转而投资其他经济体，导致金融资本从美国撤离，影响其国内金融市场稳定，资本项目净流入难以持续，不能支持其经常项目的巨额逆差，美国利益受损。最后，美元贬值会导致长期情况下的世界能源和原材料等商品名义标价水平上升，导致美国的进口成本增大，甚至可能使美国经济像 20 世纪 70 年代那样再次陷入危机，经济安全受到影响。与此同时，如果升值人民币等东亚经济体的本币汇率，会使美国对东亚的进口减少，进口成本和价格上升，通货膨胀将有上升趋势，产生与美元贬值类似的利益损失。

第二，汇率调整对中国经济利益的影响。人民币升值一直是美国等国对中国的政策要求，而东亚其他经济体的出口导向型政策也要求人民币升值，以使其货币相对贬值，促进对外出口。自 2005 年 7 月 21 日中国进行汇率制度改革以来，无论是中国人民银行统计的人民币兑美元名义汇率，还是国际清算银行公布的人民币实际有效汇率，都显示人民币升值了近30%。然而中美贸易顺差依然扩大，说明二者并没有明显相关性，即虽然人民币升值对中国出口产生了不利影响，但并未根本改变中美贸易顺差。从贸易结构看，中国对美国出口的商品主要是高价制成品，自美国进口的商品是价格较低的初级品，前者相对后者的需求价格弹性相对偏低，即价格变动对其贸易量影响相对偏小，这也导致汇率调整对中美贸易顺差的影响不大，对美国贸易利益的提升作用也很小。但如果人民币汇率持续大幅升值，还是会对中国利益造成不利影响的。其一，人民币汇率升值对中国加工装配环节的贸易利益影响更大。从前文的中美贸易顺差结构看，中国对美出口商品主要集中在加工装配类产业和低附加值的鞋类、家具类和纺织类制造业，这些行业的企业利润率相对偏低，而且与拥有高附加利润的高技术企业相比，汇率的微小升值会对其出口成本造成影响，削弱其贸易竞争力，导致贸易利益受损。其二，人民币升值将使中国巨额美元储备贬值，不利于中国在国际市场上利用这些外汇储备进行投资和财富积累。其三，人民币升值将扩大中国对原材料及能源的进口需求，导致世界初级商品市场价格上涨，使包括中美两国在内的各方利益均受损。但需要指出的是，自 2005 年人民币升值以来，虽然中国对外出口受到微小影响，但其对外贸易顺差仍在扩大；加工装配类企业受人民币升值的不利影响，也没有达到大规模破产倒闭的地步，这说明中国出口利益受汇率影响并不大。而且中国企业的出口竞争力并不仅是低价，尤其是在 2012 年对美贸易顺差继续上升到 3500 亿美元的时候，人民币汇率适当升值是需要的，而人民币升值也将使中国获得相应的利益补偿。其一，通过人民币升值，可以使中国以更低的世界价格获得所需的能源和初级原材料，并使中国企业和个人获得国外廉价商品。其二，通过人民币升值，中国的劳务输出和旅游服务等行业将会大幅受益，居民实际收入也随之增加。其三，通过人民币升值，中国能够进口国外低价商品，平抑国内日益上涨的物价水平，降低通货膨胀压力。

第三，汇率调整对其他经济体利益的影响。其一，从中美两国在国际贸易中的地位看，作为世界主要进口方的美国，其货币升值对欧盟、东亚其他经济体、石油输出国及北美自由贸易区的出口有利，而作为主要出口方的中国，人民币贬值则对其他各方，尤其是与中国有竞争性商品的东亚其他经济体具有负面效应，这些经济体更希望中国和美国的货币汇率均升值，使其本币相对贬值，更有利于其出口的增多。其二，中美两国货币升值有利于抑制全球贸易保护主义的重新复苏，使各经济体面临的贸易摩擦逐步减少，国际贸易环境逐步改善，反之，如果美元贬值，美国对外出口的扩大将使其他经济体贸易利益受损，相互间贸易摩擦增多。其三，美元贬值，使东亚及拉美的新兴经济体拥有的外汇储备价值降低，其长期依赖的出口导向型经济发展模式将会因为美国出口扩大受到威胁，出口对经济的促进作用下降，经济发展速度减慢。其四，美元贬值将使美元资产对外吸引力下降，大量资本可能从美国转向中国等亚洲或拉美新兴经济体，会推动这些经济体资产价格上升，使通货膨胀压力加大，经济发展中的"泡沫"增多，居民实际福利水平下降，社会稳定和经济安全受到负面影响。其五，美元贬值会使世界主要原材料价格和收益被低估，使 OPEC 成员国、墨西哥、加拿大等能源出口方利益受损。

五　调整主要经济体金融发展差异对贸易各方利益的影响

自 Caballero（2006）揭示了各主要经济体的金融发展差异，尤其是金融服务体系的资源配置与全球经济失衡的内在关系后，有国内外学者提出，中美两国的金融业和制造业发展水平的差异导致了全球贸易失衡（雷达等，2009；徐建炜等，2010），并通过实证方法证实了正是中美两国在金融业和制造业比较优势上的差异，使美国将其制造业外移到中国，而自身专心发展金融业，发达的金融市场提高了美国储蓄转化为投资的效率，资本不断流入，支持了其贸易逆差的扩大，而中国则通过制造业的比较优势，成为全球制造业中心，制成品出口不断扩大。因此，调整美中贸易失衡必须改变当前中美两国间的金融业和制造业国际分工，缩小金融发展差异，从根本上减少美中贸易失衡。然而这种调整模式显然在当前是不合适的，会给中美双方造成不同的利益损失。

第一，改变当前中美两国间金融业 - 制造业国际分工模式，实质上是动摇美国在全球金融体系中的核心地位，伤害美国的金融安全利益。美国通过其长期的金融发展积累，将制造业和出口环节转移到中国等其他经济体，而将其国内资源集中在金融市场服务等非贸易部门，从而树立了其在全球金融和货币体系中绝对的中心地位，这也使其获得了国外持续流入的资本，确立了美元的国际主要本位货币地位，社会整体福利随之提升。如果现在改变这种分工模式，将其资源向制造业转移，实现美国的再工业化，将使其在金融市场上投入的资源减少，丧失比较优势，甚至可能导致外国对美资本流入逆转，使其难以支持经常项目逆差的持续扩大，从而重新陷入金融危机和经济衰退，这将是对美国金融安全利益的极大损害。

第二，改变当前的国际分工对中国制造业利益影响也是负面的。长期以来，美国及其他发达经济体的产业转移，对中国制造业的调整和升级起到了积极效应，同时，也对中国劳动力就业的吸收产生了重要影响，使中国成为当前世界经济格局中的制造业中心。虽然中国从这种产业转移中主要获得的是加工装配环节的贸易收益，但其核心零部件和技术进口产生的技术溢出和转移效应是长期和积极的，中国的制造业也在这种产业转移中逐步建立和完善，而中国的资源和技术也主要投入在制造业，社会居民福利水平在其影响下也得到极大提升。如果要改变现有分工模式，使中国放弃以制造业为主体的产业结构，将资源从贸易部门和实体经济向非贸易部门和以金融服务业为主的虚拟经济转移，中国将承担庞大的调整成本。更为重要的是，将资源从制造业向金融业转移，会使中国从加工装配企业分离出大量剩余劳动力，由于就业人员技术能力和工作素质的差异，通过发展金融市场和金融业很难将其完全吸收，这会给中国造成大量社会成本，影响社会稳定。因此，从以制造业为中心向以金融业为中心的结构转变，在短期内对中国利益的消极影响是巨大的。

第三，金融业和金融市场发展水平的提升也需要中国付出巨大的调整成本。改革开放30多年来，中国金融业通过改革和创新，已经形成了集银行、证券、信托、保险、基金、金融租赁、财务公司等于一体的多元化金融体系，金融市场规模不断扩大并完善。但与美欧等发达国家金融体系和市场相比，其还存在诸多缺陷。其一，银行业在中国金融业中"一支独大"，国有银行对金融业及金融市场还存在一定垄断，同时长期处于国内利率、汇率和商品价格相对固定的计划经济体制下，使金融市场化还未真正实现，其在外汇业务领域还面临诸多外汇风险和市场风险。其二，中国在国际收支方面还未实现真正的资本项目下可自由兑换，要想真正提升金融市场发展水平，吸引更多的外来资本流入还不具备可行性。其三，中国金融业还未真正实现利率市场化和汇率浮动化，尤其是人民币汇率的完全浮动还不具备可行性。因此，一旦改革中国金融市场，将资源从制造业向金融业转移，升级产业结构，一方面不具备可行基础，另一方面如果贸然实施利率市场化、人民币汇率完全浮动及资本项目下的可自由兑换，虽然可能因暂时的人民币升值引入大量资本，然而一旦美国经济恢复增长，可能引致大量资本外流，损害中国的金融安全和经济利益。

第四，对美资本流入主要是购买美国政府国债，因此，调整美国金融业优势将是对美国政府利益的直接损害。据美国商务部经济分析局统计，2012年在外国流入美国的资本中，其持有的美国政府债券（U.S. Government Securities）总额高达 3478.72 亿美元，占外国持有的美国官方资产总额（3736.42 亿美元）的比重高达 93.1%，占外国持有的美国资产总额（3849.02 亿美元）比重高达 90.4%[①]。可见外国对美资本流入主要是购买美国政府的官方资产——国债，从而帮助其弥补政府财政赤字和进行宏观经济政策调控，其资本流入得益方主要是美国的各级政府机构，如果调整当前的金融业－制造业国际分工，使资本流入美国发生逆转，势必影响美国政府利益，招致其经济报复，因而当前还无法改变中美两国的发展优势及其带来的国际分工，只能尽可能缩小中美两国间金融发展差异，提升中国金融市场发展水平，短期内还不能根本触及美国政府利益，以免中国利益受到不利影响。

第五，调整中美贸易中的金融业－制造业国际分工，也将影响当前的三元贸易模式，使东亚其他经济体利益受损。如果中国调整金融业的地位，减少对制造业的资源投入，势必会改变目前制造业内部形成的中国、东亚其他经济体及美国间的三元贸易模式，亚洲其他经济体对中国的中间品及原材料出口将受损。同时，中国金融市场地位的提升也会在亚洲范围内与日本的金融中心地位发生利益冲突，导致双方经贸摩擦增加。此外，制造业生产的减少也会影响中国内地通过中国香港进行的转口贸易，使东亚地区的所有经济体利益受损，影响中国与周边经济体的经济和政治关系。

综合上述调整路径对贸易失衡各方利益的影响分析，在短期内，通过调整汇率和改变中美金融业－制造业国际分工模式来减少全球贸易失衡，尤其是中国对美贸易顺差，是不可行的。但可以采用制造业内部的结构调整、降低美国对华出口管制和通过 G20 全球经济协调等方式，合理调整各

---

① 根据美国商务部统计的 1960~2012 年 U.S. International Transaction Accounts Data 计算得到，Bureau of Economic Analysis，March 14，2013，http：//www. bea. gov。

方贸易失衡，平衡各方实际利益。然而，无论是采取哪种调整手段，对各方贸易利益都会产生正面和负面影响，需要包括中美双方在内的各方加强协调，妥协让渡相关利益，才能真正有效减少全球贸易失衡，使全球经济在可控范围内增长，减少各方因贸易失衡扩大带来的经贸摩擦，实现贸易各方的互利共赢。

第六章

互利共赢的贸易开放战略与
中国的主要利益诉求

第一节 互利共赢经济开放战略的理论内涵

2005 年 10 月 11 日,中国共产党第十六届中央委员会第五次全体会议通过的《中共中央关于制定国民经济和社会发展第十一个五年规划的建议》,首次明确提出要 "实施互利共赢的开放战略"。此后互利共赢开放战略被确定为中国在对外开放进程中处理对外经贸关系的主要准则之一。此后,中国在多个对外发布的国家级正式文件中阐述了互利共赢开放战略的核心内容。首先,《中华人民共和国国民经济和社会发展第十一个五年规划纲要》从加快转变对外贸易增长方式、提高利用外资质量和积极开展国际经济合作三个方面论述了中国应该如何实施互利共赢开放战略①。其次,胡锦涛同志在党的十七大报告中也提到要 "坚持对外开放的基本国策,把'引进来'和'走出去'更好结合起来,扩大开放领域,优化开放结构,提高开放质量,完善内外联动、互利共赢、安全高效的开放型经济体系,形成经济全球化条件下参与国际经济合作和竞争新优势"②,这是对互利共赢开放的内容做的进一步解释,同时在和平发展问题上,其再次强调 "中

---

① 《中华人民共和国国民经济和社会发展第十一个五年规划纲要》(全文),2006 年 3 月 16 日,新华网,http://news.xinhuanet.com/misc/2006-03/16/content_ 4309517. htm。
② 《胡锦涛在中国共产党第十七次全国代表大会上的报告》(全文),《人民日报》2007 年 10 月 25 日,http://cpc. people. com. cn/GB/104019/104099/6429414. html。

国将始终不渝奉行互利共赢的开放战略。扩大同各方利益的汇同点，在实现本国发展的同时兼顾对方特别是发展中国家的正当关切……支持完善国际贸易和金融体制，推进贸易和投资自由化、便利化，通过磋商协作妥善处理经贸摩擦"[①]。最后，胡锦涛同志在党的十八大报告中进一步明确要"适应经济全球化新形势，必须实行更加积极主动的开放战略，完善互利共赢、多元平衡、安全高效的开放型经济体系"[②]；并明确提出要"适应经济全球化新形势，必须实行更加积极主动的开放战略，完善互利共赢、多元平衡、安全高效的开放型经济体系"[③]，同时还从对外投资和区域经济合作等多个方面提出了互利共赢开放的主要内容。

上述阐释为中国在未来一段时期如何深化对外开放，调整对外经贸关系提供了明确的指导方向，也为互利共赢开放战略提供了丰富内容。不可否认的是，中国是当前经济全球化和实施对外开放的实际受益者，改革开放30余年来，虽然中国在对外贸易和引进外资进程中存在不足（如引进外资过程中的先进技术转移少和溢出效应弱，对外贸易中主要从事加工装配生产工序导致实际收益偏低，为了吸引外资和扩大出口而做出劳动力收益、土地和税收等利益牺牲等），但从中国在世界经济和国际贸易中地位的提升和影响力的扩大、中国外汇储备的逐年快速增长以及中国 GDP 年均 8% 以上的增长率看，包括出口扩大在内的对外开放给中国带来了巨大的正向利益。持续的出口和贸易顺差扩大，也给世界其他经济体产业和贸易造成影响和冲击，并给全球经济的可持续增长带来诸多问题，使中国已连续 18 年成为世界贸易组织中遭受他国实施贸易救济措施最多的国家。因此，中国需要在关注自身经济和贸易发展的同时，兼顾其他经济体的利益需求，这也是互利共赢开放政策提出的现实背景和主要原因。

从目前中国对互利共赢开放的理论界定看，其内容涉及对外交往的多个方面，但综合而言，可以从以下几方面理解互利共赢开放的理论内涵。

---

① 《胡锦涛在中国共产党第十七次全国代表大会上的报告》（全文），《人民日报》2007 年 10 月 25 日，http：//cpc. people. com. cn/GB/104019/104099/6429414. html。

② 《胡锦涛在中国共产党第十八次全国代表大会上的报告》（全文），新华社，2012 年 11 月 17 日，http：//news. xinhuanet. com/18cpcnc/2012 – 11/17/c_ 113711665_ 5. htm。

③ 《胡锦涛在中国共产党第十八次全国代表大会上的报告》（全文），新华社，2012 年 11 月 17 日，http：//news. xinhuanet. com/18cpcnc/2012 – 11/17/c_ 113711665_ 5. htm。

一　互利共赢需要坚持以自身利益为主，但应适当摒弃非关键利益

互利共赢开放实质上就是要把既能符合中国国家利益，又能促进全球共同发展，作为处理中国与包括美国在内的世界其他经济体双边或多边经贸关系的基本准则。但这种利益共享的基础仍是维护中国自身的根本国家利益。中国实施互利共赢开放战略的起点是希望以此减少改革开放30多年来日益增多的与其他经济体的矛盾与冲突，找到各方利益的共同点，实现中国与其他经济体的共同发展。但这种考虑他方利益绝不是无原则地让渡一切利益，中国仍然需要将自己的国家利益放在首位，尤其是事关中国的政治、社会和经济安全的利益，应始终作为中国对外开放的首要考虑。但与此同时，中国也不是任何利益都不能让渡，如果连最基本的出口减少利益损失都无法承受，互利共赢开放战略将根本无法实施。让渡非关键利益给其他经济体，需要中国从"全球视野"的角度考虑自身实际利益需求，根据时间推移和现实变化，确定中国的关键利益，将利益分层次，适当让渡非关键利益或降低对部分次关键利益的要求，寻找更多贸易盟友达成利益妥协，以换取更好的外部发展环境。

二　互利共赢需要兼顾对重要贸易伙伴和世界经济体的利益影响

长期以来，中国在实施独立自主和对外开放政策，努力发展自己赶超他国的同时，较少考虑到自身出口导向性政策和"中国制造"的低价商品给世界其他经济体及国际经济运行造成的冲击和影响。随着中国成为世界第二大经济体和主要贸易大国，这种影响已经开始成为制约中国经济及对外贸易可持续发展的主要障碍和现实难题。对外冲突的日益增多使中国必须关注其他经济体的利益需求和损失补偿。目前中国对外出口主要从三方面影响着其他经济体。第一，规模庞大的劳动力和低廉的工资价格吸引了跨国公司将其劳动密集型的制造业工序向中国转移，不仅导致跨国公司母国就业受到影响，国内制造业发展受到阻碍，而且使中国的工资水平始终居于低位，劳动者福利相对发达国家提升速度缓慢，

内外收入差距日益增大。第二，以数量增加为特征的贸易增长模式，不仅消耗着中国大量资源，更以污染生态环境为代价，甚至以导致全球资源价格上涨和碳排放增加等"负外部性"影响着整个世界。第三，持续扩大的出口冲击着他国产业，引致全球贸易保护主义重新抬头，对其他经济体利益造成不利影响。第四，巨额贸易顺差及资本项目的不完全开放，带来的巨额外汇储备和中国经济的快速增长，不仅使中国在拥有巨额外汇储备的前提下还吸引着大量外资流入，导致其他经济体利用外资受限，更使美国等国需要中国的巨额外汇储备购买其政府债券，承担日益严重的外债压力，一旦这种外来资本反转，还可能导致全球出现金融危机，这也使得美国对中国外汇储备流向十分敏感。因此，作为一个对世界经济影响力日益加深的贸易大国，需要考虑这些因素对世界其他经济体的不利影响，适时地做出调整，降低其他经济体承受的压力，实现共同发展和共同获利。

三　互利共赢需要重点关注发展中国家利益，尤其是与周边经济体的利益协调

目前，无论是从经济总量还是从贸易总额看，中国都是世界上最大的发展中国家。在当前全球生产网络下，国际分工因素使发展中国家和发达国家的利益存在更多冲突和对立。相比而言，中国与其他发展中国家的贸易利益更具趋同性，而作为主要发展中国家，中国也需要在与发达国家的全球贸易谈判中团结并维护发展中国家的贸易利益：不仅需要在全球贸易、技术、投资和金融交易规则和标准制定中维护发展中国家利益，更需要在贸易发展模式的调整中为其他发展中国家提供参考和经验借鉴。而在中美贸易失衡及全球贸易失衡调整中，中国需要关注的发展中经济体主要来自东亚和东南亚，尤其是在中国引资结构和加工贸易调整过程中，需要关注调整对上述经济体政府和企业的利益影响，加强双边协调和谈判，寻找合适的产业，渐进式地调整外资优惠政策，并选择适合周边经济体发展的产业进行外移，适当让渡部分出口到其他经济体，将本国对美贸易顺差，转化成周边经济体对美贸易顺差，以实现自身外贸结构升级和贸易增长方式转型，将出口利益转化为投资利益，弥

补出口减少的利益损失，并强化周边经济体对中国经济的依存度。

四　互利共赢的关键是找到中国与其他经济体的利益契合点

互利共赢是中国立足于全球经济共同发展的角度提出的开放战略，它不是要求中国一味地进行利益退让，而是希望与世界其他经济体求同存异、消除矛盾，找到各方利益的共同点。而这种利益共同点的寻找是多方面和复杂的，需要确定与关键经济体的利益共同点，目前应主要从三方面开展。第一，确定中国与东亚及东南亚经济体的利益共同点。在中国对外贸易中，东亚经济体既是中国的周边邻国（或地区），又是中国最主要的贸易伙伴，且未来中国周边的自由贸易区建设，打破发达国家的贸易保护，也离不开这些经济体的参与和合作，中国需要找到与其在引入外资和增加对其进口上的利益共同点。第二，确定中国与美国的利益共同点。作为世界最大的两个经济体，中美关系一直是中国对外经济关系的基础，中国对外贸易摩擦也主要来自美国，因此，需要找到在贸易失衡调整中的两国利益需求和共同点。第三，确定中国与发展中经济体的利益共同点。在 G20 等全球经济协调机制中，中国需要加强与发展中国家，尤其是"金砖五国"成员方的利益协调和团结，共同代表发展中国家与以 G7 为代表的发达经济体进行贸易失衡调整谈判，因此，需要强化中国与发展中国家间的利益调整和妥协，找到各方的利益需求关注点和共同点。

第二节　互利共赢开放战略在贸易开放上的着重点

互利共赢开放包含贸易、投资和对外经济合作等各个方面，其提出的根源来自中国与美国等发达经济体间日益扩大的货物贸易逆差及其带来的国际经贸摩擦。同时，贸易失衡扩大的成因涉及贸易、投资、国内市场及金融等各方面，因此，调整贸易失衡将涉及内外多个领域的相互协调和共同实施，才能做到中国与世界主要经济体间贸易领域的互利共赢。

一 扩大进口应成为平衡对外贸易的首要措施，同时注重维护经济安全

"十一五"规划纲要明确提出在实施互利共赢贸易开放战略中，要弥补资源不足，转变对外贸易增长方式，实行进出口平衡的政策。从进口对抑制美国国内物价水平、补充重要能源资源和满足人民物质文化生活需要的重要作用看，其可以为一国的国家利益增加做出贡献。《中国统计年鉴2012》统计，按 SITC 1 位数统计，2011 年中国进口的第 3 类商品矿物燃料、润滑油及相关原料仅为 2757.36 亿美元，排在第 7 类商品机械及运输设备（6305.7 亿美元）、第 2 类商品非食用原料（2849.23 亿美元）之后，位居第 3；第 3 类商品出口额为 322.74 亿美元，其贸易逆差虽然达到 2434.62 亿美元，但还低于第 2 类商品贸易逆差 2699.46 亿美元；在第 3 类商品中，2011 年中国原油进口总额达到 1966.6 亿美元，出现贸易逆差 1947.53 亿美元，虽然中国对石油的进口依存度已经接近 50%，但相关研究认为其会影响中国的能源安全，应该减少对外石油进口。然而，对比美国的石油进口战略可知，只有尽可能通过进口获取他国的石油能源，封存自己的能源资源，才能在关键时刻维护自身经济和能源安全。因此，中国需要在成为世界大国、国内资源难以持续支持经济增长和转型之时，坚定不移地扩大石油及其他资源进口。应注意有选择地扩大进口，注重进口对国内产业的冲击和影响，以维护自身经济安全。

二 渐进式转变出口贸易增长方式，实现对外出口从数量扩大向质量提升转变

减少中国的对外出口，不仅是美国等发达经济体降低外部低价商品对本地产业冲击的利益需要，也是中国保护国内资源、减少内部能源消耗的要求。长期以来，中国出口以规模大、价格低为主要特征，高耗能、高污染、高投入成为出口的主要支撑力，加工装配成为中国制造业出口的"代名词"，实际收益远没有贸易数额显示的那样大，这种贸易增长方式已经不适应作为世界贸易大国的中国。中国需要调整出口增长方式，提高出口商品附加值，升级产业层次和加工深度，增加拥有自主知识产权和自有品

牌的商品出口，具体应控制"三高"商品出口，重点发展服务贸易和高技术贸易，适当对周边发展中经济体进行产业转移，真正提升出口企业的实际收益及国内居民收入水平。

三　完善内外联动，以内部需求缓解外部贸易失衡

一国的外部失衡通常是内部失衡的具体反映，中国的外部失衡很大程度上也是内部需求不足的结果。从美欧等发达国家的内外联动调整成功经验看，改革开放以来中国对进口的控制，尤其是以高额进口关税保护国内相关产业发展，实际是以国内消费者利益的损失来补贴生产者利益，使中国进出口和国内需求陷入一个"怪圈"：在商品市场上，中国通过高额进口关税保护国内市场，导致全球最低价的商品无法进入国内，同时国内长期的市场保护和国有垄断，导致相关商品价格水平居于高位；在就业市场上，劳动力成本低的比较优势使中国的劳动力市场竞争激烈，名义收入水平上涨缓慢，再加上出口扩大带来的外汇流入及人民币供给增加，导致国内物价水平进一步上涨，使国内居民的实际收入水平增长缓慢，甚至有逐渐下降趋势，消费者福利损失甚至有超过生产者福利增加的态势；这也直接导致国内需求不足，反过来影响中国对外进口的持续扩大，从而形成一个恶性循环。这一循环的根源在进口控制，因此，互利共赢需要中国通过内外联动，增强市场竞争，降低国内物价水平，增加居民实际收入，提升国内需求，促进进口扩大，平衡贸易收支。

四　优化引资和创新对外合作，调整外资对中国外贸的影响

外资企业与中国对外加工贸易顺差密切相关，要减少加工装配类产业的出口，必然需要调整引入外资的流向。互利共赢开放首先需要增加中国对外贸易实际收益，这需要在外资优惠政策上减少对加工装配业的外资支持，增加对外资企业总部、研发中心、采购中心和培训中心的政策支持，且注意对外资流向"三高"产业的控制，引导其向高技术产业、现代服务业、高端制造业重点流入，以增加外资企业的技术溢出和对国内产业发展的实际带动效应，降低中国对外资加工装配生产工序的参与程度。同时，中国应该增加对外直接投资，将加工装配生产工序逐步外移，变中国对美

贸易顺差为其他经济体对美贸易顺差，从事日韩等经济体在制造业中的生产工序，提升自身的实际收益，加深与发展中经济体的经济联系和贸易依存度。

五　完善双边和多边经贸合作，通过磋商处理国际经贸摩擦

互利共赢贸易开放战略的实施，需要中国加强与世界其他经济体双边或多边协调，避免相互间通过贸易救济解决贸易争端，更多地利用 G20、IMF、WB 和 WTO 等全球治理平台，以及通过建立自由贸易区等方式，加强各方的经贸合作，解决日益增多的国际贸易摩擦，使世界各主要经济体能增加合作，实现共赢。

第三节　互利共赢贸易开放战略下中国的利益诉求

中国在实施互利共赢开放战略，处理对外开放中与各国的经贸关系时，首先应该明确自身的实际利益需求，才能以此为基础，和世界其他经济体求同存异，找到既符合中国利益，又能实现与其他经济体合作共赢的失衡调整路径。而这种利益需求可以分为三个层次（陈继勇、胡渊，2009）。第一，单边层次的利益需求，即中国从自身贸易利益需求最大化角度出发，找到贸易失衡调整中自己关注的主要利益；第二，双边层次的利益需求，即从中国与贸易伙伴双方利益最大化的角度出发，从当前中国对外贸易失衡的现实看，主要是寻找中国与美国的共同贸易利益，即在公平贸易基础上，找到中国需要实现的利益；第三，多边层次的利益需求，即从全球视野的角度，作为一个负责任的贸易大国，在考虑其他经济体利益需求的基础上，中国应该追求和承担的全球利益。

一　自身单方角度的中国利益诉求

（一）保证中国在对外失衡调整中的政治和经济安全

在实施互利共赢贸易开放战略时，维护自身政治利益和经济安全是中国的底线和基础。作为世界上最大的发展中国家和社会主义国家，中国在

意识形态、社会制度、地缘政治等方面都与美欧等西方国家存在差异，中国实施互利共赢贸易开放政策，是希望减少与发达国家的贸易摩擦，但不会因为美国等国对中国的技术出口管制，损害国内的政治利益，服从美国的政治需求。同时，中国自身的实际国情决定了在人民币升值、开放国内资本项目、全面改革国内银行业等问题上，短期内还不能做出根本性改革，这是事关中国未来经济和贸易可持续发展的安全问题。因此，中国的互利共赢贸易开放必然是在不影响自身政治和经济安全利益的前提下进行的，而且贸易开放的主要目标之一也是保证中国政治稳定、社会幸福感提升及对外贸易的持续发展，安全利益将是中国互利共赢贸易开放的首要利益。

（二）减少出口和维护结构调整中的国内就业利益

中国是世界人口最多的国家，据国家统计局发布的《中国统计年鉴2012》，2011 年中国人口总数已经达到 134750 万人，其中就业人员合计76420 万人。在这些就业人员中，第一产业就业人员为 26594 万人，占比34.8%；第二产业就业人员为 22544 万人，占比 29.5%；第三产业就业人员为 27282 万人，占比 35.7%。虽然从理论上讲，以制造业为核心的第二产业在吸收就业上不占主体，中国可以减少加工装配制造业在产业结构中的比重，进行结构调整，但由于制造业就业人口基数大，一旦出口减少过快带来结构调整，将导致大量人口结构性失业，这将不利于中国社会稳定，也将触及其政治安全利益，因此，在出口减少过程中需要有选择的调整。目前中国出口制造业主要分为两类。其一，以外商直接投资企业为主的加工装配制造业。在这一产业中，中国获取的主要是制成品加工装配利益，技术含量相对较高。其二，以中国内资企业为主的初级制造业，主要是鞋类、家具等制造业，其以低价和劳动密集型为特征，技术含量较低，失业人口的转型通常会带来较高的社会成本。因此，后者比前者更难调整，一旦进行产业调整，多余的劳动力将很难通过产业链的其他环节消化，造成的就业培训及相关成本支出更多，所以在出口结构调整中应重点针对外商直接投资的产业出口治理，避免结构调整过快带来的就业利益损失。

（三）扩大进口中的居民福利水平提升

长期以来，中国实施的出口导向型外贸政策，大量消耗着国内资源，使国内资源价格上涨，导致国内消费者以其损失"补贴"出口企业的贸易利得。以《中国统计年鉴 2012》的数据为例，2011 年在中国出口总额保持 20.3% 的增速的同时，国内就业人员城乡平均货币工资指数增长率却仅为 14.4%，去除 CPI 上涨对名义工资的影响，国内实际工资上涨率仅为 9%，而同期国内食品价格上涨率达到 11.8%，其中与国内居民密切关联的粮食价格上涨率则高达 12.2%，再加上国内房价的持续上涨，物价水平上涨已经严重影响到国内居民福利水平的提升。而这种价格水平上涨与长期的进口控制是分不开的，为了保护国内相关产业，中国利用进口关税等进行了一定政策限制，导致其进口世界市场低价商品偏少，并与出口导致的国内资源稀缺一起推高国内物价水平，使消费者福利日益减少。因此，中国也需要通过扩大进口，降低国内物价水平，增加消费者福利。

（四）坚定获取世界资源和能源利益，保证经济持续发展

中国是一个人口多、人均资源稀缺的经济体，虽然改革开放 30 多年来，中国的单位 GDP 能耗在下降，但长期的高耗能、低效率和高污染行业的生产和出口，以及日益增长的人口，使中国的资源和能源消耗绝对量非常大，对外进口依赖度也很高。与美欧等发达经济体相比，资源和能源稀缺及消耗，已经成为制约中国经济持续增长的最重要的难题，而对国内资源和能源的过度开发和利用，也使中国环境问题日益严重。虽然近年来中国在石油等重要资源上加强了对外进口，但由于考虑到能源安全等因素，中国不敢大规模扩大进口，仍有半数以上的资源依赖国内市场，这严重制约了未来中国的持续发展和经济安全。只有借鉴美欧等发达经济体的经验，保护和停止开采国内资源与能源，增加对外部的使用，才能真正维护中国未来的能源和资源安全，也能进一步保护国内环境，这是中国未来社会和经济发展需要维护的根本利益。

（五）增加外资在推动自主创新、产业升级、区域协调发展等方面的积极利益

从目前中国资本账户尚未完全自由化，及外商直接投资企业在中国加工贸易出口中的重要地位看，吸引 FDI 对中国贸易及经济持续增长仍然十分重要。但随着中国吸引 FDI 规模的扩大，以东部地区为代表的发达地区可以区别性地引入 FDI，将加工装配类 FDI 逐步向中西部地区进行产业转移，而自身则关注拥有新兴高技术及能产生技术溢出效应的外资企业总部、研发中心等引入，从而发挥东、中、西部的比较优势，实施产业结构升级，最终增强 FDI 对中国贸易利益的促进效应。

二　双边角度的中国利益诉求

中美贸易关系一直是中国对外贸易的核心和基石，虽然中国对外经贸摩擦的来源地很多，但主要的贸易冲突仍来自美国，美国作为中国出口的最大目的地，中美贸易摩擦对中国的出口利益影响最大。因此，需要调整中美贸易失衡，找到中美贸易利益的共同点，使中国的利益损失降到最低。具体而言，中国在对美贸易中的利益诉求主要包括以下几点。

（一）获取对美高技术进口及外资引入的技术利益

中美高技术贸易顺差有两个特点：其一，以信息通信技术对美贸易顺差为主；其二，以外资在华加工装配类企业对美顺差为主。中国并非在新兴高技术研发和创新能力上对美具有比较优势，美国在航空航天技术、电子技术、高新材料技术、生命科学技术、生物技术等新兴高技术产业上都对中国具有优势，即使是在信息通信技术和光电技术自主创新能力上，美国也具备一定优势。而目前包括美资企业在内的外资在华企业的技术溢出效应还相对偏弱，需要中国提升外资的引入等级，扩大其技术溢出效应；同时美国持续地对中国高技术出口进行管制，使其新兴高技术进口增长缓慢，获得的技术利益相对有限。因此，中国需要通过互利共赢贸易开放战略的实施，加强与美国的贸易政策协调，减少美国对中国的高技术出口管制，增加自身从美国进口和引入 FDI 中获得的实际技术利益。

（二）减少在人民币升值谈判及调整中的利益损失

目前中美贸易失衡调整中的最大争议主要集中在人民币汇率是否应该升值上，而人民币升值会增加中国出口商品在世界市场上的价格水平，抑制美国等其他经济体对中国的进口，使国内相关企业生产受限且利益受损。因此，中美两国对人民币汇率是否应升值以及具体升值多少存在争议，并产生双边贸易争端。美国国会参议院甚至在 2011 年 10 月 11 日以 63 票对 35 票通过了《2011 年货币汇率监督改革法案》，该法案允许美国政府可以对包括中国在内的所谓"本币汇率被低估"的主要贸易伙伴征收惩罚性关税，限制其进口。从中国日益提升的贸易地位和世界第二经济大国地位看，人民币汇率的持续升值是必然的，但过快升值会对中国加工装配产业的微薄利润造成进一步损失，不利于中国内资企业的结构转型和产业升级，因此需要通过与美国的贸易政策协调，合理控制人民币升值过程，减少其给中国出口造成的损失。

（三）改善自身在全球制造业生产工序中的地位，增加实际贸易利益

从前文的贸易结构分析，中美贸易失衡主要集中在对美制成品贸易顺差上，即中国、美国和东亚其他经济体的三元贸易失衡。在这一贸易结构中，中国主要从事加工装配生产工序，获得的贸易利益有限，其中的主要利益被美国及东亚其他经济体的跨国公司获得，这种在跨国公司全球生产链中，形成的对中国利益所得的相对不利性，必将成为未来中国经济安全的主要隐患，影响未来国民财富的持续增长。因此，中国需要通过互利共赢贸易开放战略，调整外资引入结构，加强与美国的双边投资协调，提升自身在全球生产链上的地位，增加实际贸易利益。

（四）稳定对美出口规模，降低出口结构调整带来的利益损失

虽然中国对美出口规模需要减少，但如何调整需要中美双方加强协调。尤其是中国需要确定出口结构调整的先后顺序，选择对自身利益损失最小的产业，如"三高"产业的出口应首先调整。同时在减少外商在华直接投资企

业对美出口的过程中，也要协调好在调整出口进程中，美资企业和其他外资企业的利益补偿，避免出口减少过快对外资企业利益的影响，以及由此带来的国际经贸摩擦的增多，维护中国贸易利益。而在减少原有的加工产业出口进程中，中国也需要增加对美国的拥有自主创新技术和核心制造能力的商品出口，改善自身贸易条件，增加出口价格及附加收益，以弥补加工产业出口调整带来的利益损失。

三　多边角度的中国利益诉求

（一）获得中国及全球经济可持续发展的现实利益

随着中国成为世界第二大经济强国和主要贸易大国，其发展对世界自然环境的不利影响逐年扩大。据路透社和人民网的报道，按国际能源署对全球碳排放的统计，2012 年世界二氧化碳排放总量高达 316 亿吨，年增长率为 1.4%，其中，中国已经超过美国成为世界上最大的碳排放国，年排放总量高达 3 亿吨，而这几乎接近 10 年来中国的碳排放总量①。虽然近年来中国通过利用可再生能源替代和提高国内能源效率等方式减少碳排放，但巨大的经济和贸易规模使其碳排放绝对总量仍居世界第一，对世界经济的可持续发展造成了实质不利影响，不利影响甚至扩大至全球气候变暖领域，导致全球农作物歉收和冰川融化等毁灭性气候灾害，中国自然也是这一负面影响的主要受害方，国内环境恶化和自然灾害日益增多。因此，中国需要承担相应的国际责任，调整以贸易规模扩张为主、只重数量而不重质量效益的出口增长方式，降低能源消耗和污染环境，减少对资源的依赖性，为中国和世界经济的可持续发展做出努力，获取本国及全球环境改善的实际利益。

（二）抑制全球贸易保护主义，减少中国外贸摩擦及其带来的利益损失

2007 年以来，在美国次贷危机、国际金融危机和欧洲债务危机等的影

---

① 陈丹：《2012 年全球碳排放量创历史新高》，人民网，2013 年 6 月 19 日，http://env.people.com.cn/n/2013/0619/c1010 - 21892694.html。

响下，全球经济的"衰退"特征日趋明显。在这一背景下，国际贸易救济和经贸摩擦日益增多，尤其是美国对中国的贸易救济数量呈"升温"态势。目前，美国对中国的贸易救济商品涉及不锈钢水槽、应用级风塔、钢丝商品等各类制成品。从 2012 年开始，美国在对中国劳动密集型制成品频繁实施贸易救济的同时，还多次利用"337"调查，对涉及知识产权争端的消费电子商品（中兴公司涉案）、线性制动器设备（众多中国企业涉案）等众多高技术商品实施贸易救济；同时，美国贸易代表办公室还在 2013 年 5 月 1 日发布《特别 301 报告》，将中国列入防范和打击"窃取美国商业机密"的重点对象；此外，美国还以威胁其"国家安全"为理由，从 2012 年开始阻止中国企业在美国关键高技术领域的直接投资，并出台法案要求"在未获得美国联邦调查局（FBI）或其他执法机构事前批准的情况下，美国国家航空航天局（NASA）、司法部、商务部和国家科学基金会（NSF），要禁止购买中国政府拥有、管理或资助的企业所生产、制造或组装的信息技术设备"[①]。因此，中国如果继续扩大对美出口，将导致美国对华贸易救济案持续增多，使中国外部环境日益恶化，利益损失增大。中国需要通过互利共赢贸易开放，加强对美国的政府游说和贸易协调，调整中美贸易失衡，进一步推动贸易自由化和便利化，减少贸易摩擦对中国带来的利益损失。

（三）增加中国与发展中国家在国际经济协调中的利益合作和共享

在互利共赢贸易开放战略中，"共赢"是其最终目标，它是在互利的基础上更进了一步，将既符合中国利益，又能促进包括贸易各方在内的各经济体共同发展作为基本准则，使其都能更加公平地共享开放红利，实现各方的共同发展。中国对外贸易涉及的主体除了中美两国，还有与中国利益密切的一个主体——发展中国家。作为世界上最大的发展中国家和一个负责任的大国，中国不仅有义务在国际竞争中维护发展中国家的利益，更

---

① 高攀等：《美国对华贸易保护主义的两个新趋势》，中国新闻网，2013 年 5 月 22 日，http://finance.chinanews.com/cj/2013/05 - 22/4844820. shtml。

需要与发展中国家共同合作实现共赢。尤其是在调整中美贸易失衡进程中，中国既需要合理协调与三元贸易中的东亚其他新兴经济体的利益分配，也需要增加在中国调整加工贸易结构时，东南亚各经济体的贸易利益，从而实现与各经济体的互利共赢。这也是中国调整对美贸易结构，增加自身在亚洲地区影响力的主要目标和内容。

（四）提升中国在国际经济协调中的地位和影响力

在互利共赢贸易开放战略中，除了调整对外出口增长方式，还有三点重要内容：其一，积极扩大进口；其二，实施"走出去"战略，进行对外直接投资和跨国经营；其三，推进国际区域经济合作，进一步加强与发展中国家的经济技术合作。这些都能有效增强中国对世界其他经济体的利益影响，深化其他经济体对中国的经济依存，提升其在全球贸易和投资格局中的地位和影响力。而这也是中国调整对外贸易失衡时需要实现的主要利益。

四　中国在互利共赢贸易开放中的关键利益及与其他经济体的共同利益

（一）中国在互利共赢贸易开放中需维护的关键利益

维护和提升自身实际利益，是中国实施互利共赢开放战略的主要出发点，但其也要兼顾以美国为代表的其他经济体的利益需求。因此，中国调整贸易失衡不可能保证自己的一切利益都能实现，需要在维护自身关键利益的基础上，适当让渡非关键利益，以求与各方利益能协调一致。从目前中国在互利共赢贸易开放中的利益需求看，其可分为三个层次。

第一，不可让渡的关键利益。这类是中国的底线——原则性利益，在贸易开放中是不能够让渡的，需要坚持和保护。目前这类利益主要包括三类。其一，在贸易开放中维护自身政治和经济安全利益。进口扩大和出口减少都需要渐进式进行，尤其是需要保证进口扩大不能使中国的产业发展出现动荡，且需注意其对中国经济增长速度的不利影响，此外，中国不能为了减少美国的技术出口管制而无限制地对美国政治利益需求做出让步，以避免国家利益受损。其二，失衡调整中的就业利益。就业稳定是中国实施互利共赢贸易开放的前提之一，在出口减少和进口扩大的情况下，国内如何调整就业结构及尽可能减少失业，并减少失业给中国社会稳定造成的不利影响，是中国实施贸易开放中需重点关注的利益。其三，实现中国和世界经济的可持续发展。环境和资源的保护关系着全人类的福利，不能因为中国经济发展而导致世界环境恶化，影响后代人可持续发展。目前，中国经济快速增长对环境和资源的负面效应，已经初步显现，潜在利益损失日益突出，而这也是中国难以承受的损失，因此，中国可以为了环境保护和资源维护，适当让渡出口增速提升和规模扩大等利益，以保证中国经济和社会的长期可持续发展。

第二，须尽力争取的主要利益，但其有调整的可能空间。这类利益是需要中国与主要贸易伙伴进行协调的关键利益，中国需尽可能保证这些利益不丧失，甚至要通过加强双边或多边经贸合作，增加中国的实际利益所得。目前这类利益需求主要包括六类。其一，减少中国对外贸易摩擦，抑制国际贸易保护主义的重新兴起。贸易摩擦的减少是由中国的贸易伙伴决定的，中国需要通过主动调整出口和贸易顺差，换得其他经济体对"中国威胁论"的认识改变，以尽量减少贸易摩擦的可能，使中国获得对外经贸环境改善的利益，这是中国须尽力争取的。其二，改变中国在全球生产链中的地位，使其加工贸易规模逐步减小，并更多地进行核心制成品和高技术品的生产制造，获得贸易结构调整的实际收益。其三，获取对美贸易的技术利益。这取决于中美两国高技术贸易谈判的结果，以及美国利益集团对政府的高技术出口政策改变的游说程度；需要中国尽力采取双边贸易谈判，减少对中国的高技术出口管制，扩大对中国的除信息通信技术以外的其他高技术出口，并增加其在华高技术企业的技术转移和溢出，使中国尽可能提升自身民用高技术研发水平。其四，切实维护中国和发展中经济体的共同贸易利益。尤其是减轻全球贸易保护主义重新兴起对发展中经济体的不利影响，并在 G20、IMF、WB 和 WTO 的全球经济谈判中切实维护发展中经济体的利益需求。其五，通过增加进口，提升中国的消费者福利水平，尤其是增加中国居民的实际人均国民收入，提升其"幸福感"利益。其六，获得全球其他经济体的资源和能源利益，支持中国经济的持续发展。

第三，可适当让渡的次要利益。这类利益可以作为中国争取贸易伙伴让渡其利益的"筹码"，甚至可以在双边贸易谈判中承受一定损失或完全放弃。在全球贸易谈判中，中国需要让渡自身经济利益，换取各方贸易政策的协调一致。在上述利益中，有四类是中国可以适当让渡的。其一，获得FDI在推动自主创新、产业升级、区域协调发展等方面的利益。目前，中国的劳动力人口规模仍然偏大，FDI的过快调整将会对中国经济和就业结构稳定造成难以预测的影响，也会导致中国与FDI母国的双边投资争议，引发经贸摩擦，因此，中国可以放慢这种引入FDI的进程，以减少自身承担的失衡调整利益损失。其二，减少人民币升值调整的损失。随着中国的国际经济和贸易地位的提升，人民币升值将成为必然，这是中国参与经济全球化进程的必然要求之一；而且长期的人民币相对美元币值偏低，在使中国获得出口扩大利益的同时，也使国内居民承担实际收入缓慢增长和物价水平上升过快的利益损失，宏观经济中通货膨胀的不利影响和引发的矛盾也在逐步显现，因此，适当的人民币升值对中国是可行的，中国不应该将利益所得仅仅局限于出口对经济增长的影响，应看到其对国内居民福利水平的积极影响，渐进式调整人民币升值，这也是中国在世界经济格局中地位提升和作为一个负责任大国的必然需要。其三，加工贸易规模扩大带来的贸易利益。调整出口增长方式，必然带来中国加工贸易的出口减少，而中国需要为这种产业结构升级承担这些损失，以使其出口贸易和就业结构的实际利益增加，劳动者收入福利增加。其四，提升中国在国际经济协调中的地位和影响力。虽然作为世界最大的发展中国家，中国急切需要增加自身在国际贸易谈判中的"话语权"，但与发达国家在资源、贸易、投资方面的矛盾，使中国不宜以"领头人"的身份，带领发展中国家与发达国家进行多边贸易谈判，以避免中国成为发达国家发起贸易摩擦的主要对象。中国应该韬光养晦，适当控制自己的发展和在世界经济格局中的地位变化，与更多的发展中国家组成谈判联盟，共同开展全球贸易谈判，降低美国等发达国家对"中国威胁论"的担忧。

（二）中国与其他经济体在互利共赢贸易开放中的共同利益

明晰中国在互利共赢贸易开放中的利益需求，主要是为了找到中国与包括美国在内的其他经济体的共同利益，从而找到有利于中国调整失衡和利益要求的切入点，合理调整中国对包括美国在内的其他经济体的贸易顺差。目前按照主要贸易对象划分，中国与其他经济体在失衡调整中的共同利益可以分为三个层次。

第一，中国与美国在贸易失衡调整中的共同利益。中美贸易顺差减少是美国在全球贸易失衡治理中要求进行的主要调整内容，也是中国对外贸易顺差调整的核心之一，因而需要找到中美双方在失衡调整中的共同利益。目前中美两国的共同利益主要有以下几点。其一，双方均有维护世界经济可持续发展、减少中国对美制造业出口的调整意愿，这种调整有利于双方环保利益的共同增加。贸易扩大带来的环境和资源消耗对全球经济可持续发展造成了巨大不利影响，这种利益损失涉及包括中美两国在内的世界多个国家。因此，从中美两国的调整意愿看，中国在国内环保负面影响日益增大的情况下，越来越关注减少制造业商品生产对国内资源和环境的保护，美国则关注减少中国对其制造业出口，以维护全球环境，尤其是在全球碳排放上希望中国能更多地承担相关减排义务，这就取决于中国如何减少制造业对美出口，但二者调整的最终结果都是中国对美制成品出口减少，各方也均在环保和实现经济可持续发展等利益上得利。其二，调整美国对华直接投资，升级 FDI 在华结构，有利于双方投资利益共同增加。随着近年来中国国民收入水平的提升，在加工装配行业，中国相对越南等东南亚经济体的劳动力成本劣势日益显现，因此，美国企业在中国加工装配产业的 FDI 已经出现外移的可能及意愿。与此同时，中国在引进外资和对外出口调整的政策驱动下，也有升级产业和就业结构的意愿，并因此愿意将国内实际利得偏低的加工装配产业外移，这就使得将中国对美制成品贸易顺差转变为其他经济体对美贸易顺差成为可能，而这种调整也将使中美两国利益都有增加的可能。其三，人民币汇率适度升值已经成为中美两国的共识，其和谐调整有利于双方利益的共同提升。虽然中美双方就人民币升值的速度还存在争议，但货币升值需要反映中美两国在国际经济体系中的实际地位，已经成为双方共识。随着中国国际经济地位的提升，升值人民币汇率已经难以避免。同时，逐步调整人民币升值过程，将对中美贸易失衡的调整产生影响，它既能满足美国减少自中国进口的政策目标，也能使中国国内居民的货币实际购买力增强，消费者福利提升。其四，积极扩大进口已经成为中国的实际行动计划，相关政策和指导性建议已经出台，而这也有利于中美双方达成相关政策的协调一致，增加共同利益。

第二，中国与发展中经济体在贸易失衡调整、实现互利共赢贸易开放中的共同利益。首先，在中美贸易失衡调整中，中国与东亚其他发展中经济体能找到共同利益。其一，中国与韩国和东盟地区在对美贸易上都存在制成品顺差，且中国对美贸易顺差的初始商品来源主要是这些经济体出口的中间品，一旦中国减少其对美最终商品出口，势必影响其对这些经济体的相关中间品进口，使其贸易利益受损，因而中国与这些经济体存在共同利益，可以组成贸易利益联盟，与美国进行贸易失衡调整议题的相关谈判。其二，中国对美出口企业主要是来自东亚和东南亚地区的外资企业，因此，中国与这些企业所在经济体间有紧密的投资联系，一旦进行失衡调整，将影响这些经济体在中国的经济利益，它们将难以享受外资企业在中国的各种政策利益，因而这些经济体不愿进行失衡调整影响其在中国的直接投资及相关利益。其三，贸易失衡调整能使中国与其他发展中经济体在具体商品贸易上同时实现利益增加。按照美国商务部的国际贸易标准分类（SITC 1 位数）的统计，在发展中经济体对美出口商品中，第 7 类商品机械及运输设备一直是其对美出口最主要的商品，因此，中国和其他发展中经济体在该类商品上形成了价格竞争。如中国大陆和中国台湾在对美第 764 类商品上就存在明显竞争，其均排在各自对美出口和贸易顺差商品的第 1 位，因此，如果减少中国的第 7 类商品对美出口，将降低中国与这些经济体在世界市场上的竞争程度，也会对世界市场上该类商品价格有一定提升作用，中国也可以进行出口商品结构调整，并将利益让渡给这些发展中经济体，以换得更大附加收益的商品出口和相关外资产业引入，实现中国与这些经济体的互利共赢。其次，互利共赢贸易开放有利于中国与石油输出国及其他资源输出国共同实现利益提升。能源和资源是未来中国进口的主要增长来源，它有利于中国经济的持续增长和国内资源及环境的保护，这和资源输出国获得巨额出口财富收益是契合的，因此存在贸易双方的"共赢"。然后，积极扩大进口政策的实施有利于中国的国内物价水平稳定和减少对美贸易顺差，更能够扩大对东亚经济体及其他发展中国家的进口，有利于其出口利益的增加，使中国与这些经济体找到双方合作的契机。再次，实施互利共赢贸易开放，需要中国与周边经济体建立更多的自由贸易区，从而使其共同获得贸易自由化和便利化的实际收益，而这种共同利益也吸引着各方努力推进贸易自由化进程。最后，互利共赢贸易开放政策的实施有利于抵制国际贸易保护主义的重新抬头，这对同为贸易顺差方的发展中经济体都有利，能够使其目标一致，并因此联合起来。

第三，中国与其他经济体在互利共赢贸易开放和失衡调整中的共同利益。除了美国和发展中经济体外，中国与欧盟、日本等发达经济体也有贸易差额，一旦实施互利共赢贸易开放战略，扩大进口、调整出口增长方式等，将增加双方的共同利益。其一，通过调整中国对外出口，减少全球碳排放，有利于实现世界经济的可持续发展。中国一直是世界主要的碳排放国家，而以欧盟等为首的发达经济体，近年来尤其关注跨国经济活动带来的全球碳排放及其对气候的不利影响。互利共赢贸易开放战略的实施要求中国减少"三高"产业的商品出口，并尽可能多地利用外部资源发展自身经济，这不仅有利于全球碳排放绝对总量的减少，保证世界经济可持续发展，而且有利于减少中国和欧盟等发达经济体因环保壁垒等原因导致的国际经贸摩擦。其二，中国提升了对外出口的商品结构层次，同时欧盟、日本等发达经济体也能更好地保护其国内市场。通过调整对外出口商品结构，将贸易重心转向进口，中国出口对欧盟等的内部市场冲击会不断降低，同时也能通过商品结构升级，有效增加中国的实际贸易利益，提升产业结构整体层次和全球价值链中的地位。其三，提升外商直接投资的结构层次，既有利于中国的知识创新、技术提升、产业升级和区域协调，也有利于欧盟等发达经济体利用中国的廉价高技术资源和人力资本，扩大对中国的 FDI，增加自身实际收益。

第七章

中国参与全球贸易失衡调整的
重点领域与主要路径

中国是当前全球贸易失衡的主要当事方之一，作为贸易逆差来源地的美国要求失衡调整的主要对象也是中国。因此，在当前经济全球化日益深化的背景下，不论中国是否愿意，都将被纳入全球贸易失衡的各类调整中，其利益也必然受到不利影响。而相对主动参与，被动参与全球贸易失衡调整，无疑会使中国承担更多的利益损失。因此，中国需要以互利共赢贸易开放战略为指导，研究中国与贸易各方的共同利益需求，积极参与全球贸易失衡的调整，尤其是应根据自身利益需要和贸易失衡现实，选择合适的调整路径，最终减慢中国对外贸易失衡增长速度，并在调整中真正扩大自身实际利益。

第一节 互利共赢战略指导下中国参与
失衡调整的重点领域

互利共赢贸易开放战略无疑为中国参与全球贸易失衡调整、增加自身实际贸易利益、进一步推进对外开放，提供了政策依据和理论参考。从目前全球贸易失衡的商品结构看，虽然美国最大的贸易逆差商品来自以原油为核心的第 3 类商品，同时其第 7 类商品贸易失衡的最主要商品来源地也不是中国，但从主要来源地贸易逆差的绝对规模看，中国无疑是美国最大的商品贸易逆差来源地。因此，虽然从商品结构看美国贸易逆差调整的主要来源地不应是中国，但庞大逆差规模使中国必须参与失衡调整。然而中国参与全球贸易失衡的调整是基于维护自身经济安全，防止国际贸易摩擦频发，以及增加自身实际利益的需求，因此，在具体参与失衡调整时，中国需要在互利共赢贸易开放战略指导下，首先以自身利益为基础，其次充分兼顾主要贸易对象方的需求参与调整，而作为主要贸易伙伴的美国等发达经济体，也应适当考虑贸易结构的实际及其利益得失，与中国进行治理政策协调。由于全球贸易失衡治理涉及贸易、投资、金融等领域的利益调整，因此，它需要考虑多领域的利益协调，目前在互利共赢贸易开放战略指导下，中国参与贸易失衡调整应重点从以下领域进行。

一　中美制成品贸易失衡是调整的核心，但中国应注意在制造业贸易利益上的保护

按照美国商务部的国际贸易标准分类（1位数）统计，中国对美国的贸易顺差主要集中在第5~9类商品上，这与中国主要以劳动力密集型优势参与全球制造类产业链分工息息相关。正是因为劳动力资源丰富和价格低廉，中国从事了全球生产过程的最后一道工序——加工装配环节，出口制成的最终商品，成为主要出口方。而在长期的进口中间品和出口最终制成品的过程中，外资企业的技术溢出和转让，使中国制造业的模仿和创新能力不断增强，也使其在全球价值链中，形成了在制造业和实体经济上的比较优势，这无疑使中国经济和国内企业获得了巨大发展利益，如果这一利益因为失衡调整突然失去，将会对中国实体经济和产业发展造成剧烈冲击。因此，中国即使调整制造业对外出口，也需要对相关产业的利益进行适当保护，对其过渡期进行渐进式调整。与此同时，对美国而言，长期的制造业出口在使其转移了国内高耗能、高污染制造业的同时，也使其美元财富流出，国内制造业出现"空洞化"，虽然美国可以通过吸引全球资本市场的投资，获得一定利息差收益弥补其贸易损失，但日益扩大的对外贸易逆差规模导致的资本流出越来越难以通过这类收益得以弥补，还是对美国产生了不利影响，因此，其迫切调整对外贸易逆差也是可以理解的。而从美国制成品贸易逆差的主要来源方分析，2012年来自中国的贸易逆差已经远远超过来自其他经济体的逆差，因此，中国必须调整对美国的制成品双边贸易。但中国在调整过程中，并不是一味地放弃制造业贸易利益，长

期形成的制造业生产优势不能突然就放弃，需要利用推动国内制造业对外直接投资等相关政策激励，改变对美制造业出口模式，中国需要加强与美国的双边利益和政策协调，在美国让渡一定利益的情况下有条件地调整制造业对美出口，尤其是在未来的 10 年内，中国依然需要庞大的制造业消化国内日益增加的就业人口，维持社会稳定。具体而言，中国需要在出口减少的同时注意维护制造业利益，选择合适的政策激励，加强与外资企业所在母国的贸易政策协调，组成利益联盟，共同与美国进行贸易谈判，尤其是要加强与中国的主要制成品贸易逆差来源方——以日本、韩国为核心的东亚经济体的贸易利益谈判，形成制造业利益共同体，共同与美国进行制成品贸易减让谈判。

二　在制造业出口利益让渡的同时，中国需要加强与美国在高技术贸易扩大上的协调

从出口贸易规模分析，中国从 2009 年起就已经以 12016.6 亿美元的出口额成为世界第一大出口方，2012 年更是猛增到 20489.3 亿美元，"中国制造"已经真正打开世界主要经济体的市场。因此，中国在出口战略上已经没必要再关注贸易的绝对数量的扩大，而应将重心放在贸易质量提升上，即如何通过出口结构调整，增加商品附加值和实际利益。目前适当减少制成品出口符合中国合理协调与美欧等发达国家贸易利益的要求，但是在适当让渡制造业出口利益的同时，中国需要以这些利益为"筹码"，加强与美欧等发达经济体的高技术贸易协调，尤其是需要减少美国对中国的高技术出口管制，即在减少对美国信息通信技术贸易顺差的同时，要求美国增加对中国的非敏感民用高技术的出口，从而带动中国相关高技术产业的结构调整与升级，增加中国高技术出口的实际利益。

三　扩大进口是未来贸易调整的核心，但中国应重点关注能源和资源类商品进口的扩大

一国能源安全利益的实现，关键在于对其国内能源储备的保护。从 2012 年中国第 3 类商品矿物燃料、润滑油及相关原料对美进口和对外总进口分析，其绝对贸易规模较大，呈现总体顺差态势；中国石油进口规模占

中国石油消费总额的比重已经接近 50%，这也引发了国内学术界对中国能源安全的担忧，认为应该适当控制中国对石油等战略资源的进口依赖程度，而主要依靠国内石油开采和生产，满足能源需要，以维护中国的石油安全。然而对比美国等发达经济体的石油战略，可知中国在对外进口扩大中，必须坚定不移地继续积极利用国外的石油等战略资源。中国的能源和其他资源安全，最主要的是需要通过对国内资源与能源的节约和储备实现。中国不应该增加对国内资源的使用，而应该和美国一样减少开采，关注全球资源的有效利用，最终将国内资源作为战略储备，实现维护中国资源安全的政策目标。因此，在未来调整对外贸易失衡的进程中，中国需要在减少出口的同时，重点关注能源和其他重要资源进口的扩大，这应该成为中国进口扩大战略的核心内容。

四　汇率仍是中国参与全球贸易失衡调整的主要关注点，但人民币汇率应稳中有升

作为世界第二大经济体和第一大出口方，中国在世界经济格局中的地位已经有了非常大的提升，但和美、欧及 G7 其他成员方的货币汇率相比，中国的人民币汇率明显偏低，导致出口商品标价偏低，而这也是"中国制造"商品具有国际竞争力的重要原因之一，因此，目前的人民币汇率已经不符合中国在全球市场上的实际地位要求。而且长期的人民币汇率偏低和出口美元的流入，也助推了中国的物价水平持续升高，此时中国实际是以消费者利益损失在"补贴"出口市场上的生产者利益增加，同时它还在一定程度上影响了以对外旅游为核心的中国服务贸易的扩大，以及中国在对外直接投资和消费中的实际购买力，降低了国内消费者和生产者的实际利益所得。因此，中国的人民币汇率需要适当升值。但是这种人民币升值并不是一步到位型的，必须考虑中国制成品出口的承受能力，应该配合中国制造业的产业升级和竞争力提升进程，以避免对制造业出口利益的根本性伤害。在短期内，中国仍然需要维护制造业领域的出口利益，使其愿意参与贸易失衡调整。而从长期和全球的视角分析，通过 G20 这一全球协调平台，美国已经成功将中国纳入全球贸易失衡治理的框架中，如果中国需要在世界范围内维护自身"负责任世界大国"的地位和形象，就必须与美国

在人民币升值和贸易失衡调整上进行协调。因而中国在汇率调整上势在必行，但必须坚持稳中有升的原则，在制造业出口持续扩大的情况下，可以继续升值人民币汇率，一旦制造业出口有下降趋势，就必须适当控制人民币升值，以维护中国的贸易和金融利益。

第二节　中国参与全球制成品贸易失衡调整的主要路径

中美贸易失衡的核心是美国对中国的制成品贸易逆差，而制造业对外贸易又关系到中国的国内就业、贸易竞争优势和经济增长等核心利益，因而中美贸易顺差的调整，需要中国在减少制成品贸易顺差的同时，维护国内制造业的经济利益，这是一个"两难"问题。需要中国根据自身国情和贸易失衡中的实际利益分配，在以"我"为主，兼顾贸易伙伴利益的基础上，进行制造业对美出口的合理调整。

一　加强中美双边经济协调，明晰美国对外贸易逆差商品的主要来源

从目前对中国发起贸易救济的地区来源看，主要是美国、欧盟和印度三大经济体；而从当前全球贸易失衡的地区构成看，作为贸易逆差方的主要是美国，因此，美国对中国贸易救济政策的改变，直接影响其他经济体对中国发起贸易摩擦的政策导向。而中美贸易失衡也是全球贸易失衡的主体，这也使得中美两国经济协调对治理失衡至关重要。中国需要在中美双边贸易谈判中明确指出：美国贸易逆差的第一来源商品是第3类矿物燃料、润滑油及相关原料（SITC 1位数统计），其中又主要为第333类商品原油；虽然美国最大的进口品是第7类商品机械及运输设备，但在第7类商品贸易逆差中，最大的逆差来源商品是第781类全部机动车辆（主要是汽车），而中国在该类商品上的对美顺差规模非常小；同时中国对美最主要的贸易顺差商品——第764类电信设备，则在美国第7类商品贸易逆差中占比相对偏低。因此，如果不能调整美国对主要贸易伙伴的第333类商品和第781类商品贸易逆差，美国对外贸易逆差难以得到根本性逆转，中国需要在对美贸易谈判中以此为依据，强调美国不应将对外贸易逆差的主要责任

和调整重点集中于中国。同时，中国也应明确指出，美国不愿将其对外失衡调整的重点集中于第 333 类商品和第 781 类商品，一方面是需要获取全球石油能源，得到巨大资源利益；另一方面是维护了其与欧日韩等经济体的盟友利益，避免与其在汽车制造业领域的贸易争端，满足其国内居民对这些商品的需求。同时美国对中国提出调整其对外失衡及相关利益要求，更多的是希望压制中国出口的增加，抑制其经济快速增长，维持美国的世界第一经济强国地位。因此，中国需要适当地维护自身从制造业出口中的利得，在调整出口结构进程中，维持中国对美国等经济体的绝对出口总量稳定改变。

二　坚持以制造业出口为核心，调整其出口商品结构，适当减缓增速

互利共赢贸易开放战略不是要中国放弃在制造业出口上的核心利益，长期的出口扩大对中国利益的增长效应是明显的，中国在以"我"为主的互利共赢贸易开放原则下，需要继续最大限度维持自身贸易利益，仍需以制造类商品出口为主，一方面保证制造业的充分就业，另一方面维持出口对经济增长的稳定促进效应，但也需要兼顾美国等贸易伙伴的利益需求，进行制造业内部的结构调整，提升中国在全球生产和价值链中的地位，逐步降低参与加工装配生产工序的比重，加强对制成品研发和创新的政策引导，使中国企业在制造业的核心环节增加实际利益，也减慢对美制成品出口贸易增速，满足美国的利益需求。但需注意的是，中国要时刻关注制造业出口减少的速度，控制其利益受损过快带来的不利影响，并采取必要的保护措施，稳步调整制造业对外贸易结构。

三　提升外资进入门槛，扩大中国对周边地区的直接投资

据中国商务部投资指南统计，外资在华企业对外出口对中国出口扩大的年贡献率接近 50%，尤其是美国及东亚其他经济体对中国 FDI 主要集中在制造业加工装配生产工序，帮助中国形成了完善的加工装配制造类行业。这些行业在改革开放初期对中国出口增长起到了极大促进作用，使中国获得了巨额外汇储备利益，但这些加工装配行业中的多数附加值偏少，

劳动者工资水平偏低，不利于中国人均国民收入的整体提升，因此，中国需要通过调整对 FDI 的优惠待遇，提升外资引入门槛，淘汰低附加值、低劳动者收入的外资企业。此外，近年来在 FDI 的技术溢出作用下，在很多外资集中领域，内资企业已经通过技术模仿和吸收，掌握了核心的产品制造能力和关键技术，也积累了雄厚资本。因此，政府可以通过政策引导，推动其对周边的发展中经济体进行直接投资，利用其更为低廉的劳动力成本优势，建立加工装配企业，而自身则学习东亚经济体，进行核心制成品和零部件的生产，将中国对美贸易顺差转变为这些经济体对美贸易顺差，从而转移美国对中国的贸易摩擦，获得核心利益。同时在传统的鞋类、纺织类和家具类制造行业，中国一直拥有核心的制造技术和生产能力，而逐年提升的国内劳动力价格，已经无法和周边地区，尤其是东盟部分经济体的劳动力形成竞争优势。这些行业由于机械化程度提高，劳动力价格普遍较低，产业附加值少，吸收劳动力人数逐年递减，因此，中国也通过政策引导其对周边经济体进行 FDI，既转移中国对美贸易顺差，又使得中国企业实际利益增加，同时加强周边经济体对中国的投资依赖程度，提升中国在亚洲经济格局中的地位和影响力，这对中国而言是"三赢"。

四　降低进口关税，适当升值人民币汇率，提升中国进口能力和扩大内需

改革开放以来，在国内投资和出口增长的影响下，中国经济获得了巨大利益：国内生产总值逐年快速增长、人均国民收入大幅增加、国家外汇储备规模不断扩大，中国已经成为一个名义上的"富国"，国内居民无论去哪个国家，都会给当地消费带来放量增长，财富效应初步显现。但在经济持续增长和收入持续增加的同时，一些不利因素降低了这种"财富"效应：国内自然资源因出口持续扩大而消耗严重，导致其日益稀缺和价格上涨；国内物价水平上涨快于名义收入增速，导致居民实际消费水平增长缓慢，内需不足；高额的进口关税抑制了国内居民对进口商品的消费，并使其出国"抢购"他国同类低价商品，这些都说明中国居民不是不愿进口国外商品，而是人民币汇率相对较低导致其对外实际购买力偏低，以及关税提高了进口商品价格，抑制了中国居民对进口商品的消费，也降低了居民

实际福利，牺牲了消费者利益。从目前中国经济发展的现实和突出问题看，其关键已不再是通过快速扩大出口推动经济增长，而是如何通过对外进口抑制国内日益凸显的通货膨胀趋势，保证国内居民实际收入的稳定增长和幸福感提升。因此，在互利共赢贸易开放战略指导下，中国需要减少对国内相关产业的贸易保护，适当降低进口关税水平，并通过逐步升值人民币汇率，提升企业和居民的对内和对外购买力，实现扩大内需和增加进口，推动内外均衡，最终抑制日益凸显的通货膨胀，提升居民幸福感，获得社会稳定的潜在利益。

五 在放慢中国制造业出口增长的同时，将资源和政策向支持服务业出口适当倾斜

从前文的 2011 年中国三大产业吸引劳动力就业构成分析，以制造业为核心的第二产业并不是中国最主要的吸引就业人员的产业，第三产业才是就业吸收的核心。据《中国统计年鉴 2012》的统计，2011 年以服务业为核心的第三产业吸引的就业人数占中国就业总人数的比重高达 35.7%，而第二产业吸引的就业人数占比仅为 29.5%，在三大产业中占比最小。第二产业在吸引就业方面之所以重要，主要是其能够吸收国内大量低技术和低进入门槛的劳动力，可以节约大量用于就业培训的社会成本。但随着 21 世纪初中国高等教育水平的逐年提升，大量人力资本的出现使国内对吸收劳动力的产业的技术要求也在逐步提高，这为中国减少制造业出口和调整三大产业比重提供了契机，使其可以适当鼓励劳动力向第三产业转移。与之配套的是，需要中国适当减少低附加值的制成类商品出口，向服务类企业出口进行政策和资源倾斜，尤其是强化对高技术服务外包企业的支持，吸引更多服务类外资企业入驻，扩大中国对外服务贸易，最终增加中国在对外贸易扩大中的实际利益。

六 深化参与亚洲区域经济一体化进程，扩大亚洲对中国的进口需求

目前中国对外出口主要集中在第 7 类、第 8 类和第 6 类制成品上，这些制成品的价格水平通常较高，需要的居民购买能力普遍较强。而从世界

各经济体的现实分析，发达国家进口关税偏低和实际购买力强，发展中国家则进口关税较高和实际购买力弱，这就导致中国生产的制成品主要出口到发达经济体。而从以西方七国为核心的发达经济体情况分析，以德、法两国为核心的欧盟，由于内部有 12 个非发达国家，在其强调成员国内部贸易为主的政策影响下，欧盟对外进口被相对削弱，这也使其抑制对中国的制成品进口。同时在美、中和东亚其他经济体间三元贸易模式的影响下，以日本、韩国、中国台湾为代表的东亚经济体，是中国进口的中间品——零部件及相关核心制成品的主要供给方，因此其也并没有对中国商品形成进口需求。在两类因素影响下，中国只有将其生产的最终制成品出口到美国，形成逐年递增的贸易顺差。也正因如此，在美国要求调整对华贸易逆差和欧盟强调内部贸易的前提下，在未来的对美贸易顺差调整中，中国只能将出口重心向以日本为代表的东亚，甚至是亚洲其他区域的经济体转移。具体而言，中国可以采取以下措施扩大对亚洲其他经济体的出口。第一，加强中国与日、韩及东盟之间的 "10 + 3" 自由贸易区建设。目前中国需要借助中国－东盟自由贸易区建成和中韩自由贸易区即将签署相关协议的契机，加快中日双边自由贸易区谈判，进而推动以中、日、韩、东盟自由贸易区为核心的亚洲地区自由贸易的建设，使日、韩及东盟内的发达经济体能转移部分中国制成品对美出口，减少中国对美出口调整的利益损失，最终充分发挥自贸区的贸易转移与贸易创造效应，使外部贸易内部化，在减少中国对美出口的情况下维持中国出口的强劲增长。第二，推动中国企业对自贸区成员方的直接投资，使海外子公司成为亚洲各经济体的本地企业，进而与当地企业更好融合，同时吸收这些经济体核心制造业的技术溢出和技术转移，增强中国母公司的技术创新能力，并通过在自贸区的子公司对美出口的增加，输出中国对美贸易顺差。第三，加强中国与东亚其他各主要经济体的贸易谈判，尽可能与之形成对美出口的利益共同体。中国在减少对美第 7 类商品出口的同时，势必会减少对东亚其他经济体的相关商品的中间品进口，这既损害其母国的对外贸易利益，也使其在华直接投资企业的经济利益受损，因此，中国完全可以与这些经济体进行贸易谈判，与之形成出口利益共同体，共同与美国进行制成品出口减让的协调，从而通过增加对美国的影响力，达成有利于中国利益的相关贸易协定。

第三节　中美高技术贸易失衡调整的主要路径

高技术产业是一类附加收益相对较高的产业，也是中国未来对外贸易发展的主要方向之一，从本书对中美高技术贸易模式的实证评估结果分析，主要有两个特点。其一，中美高技术贸易主要集中在信息通信技术和光电技术双边贸易，且由于全球产业转移和垂直型分工的影响，中国在对美高技术出口中主要从事加工装配生产工序。其二，中美高技术贸易模式整体表现为产业间贸易，虽然部分高技术贸易模式表现为产业内贸易，相互间技术差异在缩小，但在占主体的信息通信技术和光电技术双边贸易上，其主要表现为产业间贸易，这说明中国和美国的高技术产业发展差异仍然存在，中国在对美高技术贸易上并未获得核心收益，但却承担了对美贸易顺差持续扩大的"罪名"。当前急需针对不同类高技术贸易模式进行适当的结构调整，以增加中国的实际收益，使高技术产业得到真正发展。

一　重视知识产权保护，以信息通信技术和光电技术产业研发能力提升为核心和突破口

高技术产业的发展需要以创新技术得到有效保护、创新方获得核心利益和足够动力为基础，因此，增加中国高技术贸易的核心收益首先需要在创新技术的利益保护上进行制度和法律建设，即需要关注中国的知识产权保护，强化国内对知识产权保护的实际执行程度，通过各类宣传手段提升企业和个人对知识产权保护重要性的认识，使更多的社会主体参与到创新技术的保护上，增加违反知识产权的惩罚成本，最终激励企业和个人去进行高技术研发和创新。从目前中美高技术贸易总额和失衡的内容分析，信息通信技术和光电技术等产业的贸易失衡是调整的核心，也是中国增加从贸易失衡中实际获益的主要来源。从目前中美高技术贸易模式的实证测度分析，这两类产业的贸易模式仍主要表现为产业间贸易或垂直型产业内贸易，而且外企对中国的投资主要集中在信息通信技术和光电技术产业的加工装配工序，持续的技术溢出和技术转移，使中国具备了大规模发展这两类高技术产业的制造工序和研发工序的基础，更容易提升其技术创新水

平。基于以上两点，中国调整高技术产业贸易模式，应从所占比重大、研发要求相对较低的信息通信技术和光电技术产业入手。

值得一提的是，目前在信息通信技术领域，在长期的学习和模仿效应影响下，中国已经初步拥有关键技术的自主创新能力，出现了华为、浪潮等一大批能自主研发信息通信技术的知名企业，相关配套产业和企业的发展基础都相对较好。但在光电技术研发领域，政府投入仍是技术研发投入的主体，企业的投入还相对偏少，虽然未来长期情况下，中国企业应该更多地在光电技术研发上增加投入，鼓励自主创新，增加其从全球光电技术产业贸易和国际分工中的实际收益。但是在中短期内，政府支持依然需要发挥重要作用，其可从三方面开展。第一，提供协调平台和支持政策，推进国内光电技术的制造类企业、理论型大学和创新型科研机构的三方合作，同时更进一步推动跨学科的交叉合作创新。在中国的10类高技术中，光电技术的科研机构研发和创新能力相比其他技术更为接近美国、日本等发达经济体的全球最高水平；但其技术的产业化进程相对滞后，同时也缺乏与光电技术相关的配套生产企业和光电核心制成类材料企业，这在一定程度上影响了创新技术向现实光电类产品的转化进程，因而使中国政府科研机构和企业都很难获得光电技术的核心研发收益。因此，当前中国政府需要建立理论与实践合作的平台和政策支持机制，在推动光电技术研发的同时，将光电技术产业链建立起来，支持光电技术制造业和核心材料产业的发展，提供合适的配套政策。第二，选取光电技术行业为重点，先期以政府资金为基础，支持发展创业投资基金，强化对光电技术研发的保护和支持。虽然当前政府对中国光电技术产业的政策和资金支持占据主导，但通过市场机制支持产业发展，仍然需要重点培养，并最终成为支持主体，因而当前中国需要在创投基金的配套政策和法律法规上，加大力度完善，同时政府需要加大对技术创新过程中的知识产权保护力度，维护企业研发核心光电技术的高附加利润，甚至在实施政策支持的初期，可以对其技术研发和核心材料制造过程进行政策和资金补贴，并做好研发、制造、加工装配等各个环节的利益分配规则制定，尤其是重点支持民用光电技术的研发创新和普及。第三，加强对光电技术产业的研究和分类，尤其是针对中美、中欧、中-东亚其他经济体等双边光电技术产业发展特点和贸易现状展开研究，对不同光电技术行业进行分类对待。一方面，针对美国等发达经济体重点实施高技术出口管制的光电技术，如运用于光电对抗系统制造的各类激光器及电子成像仪器等光电产品①，政府应该针对产学研合作计划，通过制定专门的科技专项规划，进行前期支持。另一方面，中国应将光电技术产业发展的重心放在民用光电技术上，政府需要依据中国光电技术产业发展的实际，分类布局不同民用光电技术行业的发展。具体而言，当前应该根据中国核心制造业、材料业及配套产业发展落后的现实，从进入市场要求低的低技术水平光电产业的布局入手，率先在这些领域形成自主创新能力，同时选择具有较好发展前景和有利于增强中国国际竞争力的高端光电技术产业，通过外资的"引进来"与"走出去"，与国外企业进行国际合作，逐步提升中国在高端光电技术产业上的研发能力、竞争能力和生产水平，占领高附加值和高收益的生产环节，最终全面提升中国光电技术企业在全球市场上的实际收益。

二　重视美国利益集团的作用，减少美国对中国敏感高技术出口管制

作为世界上技术研发水平最高的国家，美国应该成为对中国高技术贸易的顺差方，但由于政治和军事等因素的影响，美国对中国的高技术出口管制一直存在，尤其是在武器、生物技术和核技术等敏感高技术产业上，美国高技术出口企业的利益经常被忽视。而美国对中国实施的不同程度的高技术出口管制，也影响了这些领域的中美贸易利益分配。

从前文对 2002～2012 年中美 10 类高技术贸易的 G－L 指数和 Brüelhart 指数测度结果分析，中美高技术贸易主要表现为产业间贸易或较低水平的产业内贸易，总体受到美国对中国的高技术出口管制。然而从中美两国的敏感高技术——生物技术、武器技术和核技术的贸易模式演变分析，美国在这些高技术上对中国并不总是实施出口管制，有时也会放松技术出口管制。例如在 2001 年中国加入 WTO 的初期，中美经贸关系趋于利好，美国

---

① 刘威、彭珏：《中美光电技术贸易的深层次原因及对策研究》，《武汉大学学报》（哲学社会科学版）2011 年第 6 期，第 15 页。

自然在对华高技术出口管制上有所放松，而这也导致中美生物技术、武器技术和核技术贸易模式主要表现为高水平的产业内贸易。这说明美国政府还是有可能放松对中国的高技术出口管制的，其取决于美国政府未来的政策导向。从美国政府的政治决策过程分析，利益集团在其中起着关键指引作用，美国是一个利益集团众多的国家，不同利益集团的金钱或其他利益游说，直接决定着美国政府的政策导向，长期对中国高技术出口管制使美国掌握核心高技术的企业利益受损，尤其是其正在逐步丧失世界最大的市场——中国，其对政府游说取消管制的压力将随其损失的增多而扩大，因此，中国的高技术行业协会，甚至各级政府部门，应该积极游说美国各类高技术企业利益集团及其他受高技术出口管制而损失的利益集团，共同对美国政府施压。目前通过游说利益集团取消对中国的技术出口管制是具备可行性的，尤其是中美核技术和生物技术贸易一直处于或接近高水平的产业内贸易层次，说明在这两类高技术上，美国对中国的出口管制并非一直严格，取消其管制相比涉及军事用途的武器技术更容易。只要使美国政府相信中国发展高技术贸易的目的在于民用，而非军用，应该可以以这两类高技术为突破点，取消美国对中国民用类高技术出口管制，这不仅能使中国扩大进口，减少中美整体贸易顺差，增加美国高技术企业的实际收益，而且能够通过中美高技术合作，提升中国高技术产业层次，使中美双方真正实现互利共赢。

三 对难以放松出口管制的航空航天技术应增加中国的进口来源，并坚持自主创新

航空航天技术领域是中美俄等世界主要大国未来竞争的主要领域，因此其涉及的高技术竞争最为激烈，各国对其保护也最为严格。前文的中美高技术贸易 G－L 指数和 Brüelhart 指数分析结果显示，美国对中国虽然在航空航天技术贸易上是顺差，但规模相比高技术对华整体贸易逆差要小得多，而 G－L 指数结果也显示，美国对中国出口增速要远慢于进口增速，其贸易模式也始终表现为低水平的产业内贸易，这种趋势显示美国对中国在航空航天技术贸易上存在出口管制，而航空航天技术涉及未来世界高技术领域的前沿竞争，也事关美国的安全和政治利益，这使美国很难在短期

内放松对中国的航空航天技术出口管制。中国要想发展自身的航空航天技术，仍然需要在坚持自主科研创新的基础上，适当引入市场机制和力量参与目前的技术研发，并逐步增加对欧盟、俄罗斯等航空航天技术大国的进口，使中国能逐步从技术进口中弥补自身发展和创新的不足，逐步扩大美国限制航空航天技术出口承担的损失，使其受损利益集团能游说政府，取消对中国的民用航空航天技术出口管制，最终使中国能更多地从美国进口最新技术，全面扩大中国航空航天技术进口规模，增加中美双方的实际利益，实现航空航天技术贸易领域的互利共赢。

四　在非敏感民用高技术贸易上，保持自身竞争优势和主要特色，稳定扩大对外出口

前文的中美高技术贸易模式测度结果显示，在高技术产业支持政策的影响下，中国在部分高技术，如柔性制成品、高新材料技术、生命科学技术、电子技术等生产和研发水平上，已经取得了一定进步，国内相关产业对这些高技术的吸收能力在不断增强，中美两国在这些高技术上的贸易模式已经从产业间贸易升级为产业内贸易，获得了技术水平提升和高附加经济利益。此外，从这些高技术及其所属产业的长远看，其技术的民用性质强，较少受到美国技术出口管制，因而中国可以更快地向其学习并创新，进而扩大其对外出口，获得贸易利益。但需要注意的是，在发展这些高技术对外出口时，要关注中国企业自身竞争优势的培育，力争掌握创新技术，并通过持续的自主研发和技术引入，保持在这些技术上与其他创新大国的差异化特色，从而稳定其对外出口和获得实际贸易利益。

第四节　中国参与 G20 全球贸易失衡治理的主要路径

自在 2009 年 G20 美国匹兹堡会议上，美国将全球经济再平衡作为其主要议题以来，在 G20 框架下对全球贸易失衡的协调治理已经进入实质性的操作阶段，中国也被 G20 正式纳入失衡国家之一，被要求做出失衡治理的具体举措。从目前全球经济失衡的治理分析，失衡调整不仅是单个或两

个国家的责任，更需要世界多个经济体的共同参与。而 G20 恰恰提供了这一合作平台，它不仅将中、美、日等传统失衡国家纳入调整的框架，而且将德、法、印等以往被忽略的失衡经济体拉入失衡调整，这也给了中国等东亚经济体更多的失衡调整空间和合作对象，而且在 G20 这一平台，中国不仅可以联合世界主要发展中国家形成利益联盟，增加自身在全球经济事务中的话语权，更可以与日本、韩国等东亚其他经济体有共同利益和利益交换。因此，中国需要利用这一全球对话机制和平台，合理参与全球贸易再平衡进程。目前中国可以从以下几方面参与 G20 全球失衡治理，并维护自身经济利益。

一　中国在参与 G20 失衡治理的同时，应要求 G20 更为关注抑制贸易保护主义议题

2005 年以来，在发达国家日益关注全球经济失衡和国际金融危机的双重影响下，G20 成为全球经济治理的重要对话平台，但目前它主要是作为 IMF 和世界银行的补充机制发挥作用，重点关注如何推动金融领域的问题治理和失衡调整，使世界主要经济体走出国际金融危机。而对发展中国家关注的抑制国际贸易保护主义等议题，则缺乏实质性进展，这对中国的贸易利益保护是不利的。与此同时，虽然发展中国家在 G20 全球经济治理中与中国有共同利益，且暂时组成同一利益集团与发达国家经济集团进行贸易政策谈判协调，但由于人民币升值难以持续及其带来的中国与印度、巴西等"金砖国家"出口竞争依旧存在，在如何调整全球贸易失衡问题上，中国与这些发展中国家有利益冲突，在这一议题上，发展中国家难以形成一致利益与美欧等进行协调。但是在抑制全球贸易保护问题上，中国与发展中国家是有共同利益的，可以形成利益联合体，与发达国家进行贸易谈判。基于这一因素影响，中国可以与发展中国家联合，以自身失衡调整为交换，要求发达国家在贸易保护主义议题谈判上做出让步，重点推动全球贸易自由化进程，使美欧等经济体降低对其国内市场的贸易保护，进而以此为交换，要求发展中国家加强与自身在失衡调整上的合作，稳定对外出口，增强外部环境的安全性。

二 中国应通过 G20 框架下的失衡调整，推动国际货币体系改革的进一步深化

以美中贸易失衡为核心的全球经济失衡，是各国在其贸易商品比较优势的基础上自然形成的，尤其是以美元为核心的国际货币体系在其中发挥了关键作用，该体系使美国的金融发展和金融市场具备比较优势，成为世界货币体系和金融市场的中心，能够吸引国外大量金融资本流入，并利用其强势的国际本位货币——美元，大量进口外部廉价商品，导致其出现巨额贸易逆差。因此，美中贸易失衡治理不仅需要中国通过调整贸易结构，减少出口，更加需要美国居民和企业减少对中国制成品的进口意愿和购买能力，而这需要改变美元在国际货币体系中的中心本位货币和强势货币地位。与此同时，对中国而言，减少对美国制成品出口，有利于降低对美国国内经济的依赖性，尤其是可以避免美元贬值给中国巨额外汇储备和金融安全造成的风险，因此，在适当减少对美出口进程中，中国是可以得到相应利益补偿的。但是中国需要通过失衡调整推动国际货币体系改革，如果美元的国际货币体系中心地位和对外进口低价商品的意愿没有得到根本改变，单靠中国的单方面出口减少，是不可能实现 G20 失衡调整的最终目标的。基于以上两点，中国需要以自身失衡调整和全球失衡治理的实现为依据，推进 G20 各级会议逐步探讨如何实现国际货币体系的多元化和具体改革，并通过人民币汇率逐渐升值和国际化，增加中国在国际金融领域的话语权和自身金融利益，最终扩大进口，实现失衡适度调整的政策目标。

三 中国需要尽早对 G20 失衡治理做出应对，尤其在具体量化指标上进行适当控制

自 2009 年 G20 匹兹堡会议提出"全球经济再平衡"议题以来，G20 在全球经济失衡治理上的进展非常快。作为 G20 的重要成员方之一，为了增强自身在全球金融和经济格局中的话语权和地位，中国不能回避 G20 的全球经济失衡治理，应该针对 G20 的失衡治理方法和政策做出积极应对，以减少在 G20 失衡治理中的实际利益损失。2011 年 4 月的 G20 财长会议已经就衡量各国经济失衡的参考性量化方案达成一致，决定采用 IMF 提供的

失衡度量方案进行评估，并采用结构法、基于各国历史时间序列的统计法、组内分析的统计分组法和建立在 G20 所有国家数据分析基础上的统计四分位法，进行一国经济失衡的判断和测度（黄薇、韩剑，2012），同时为了推进 G20 各成员方对已达成议题的执行力，G20 还制定了相互评估程序，进行同行评议（朱杰进，2012），以评估成员方对失衡治理的进展情况。但目前在各主要失衡评估指标的具体评价上，G20 还没有制定明确的失衡评估标准，对一国被确定为失衡之后，其应该如何整改以及整改到何种程度，也没有形成统一协议。因此，中国需要针对 G20 已有的评估指标和方法，对中国承受内外失衡调整的范围和程度进行提前评估，从而确定在未来的 G20 失衡治理谈判中，中国可以承受的贸易失衡指标的调整幅度，以维护中国的实际利益，并避免其因此遭受其他国家发起的贸易摩擦。

四　中国需要加强 G20 协调控制全球能源价格，以弥补中国调整失衡的利益损失

调整中国对外贸易顺差和扩大进口已经成为中国参与 G20 失衡治理不可避免的环节，而从国内能源保护和经济可持续增长的角度，中国也需要减少出口和扩大进口，但这将会使中国出口利益受损，国内资本外流。因此，中国需要通过 G20 全球治理协调，在其他具体议题上制定有利于中国的调整政策，当前在 G20 众多议题中，能够增加中国贸易利益的议题主要来自全球能源价格的协调治理，未来中国经济快速增长必然需要扩大能源和资源进口，因此，中国需要利用好 G20 这一平台，加强与美国、欧盟等世界主要石油进口方和以沙特阿拉伯、墨西哥、俄罗斯为核心的石油出口方的政策协调，稳定甚至降低全球石油及其他资源的价格水平，使未来从进口扩大中的财富流失额尽可能降低，增加自身从全球能源和资源价格稳定中获得的相对利益，从而弥补中国贸易顺差减少带来的利益损失。

参考文献

〔爱尔兰〕Ahearne，A.：《全球国际收支失衡：欧洲的观点》，《国际经济评论》2006 年第 5 期。

包群、赖明勇：《FDI 技术外溢的动态测算及原因解释》，《统计研究》2003 年第 6 期。

北京大学中国经济研究中心课题组（平新乔执笔）：《垂直专门化、产业内贸易与中美贸易关系》，《世界经济》2006 年第 5 期。

陈继勇、肖卫国、王清平：《国际直接投资的新发展与外商对华直接投资研究》，人民出版社，2004。

陈继勇、胡渊：《中国实施互利共赢的对外贸易战略》，《武汉大学学报》（哲学社会科学版）2009 年第 5 期。

陈松川：《和平发展，互利共赢，构建和谐世界——十七大提出的 21 世纪中国国际发展战略》，《青海社会科学》2007 年第 11 期。

陈建奇：《中国是否接受外部失衡上限对称性约束?》，《国际贸易》2011 年第 4 期。

陈德铭：《完善互利共赢、多元平衡、安全高效的开放型经济体系》，《国际商务财会》2012 年第 12 期。

成思危：《谋求互利共赢促进地区合作》，《外交评论》2007 年第 4 期。

陈继勇、刘威：《美中贸易的"外资引致逆差"问题研究》，《世界经济》2006 年第 9 期。

陈继勇、胡艺：《迈向互利共赢的开放之路——中国对外开放三十年的回顾与展望》，《广东外语外贸大学学报》2009 年第 1 期。

陈继勇、刘威：《产品内分工视角下美中贸易失衡中的利益分配》，《财经问题研究》2008 年第 6 期。

杜莉：《中国与美国高技术产品产业内贸易的实证研究》，《数量经济技术经济研究》2006 年第 8 期。

方晋：《G20 机制化建设与议题建设》，《国际展望》2010 年第 3 期。

付争：《金融市场差异与全球经济失衡》，《世界经济研究》2012 年第 7 期。

谷亚光：《着力提高利用外资质量，实施互利共赢战略》，《中国改革报》2006 年 3 月 21 日第 6 版。

郭其友、王春雷：《中美贸易的利益分配——基于产出与消费视角的理论经验分析》，《厦门大学学报》（哲学社会科学版）2011 年第 4 期。

黄薇、韩剑：《G20 参考性指南：治理全球经济失衡的第一步》，《金融评论》2012 年第 1 期。

黄明皓：《汇率在全球经济再平衡中的作用》，《南方金融》2010 年第 4 期。

何洁：《外国直接投资对中国工业部门外溢效应的进一步精确量化》，《世界经济》2000 年第 12 期。

黄庆波、李焱、宋杨：《构筑中美贸易"互利共赢"的格局》，《经济与管理研究》2008 年第 12 期。

黄蓉：《中美高技术产业内贸易研究》，厦门大学硕士学位论文，2009。

黄卫平、韩燕：《产业内贸易指标述评》，《财贸经济》2006 年第 4 期。

胡锦涛：《推进互利共赢合作 发展新型大国关系——在第四轮中美战略与经济对话开幕式上的致辞》，《中国科技产业》2012 年第 6 期。

林玲、段世德：《西方贸易利益分配理论的流变及发展趋势》，《国外社会科学》2008 年第 6 期。

赖明勇、包群、彭水军、张新：《外商直接投资与技术外溢：基于吸收能力的研究》，《经济研究》2005 年第 8 期。

雷达等：《金融危机下的全球经济：从失衡到平衡》，《世界经济研究》2010 年第 3 期。

刘林奇：《人民币对美元实际汇率与中美贸易净出口关系的实证研究》，《国际贸易问题》2007 年第 11 期。

雷达、赵勇：《中美经济失衡的性质及调整：基于金融发展的视角》，《世界经济》2009 年第 1 期。

刘光溪、陈文纲：《中美贸易失衡的最大得益者：美国企业和消费者——兼析不同经济发展水平国家在全球化中的得益情况》，《国际贸易》2006 年第 7 期。

刘兴华：《美国对华贸易赤字的形成原因与发展趋势》，《亚太经济》2005 年第 3 期。

刘建江、杨细珍：《产品内分工视角下中美贸易失衡中的贸易利益研究》，《国际贸易问题》2011 年第 8 期。

刘威、吴宏：《内外资企业合作对 FDI 技术溢出影响的实证研究》，《南开经济研究》2009 年第 3 期。

刘威：《全球经济失衡的调整重心及中国的参与策略》，《武汉大学学报》（哲学社会科学版）2008 年第 4 期。

刘威、彭珏：《中美光电技术贸易失衡演变的深层次原因及对策研究》，《武汉大学学报》（哲学社会科学版）2011 年第 6 期。

刘威：《论中美高技术产品贸易失衡之"谜"》，《现代经济探讨》2009 年第 4 期。

林玲、段世德：《经济全球化背景下的中美贸易利益分配研究》，《世界经济与政治论坛》2008 年第 4 期。

林玲、段世德：《论技术溢出对中美贸易利益分配的影响》，《亚太经济》2010 年第 1 期。

李翀：《从中美经常项目差额看国际贸易利益分配格局》，《北京师范大学学报》（社会科学版）2005 年第 5 期。

刘威：《经济全球化背景下的美中贸易失衡研究》，第 1 版，武汉大学出版社，2009。

李宝瑜：《中国宏观经济失衡指数研究》，《统计研究》2009 年第 10 期。

李安方：《互利共赢与开放的战略创新》，《社会科学》2007 年第 11 期。

〔加拿大〕Ranald I. Mckinnon、邹至庄：《国际著名学者关于人民币升值是非评说》,《国际经济评论》2005 年第 5 期。

〔美〕Robert C. Feenstra、海闻、胡永泰、姚顺利:《美中贸易逆差:规模和决定因素》, 北京大学中国经济研究中心讨论稿系列,NO. C1998009, 1998。

沈国兵:《知识产权保护与中美双边贸易问题》,《当代财经》2006 年第 11 期。

沈国兵:《反倾销与美中双边产业内贸易:经验分析》,《世界经济研究》2008 年第 3 期。

沈国兵:《美中贸易逆差与人民币汇率:实证研究》,《南开经济研究》2004 年第 6 期。

沈国兵:《知识产权保护与中美双边贸易问题》,《当代财经》2006 年第 11 期。

孙华好、许亦平:《贸易差额的衡量:基于所有权还是所在地》,《国际贸易问题》2006 年第 5 期。

宋玉华:《美国新经济研究——经济范式转型与制度演化》, 人民出版社, 2002。

孙丽丽:《从应急机制到合作平台——G20 正在成为全球经济治理的首要机制》,《亚非纵横》2010 年第 5 期。

孙文涛、赵俏姿:《国际贸易利益分配及其政策的相机抉择》,《上海企业》2002 年第 9 期。

宋玉华、朱思敏:《垂直专业化的贸易利益分配机制研究》,《世界经济研究》2008 年第 3 期。

王珍珍:《全球供应链视角下进出口贸易现状及利益分配》,《广西经济管理干部学院学报》2008 年第 10 期。

吴晓琨:《论互利共赢的对外开放战略》,《党史博采》(理论版)2012 年第 12 期。

魏磊:《完善互利共赢开放战略的评估机制研究》, 对外经济贸易大学博士学位论文, 2010。

王晶:《我国农产品产业内贸易现状分析》,《国际贸易问题》2008 年第 1 期。

王国刚：《走出"全球经济再平衡"的误区》，《财贸经济》2010 年第 10 期。

万智颖：《中美高技术产品产业内贸易实证分析》，浙江大学硕士学位论文，2010。

王道平、范小云：《现行的国际货币体系是否是全球经济失衡和金融危机的原因》，《世界经济》2011 年第 1 期。

王军：《深化区域合作，实现互利共赢》，《人民日报》2006 年 7 月 21 日第 14 版。

徐梅：《中日贸易结构与产业竞争——兼论中国产业面临的挑战》，《日本学刊》2008 年第 4 期。

项俊波：《中国经济结构失衡的测度与分析》，《管理世界》2008 年第 9 期。

冼国明、严兵：《FDI 对中国创新能力的溢出效应》，《世界经济》2005 年第 10 期。

徐世勋、张静贞、林恒圣：《台湾与美国经济互动关系之量化评估》，《台湾经济论衡》1992 年第 1 期。

徐建炜、姚洋：《国际分工新形态、金融市场发展与全球失衡》，《世界经济》2010 年第 3 期。

于培伟：《统筹国内发展和对外开放努力实现互利共赢》，《中国远洋航务》2011 年第 3 期。

于培伟：《必须完善互利共赢、多元平衡、安全高效的开放型经济体系》，《中国远洋航务》2012 年第 12 期。

姚枝仲、齐俊妍：《全球国际收支失衡及变化趋势》，《世界经济》，2006 年第 3 期。

于津平：《基于互利共赢的开放战略调整》，《南京大学学报》（哲学·人文科学·社会科学）2008 年第 4 期。

〔韩〕Yung Chul Park：《全球国际收支失衡与新兴市场》，《国际经济评论》2006 年第 5 期。

杨正位：《全球化时代的产业转移是美对中国贸易逆差的根本原因》，《中国金融》，2005 年第 14 期。

余永定：《全球国际收支失衡：中国视角》，《国际经济评论》2006 年第 5 期。

张燕生：《全球经济失衡条件下的政策选择》，《国际经济评论》2006 年第 2 期。

张毅：《提高对外开放水平，实施互利共赢的开放战略》，《党建》2006 年第 3 期。

张幼文：《要素流动和全球经济失衡的历史影响》，《国际经济评论》2006 年第 2 期。

曾铮、张路路：《全球生产网络体系下中美贸易利益分配的界定——基于中国制造业贸易附加值的研究》，《世界经济研究》2008 年第 1 期。

张明：《全球经济再平衡：美国和中国的角色》，《世界经济与政治》2010 年第 9 期。

张文宣：《全球价值链的利益分配研究》，《太原理工大学学报》（社会科学版）2007 年第 9 期。

张宇：《FDI 技术外溢的地区差异与吸收能力的门限特征——基于中国省际面板数据的门限回归分析》，《数量经济技术经济研究》2008 年第 1 期。

章丽群：《中美制成品产业内贸易与利益分配》，上海社会科学院博士学位论文，2009。

张路路、曾铮、唐宇：《两国产品内贸易的利益分配：基本模型及其经验应用》，《国际商务——对外经济贸易大学学报》2008 年第 2 期。

张永胜：《互利共赢的博弈论分析》，《理论月刊》2006 年第 12 期。

张妍：《共享发展机遇实现互利共赢——对中国经济外交的几点看法》，《外交评论》2008 年第 1 期。

张松涛：《关于坚持互利共赢开放战略的若干问题》，《国际贸易》2007 年第 2 期。

曾培炎：《努力发展互利共赢的中美经贸关系》，《经济研究参考》2011 年第 49 期。

张幼文、黄仁伟：《和平崛起的中国互利共赢的世界》，《新金融》2004 年第 6 期。

张建清、张天顶：《经常账户失衡的调整：国际经验及其对中国的启示》,《世界经济》2008 年第 10 期。

张静中、孙炜:《中美贸易差额新估算及中方对策》,《河海大学学报》(哲学社会科学版)2006 年第 3 期。

郑宝银:《实施互利共赢的开放战略》,《国际贸易问题》2005 年第 11 期。

张松涛:《开创新形势下互利共赢开放战略新局面——兼议国际经济结构调整、国际经济分工格局变化和全球经济治理改革趋势》,《中国经贸》2011 年第 15 期。

赵英奎:《论互利共赢开放战略》,《理论学刊》2006 年第 2 期。

周松兰:《中韩贸易结构新动态》,《国际经济合作》2007 年第 10 期。

朱杰进:《二十国集团的定位与机制建设》,《阿拉伯世界研究》2012 年第 5 期。

祝丹涛:《金融体系效率的国别差异和全球经济失衡》,《金融研究》2008 年第 8 期。

Arndt, Sven, W. "Globalization and the Open Economy", *North American Journal of Economics and Finance*, Vol. 8, No. 1, 1997: 71 – 79.

Alessandra Fogli and Fabrizio Perri. "The 'Great Moderation' and the US External Imbalance", *NBER Working Paper* 12708, November 2006, http://www.nber.org/papers/w12708.

Aquino, A. "Intra – industry Trade and Inter – industry Specialization as Concurrent Sources of International Trade in Manufactures ", *Review of World Economics*, 1978, Vol. 114 : 275 – 295.

Balassa, B. , *Trade Liberalization among Industries*, New York, Mc Graw – Hill, 1967.

Brüelhart, M. "Marginal Intra – Industry Trade: Measurement and Relevance for the Pattern of Industrial Adjustment ", *Weltwirtschaftliches Archiv*, 1994, Vol. 130: 600 – 613.

Balassa, B. "Trade – creation and Trade – diversion in the European Market", *The Paper of Manchester School*, 1974, Vol. 2 : 123 – 142.

Bergstrand, J. H. "Measurement and Determinants of Intra – Industry International Trade", in P. K. M. Tharakan, Ed., *Intra - Industry Trade: Empirical and Methodological Aspects.* Amsterdam, 1983: 201 - 241.

Bordo, M. "Historical Perspective on Global Imbalance", *NBER Working Paper No.* 11383, 2005.

Bernanke, B. "The Global Saving Glut and the US Current Account Deficit", *A Speech at the Board of Governors of the US Federal Reserve System*, at the Sandridge Lecture, Virginia Association of Economics, Richmond, Virginia, 2005.

Burke, James. "U. S. Investment in China Worsens Trade Deficit", *Economic Policy Institute*, *Briefing Paper* 93, 2000.

Borensztein, E., De Gregorio, J. and Lee, J. W. "How Does Foreign Direct Investment Affect Economic Growth?", *Journal of International Economics*, 1998, 45 (1): 115 - 135.

Caves, R. "Multinational Firms, Competition and Productivity in Host Country Markets", *Economica*, 1974, 41 (162): 176 - 193.

Claude D' Aspremont, Alexis Jacquemin. "Cooperative and Non Cooperative R&D in Duopoly with Spillovers", *The American Economic Review*, 1988. Vol. 78 (5): 1133 - 1137.

Cooper, R. N. "Living with Global Imbalances: A Contrarian View", *Policy Briefs in International Economics*, *No. PB*05 - 3. Institute for International Economics, USA, 2005.

Chinn, M. D. and Ito, H., "Current Account Balances, Financial Development and Institutions: Assaying the World Savings Glut", *La Follette School of Public Affairs Working Papers No.* 2005 - 023, University of Wisconsin - Madison, 2005.

Chinn, M. D. and Prasad, E. S. "Medium - term Determinants of Current Accounts in Industrial and Developing Countries: An Empirical Exploration", *Journal of International Economics*, Vol. 59, 2005.

Caballero, R. J., Farhi, E. and Gourinchas, P. O. "An Equilibrium Model of "Global Imbalances" and Low Interest Rates", *NBER Working Paper No.* 11996. February 2006.

Deardorff, Alan V. , Fragmentation across Cones, Arndt, Sven W. and Kierzkowski Henryk , *Frangmentation*: *New Production Patterns in the World Economy*, Oxford University Press: 35 - 51, 2001.

Dudley, W. C. & Mckelvey, E. F, *The U. S. Budget Outlook*: *A Surplus of Deficit*, New York: Goldman Sachs, 2004.

Dooley, Michael P. , David Folkerts - Landau and Peter M. Garber. "The Revived Bretton Woods System: The Effects of Periphery Intervention and Reserve Management on Interest Rate & Exchange Rates in Center Countries", *NBER Working Paper* w10332, 2004.

Edwards, S. "Is the U. S. Current Account Deficit Sustainable? And if not, How Costly is Adjustment Likely to Be?", *Brookings Papers on Economic Activity*, Vol. 2005 (1): 211 - 288.

Edwards, S. "The End of Large Current Account Deficits, 1970 - 2002: Are There Lessons for the United States?" In *The Greenspan Era*: *Lessons for the Future*, The Federal Reserve Bank of Kansas City, 2005: 205 - 268.

Eichengreen, B. and Muge Analet. "Current Account Reversal: Always a Problem?", *NBER Working Paper* w11634, 2005.

Fung K. C. and Lawrence J. Lau. "Adjusted Estimates of United States - China Bilateral Trade Balances 1995 - 2002", *Journal of Asian Economics*, 2003, 14: 489 - 496.

Feenstra Robert C. , et al. "Discrepancies in International Data; An Application to China - Hong Kong Entrep Trade", *American Economic Review*, 1999, May: 338 - 343.

Frankel, J. Romer, D. and Cyrus, T. "Trade and Growth In East Asian Countries: Cause and Effects?", *NBER Working Paper* 5732, 1996.

Findlay, R. "Relative Backwardness, Direct Foreign Investment and the Transfer of Technology: A Simple Dynamic Model", *Quarterly Journal of Economics*, 1978, 92: 1 - 16.

Grubel and Lloyd. *Intra - industry Trade*: *the Theory and Measurement of International Trade in Differentiated Products.* New York: Wiley, 1975.

Gourinchas, Pierre – Olivier and Hélène Rey. "U. S. External Adjustment: The Exorbitant Privilege", *Photocopy*, *University of California*, *Berkeley*, *and Princeton University*, 2005, April.

Greenspan. "*Alan. Greenspan: Pricier Yean Won' t Help U. S. Trade Deficit*", 2003 http://www. Chinadaily. COB. cn/en/doc/2003_ 12/12/content. 289670. htm.

Griswold, D. "'Bad News' on the Trade Deficit Often Means Good News on the Economy", *Cato Institute Center for Trade Policy Studies*, *Free Trade Bulletin No.* 14. 2005.

Hummels D. , Rapoport D. & Yi K. – M. " Vertical Specialization and the Changing Nature of World Trade", *Economic Policy Review*, 1998, June.

Hamilton C. and P. Kniest. "Trade Liberalization, Structural Adjustment and Intra – Industry Trade: A Note", *Review of World Economics*, 1991, Vol. 127: 356 – 367.

Hausmann, R. and F. Strurzenegger. "Global Imbalance or Bad Accounting? the Missing Dark Matter in the Wealth of Nations", *CID Working Paper No.* 124, Harvard University, 2006.

Haddad, M, "Trade Integration in East Asia: The Role of China and Production Network", *World Bank Policy Research Working paper* 4160, 2007.

Jones R. & Kierzkowski H. "The Role of Services in Production and International Trade: a Theoretical Framework", Jones R. & Krueger A. O. *The Political Economy of International Trade.* Oxford Blackwell Publishing, 1990: Chapter 3.

J. A. Brander and P. R. Krugman, A. "'Reciprocal Dumping' Model of International Trade", *Journal of International Economics*, Vol. 15, 1983: 313 – 321.

Jiangdong Ju, Shang – jin Wei. "Current Account Adjustment: Some New Theory and Evidence", NBER Working Paper 13388, September 2007. http://www. nber. org/papers/w13388.

Kiyoshi K. "The Pattern Of Triangular Trade among the U. S. A. , Japan and Southeast Asia", *The Developing Economies*, Volume 1, August 1962, Issue Supplement s1: 48 – 74.

Krugman, Paul R. "Does Third World Growth Hurt First World Prosperity", *Harvard Business Review*, July, 1994.

Kokko A., Tansini and Zejan, M. "Productivity Spillovers from FDI in the Uruaguayan Manufacturing Sector", *Journal of Development Sudies*, 1996 (32): 602 – 611.

Keller, Wolfgang. "International Technology Diffusion", *Journal of Economic Literature*, 2004 (42): 752 – 782.

Lapan, H. and Bardhan P. "Localized Technical Progress and Transfer of Technology and Economic Development", *Journal of Economic Theory*, 1973 (6): 585 – 595.

Leamer, Edward E. "The Effects of Trade in Services, Technology Transfer and Delocalization on Local and Global Income Inequality", *Asia – Pacific Economic Review*, Vol. 2, No. 4, 1996.

Lardy, Nicholas R. "Is China An Effective Foreign Policy Tool?", *Background Paper, the Brookings Institute*, May 22. 1997.

Lachica, Eduardo. "China Criticized For Failing To Heed 1992 Accord Opening Market To U. S. ", *Wall Street Journal (Eastern edition)*, PA2. 1996.

Mann, Catherine L. "The U. S. Current Account, New Economy Services, and Implications for Sustainability", *Review of International Economics*, 2004, 12: 262 – 76.

Mann, Catherine L. "Breaking Up Is Hard To Do: Global Co – dependency, Collective Action, And The Challenges Of Global Adjustment", *CESifo Forum*, 2005, January: 16 – 23.

Mann C L. "Perspectives on the US Current Account Deficit and Sustainability", *Journal of Economics Perspectives*, 2002, 16 : 131 – 152.

Milesi – Ferretti, Gian Maria and Assaf Razin. "Current Account Reversals and Currency Crises: Empirical Regularities", NBER Working Paper No. 6620, June, 1998, in P. Krugman (Ed), *Currency Crises*, University of Chicago Press, 2000.

Marc Labonte. "America's Growing Current Account Deficit: Its Cause and

What It Means for the Economy", *CRS Report RL30534*, 2005.

McKinnon Ronald. "The International Dollars Standard and the Sustainability of the U. S. Current Account Deficit", *Brookings Papers on Economic Activity*, 2001, 1: 227 – 239.

Martin S. Feldstein. "The Role of Currency Realignments in Eliminating the U. S. and China Current Account Imbalance", *NBER Working Paper* 16674, January 2011.

Mendoza E. G. , V. Quadrini and J. Rios – Rull. "Financial Integration, Financial Deepness and Global Imbalances", *NBER Working Paper*, *No.* 12909. 2008.

Nouriel Roubini and Brad Setser. "*The U. S. As A Net Debtor: The Sustainability Of The U. S. External Imbalances*", 2004. http: //pages. stern. nyu. edu/ ~ nroubini/papers/ Roubini – Setser – U. S. External – Imbalances. pdf.

Obstfeld M, Rogoff K. "Global Imbalances and the Financial Crisis: Products of Common Causes", *Paper Prepared for the Federal Reserve Bank of San Francisco Asia Economic Policy Conference*, Santa Barbara, CA. October, 2009.

Obstfeld, M. and Rogoff, K. "The Unsustainable US Current Account Position Revisited", *NBER Working Paper* 10869, 2004.

Peter Morici. "2006 *U. S Current Account Deficit Hits Record, Chinese Government Could Purchase Five Percent Of U. S. Stocks*", Robert H. Smith School of Business, University of Maryland, March 14, 2007, http: //www. finfacts. con// Irelandbusinessnews/publish/article – 10009428. shtml.

Paul A. Samuelson. "Where Ricardo and Mill Rebut and Confirm Arguments of Mainstream Economists Supporting Globalization", *Journal of Economic Perspectives*, Volume 18, Number 3, Summer 2004: 135 – 146.

Prebisch Raul. "The Economic Development Of Latin America And Its Principal Problems", New York, *United Nations Department of Economic Affairs*. 1950.

Ricardo J. Caballero, Arvind Krishnamurthy. "Global Imbalance and Financial Fragility", *NBER Working Paper* 14688, January 2009.

Rodney Thom and Moore McDowell. "Measuring Marginal Intra – Industry

Trade", *Review of World Economics*, 1999, Vol. 135: 48 – 61.

Rodrigo de Rato y Figaredo. "Correcting Global Imbalance – Avoiding The Blame Game", *Foreign Policy Association*, *Financial Services Dinner*, New York city, February 23. 2005. http://www. imf. org/eternal/np/speeches/2005/022305a. htm.

Rivera – Batiz, L. and P. Romer. "Economic Intergration and Endogenous Growth", *Quarterly Journal of Economics*, Vol, 106, 1991: 531 – 555.

Stefan Schneider. "Global Imbalances: The U. S. Current Account Deficit", *Deutsche Bank Research*, 2004.

Smith, Pamcla. "Are Weak Patent Right a Barrier to U. S. Export?", *Journal of International Economics*, 1999, 48: 151 – 177.

Stevenson, Cliff. "*Global Trade Protection Report* 2007: *Data* & Analysis", 2007: 1 – 20, *http: //www. antidumpingpublishing. com.*

USITC. "Wooden Bedroom Furniture from China, Investigation No. 731 – TA – 1058 (Final)", Publication 3743, 2004: 30 – 42, *http: //www. usitc. gov.*

Willen, P. S. "*Incomplete Market and Trade*", Working Paper Series No. 04 – 8, *Federal Reserve Bank of Boston*, 2004.

Zeng. Ka, "*Complementary Track Structure and U. S. – China Negotiations over Intellectual Property Rights*", East Asia, *Spring* 2002, *Vol.* 20. *Issue* 1: 54 – 80.

　　本书是教育部人文社科规划基金 2011 年一般项目"中国对外经济失衡的指标测度、突变影响及再平衡的路径评估研究"（11YJA790087）、国家社会科学基金 2011 年度重大项目"后金融危机时代中国参与全球经济再平衡的战略与路径研究"（11&ZD008）和国家社会科学基金 2012 年度一般项目"G20 框架下中美经济失衡治理的利益影响评估与路径选择研究"（12BJY120）的阶段性成果；同时受到湖北省社会科学基金 2011 年度一般项目"中美光电技术贸易失衡之'谜'研究"（2011LJ079）、国家社会科学基金 2007 年重点项目"经济全球化背景下中国互利共赢经济开放战略研究"（07AJL016）、武汉大学哲学社会科学优势和特色学术领域建设计划"后危机时代世界经济格局变动对中国的机遇和挑战"、武汉大学"70 后"学术团队计划项目（105274191）、湖北省高等学校省级教学研究项目"国际商务专业课程的案例库构建与教学方法创新研究"（20112033，暨武汉大学 2011 年度校级教学研究项目）、武汉大学珞珈青年学者 2011 年度项目、《武大课程 2010》2014 年度校级教改项目"美加知名大学国际商务人才培养模式比较及启示研究"（编号 016）等的资金资助，相关内容系其阶段性成果；另外，本书也是武汉大学 2011 年度人文社会科学类自主科研项目（编号：20110350），受"中央高校基本业务费"资助；还受到武汉大学"985"工程三期建设项目资金的资助。

　　本书是笔者在前期 10 余篇阶段性研究论文的基础上，历时 3 年完成的。相关研究成果和统计数据得到了中国商务部、中国国家统计局、美国商务部、武汉大学经济与管理学院、武汉大学美国加拿大经济研究所等单位的支持，在此向上述单位表示谢意！同时，本书参考了大量中外文献资料，在此对其作者表示衷心感谢。此外，还要感谢本人所在研究团队的陈继勇教授、李卓教授、刘再起教授、林玲教授、余振副教授、谭红平副教授（加拿大）、肖光恩副教授、胡艺副教授、雷欣副教授、王钊博士对本书撰写和出版提出的宝贵意见和支持建议，感谢本人的硕士生金山、王方舟、李沙沙和李同稳在资料收集和著作撰写中给予的帮助。感谢武汉大学"211"工程项目和"985"工程项目给予本书的出版资助，同时，感谢社会科学文献出版社的编辑林尧等同志为本书出版付出的辛勤劳动，特致谢意。

　　本书是在笔者接受国家留学基金委 2012 年度全额基金资助到加拿大 Waterloo 大学访学期间完成的，因此笔者感谢上述两家单位的研究经费支持。同时，离开自己的父母、妻子李薇薇女士和女儿刘芸萱一年，专心完成此部专著，让我深深体会到家庭的重要，没有她们的支持，我是无法完成这部专著的，在此感谢她们！

刘　戌

2013 年 11 月于加拿大滑铁卢

图书在版编目（CIP）数据

失衡中的利益分配与中国贸易调整 / 刘威著 . —北京：社会
科学文献出版社，2014.8
（对外开放战略研究丛书）
ISBN 978 - 7 - 5097 - 5634 - 8

Ⅰ.①失… Ⅱ.①刘… Ⅲ.①经济利益 - 利益分配 - 研究 - 中国
②对外贸易 - 研究 - 中国 Ⅳ.①F120.2 ②F752

中国版本图书馆 CIP 数据核字（2013）第 021868 号

·对外开放战略研究丛书·
失衡中的利益分配与中国贸易调整

著 者 / 刘 威

出 版 人 / 谢寿光
出 版 者 / 社会科学文献出版社
地 址 / 北京市西城区北三环中路甲 29 号院 3 号楼华龙大厦
邮政编码 / 100029

责任部门 / 经济与管理出版中心（010）59367226 责任编辑 / 林 尧
电子信箱 / caijingbu@ ssap. cn 责任校对 / 王迎姣
项目统筹 / 周 丽 林 尧 责任印制 / 岳 阳
经 销 / 社会科学文献出版社市场营销中心（010）59367081 59367089
读者服务 / 读者服务中心（010）59367028

印 装 / 三河市尚艺印装有限公司
开 本 / 787mm × 1092mm 1/16 印 张 / 14.5
版 次 / 2014 年 8 月第 1 版 字 数 / 227 千字
印 次 / 2014 年 8 月第 1 次印刷
书 号 / ISBN 978 - 7 - 5097 - 5634 - 8
定 价 / 55.00 元